KB195981

심산 김창숙 평전

심산 김창숙 평전

초판 1쇄   2006년 3월 24일 발행
2판 1쇄   2017년 3월 24일 발행
3판 1쇄   2024년 11월 11일 발행

지은이 김삼웅
펴낸이 김성실
제작처 한영문화사

펴낸곳 시대의창   **등록** 제10 - 1756호(1999. 5. 11)
주소 03985 서울시 마포구 연희로 19 - 1 4층
전화 02) 335 - 6121 **팩스** 02) 325 - 5607
전자우편 sidaebooks@hanmail.net
페이스북 www.facebook.com/sidaebooks
트위터 @sidaebooks

ISBN 978 - 89 - 5940 - 849 - 8 (03990)

심산 김창숙 평전

— 김삼웅 지음

시대의창

일러두기

1. 책표지, 본문에 배치한 사진은 저자와 유족의 소장 및 이미 발표된 자료를 모은 것이다.
2. 책·잡지·관보·신문은 겹낫표『 』로, 작품·논문·성명서·선언문·통신문·포고문·강령 등은 낫표「 」로 표시했다.
3. 중국 인명이나 지명은 신해혁명을 기준으로 표기를 달리한다는 외래어표기법이 있지만, 이 책의 특성상 한자의 한국어 독음 그대로 표기한 부분도 있다. 반면 일본 고유명사의 경우 되도록이면 외래어표기법에 맞췄다.

심산心山 김창숙金昌淑 [1879년 7월 10일 ~ 1962년 5월 10일]

항일 투쟁과 민족통일에 바친 참선비의 삶

『구약성서』에 나오는 의인義人 '욥'은 참으로 의롭고 선하게 살아왔지만 계속하여 고난을 겪는다. 욥은 사탄의 시험을 받고 갖은 고난을 받은 뒤 "왜 나에게 이런 시련을 주시나이까?"라고 묻는다. 이를 '욥의 질문Hiob's Frage'이라고 부른다.

사마천은 바른 말을 하다가 옥에 갇혀 남근男根이 잘리는 치욕을 겪으면서 의인 '백이숙제'가 굶어 죽고 굴원이 투신해야 하는 역리逆理에 하늘을 향해 부르짖는다.

"하늘이여! 하늘이여! 정녕 천도天道는 있는가 없는가."

맹자는 말한다. "선비의 지절持節은 결코 제왕의 치정治政에 못지 않다" 그리고 "참선비는 천자의 신하가 되지 않고 제후의 벗이 되지 아니한다"라고.

한국사에서 선비의 정맥은 정몽주鄭夢周—길재吉再—김숙자金淑玆—김종직金宗直—김굉필金宏弼—조광조趙光祖—조식曺植으로 이어진다. 여기에 이황—이이—정약용을 빼놓을 수 없다. 그럼 이후의 선비는 누구일까. 황현黃玹을 들 수 있겠다.

황현은 을사늑약 소식을 듣고 우국시 한 편을 남겼다.

"한강 물이 흐느끼고
북악산이 신음하는데
세도가 양반들은
아직도 티끌 속에 묻혀 있네
청하노니
역대 간신전을 훑어보소!
나라 팔아먹었지 나라 위해 죽어간 자 있었던가."

황현 다음은 누구일까. 심산心山 김창숙金昌淑을 드는 데 많은 이가 동의할 것이다. 흔히들 '마지막 선비'라고 부르기 때문이다.

붓을 든 선비가 칼을 든 무반을 지배하면서 500년의 역사를 지켜온 것이 조선 선비의 맥이었다. 선비 가운데에는 진유眞儒도 있었지만 부유腐儒도 적지 않았다. 진유들에게는 시련이 따랐고 부유들에게는 권부가 주어졌다.

율곡은 『동호문답東湖門答』에서 "참선비란 나아가서 도를 실천해 백성들로 하여금 태평을 누리게 하고 물러가서는 가르침을 뒷 세상에 전해야 한다. 만일 나아가서 도를 행함이 없고 물러나 가르침을 전하는 것이 없다면 비록 참선비라 할지라도 나는 그것을 믿지 않는다"라고 하였다.

인조 시대의 재상 신흠申欽은 "선비는 뜻을 숭상하고尙志, 배움을 돈독히 하며敦學, 예를 밝히고明禮, 의리를 붙들며秉義, 청렴함을 긍지로 여기며矜廉, 부끄러워 할 줄 안다善恥. 그러나 세상에는 흔치 않다"라고 하였다.

참선비가 흔치 않았던 시절에 심산은 참선비가 되었다. 유학 경서나 읽고 거들먹대는 선비가 아니라 시대악時代惡과 처절하게 맞서 싸운 선비였다. 그가 타도하고자 한 '시대악'의 원흉은 일본 침략주의 세력이었다. 그리고 해방 뒤에는 분단과 이승만 독재 세력이었다.

스물여덟의 젊은 나이에 기울어가는 국기를 일으켜 세우고자 단연동맹회斷煙同盟會에 참여한 것을 시작으로 매국노 성토운동, 「파리장서」 주도, 중국 망명, 임시정부 참여, 신채호와 『천고』 발행, 독립운동 기금 마련차 밀입국, 유림단사건, 나석주 의사 의거 주도, 일경에 피체되어 국내 압송, 무기징역형, 가혹한 고문으로 앉은뱅이 신세, 창씨개명 거부, 해방을 맞아 통일정부수립운동, 성균관대학교 설립, 반독재 민권 투쟁으로 투옥 등 84년 생애를 오로지 조국의 독립과 통일 정부 수립 그리고 반독재 민주화에 바쳤다.

20세기 초, 일제의 을사늑약 강제 합병으로부터 1962년 박정희 군사 쿠데타에 이르기까지 격동하는 한국 근현대사의 시대악과 구조악에 맞서 싸우고, 그런 과정에서 참된 유학 정신을 기리고자 한 이는 흔치 않았다.

심산은 '칼을 든 선비' 남명 조식의 선비 정신을 이어받아 참선비의 길을 택하였다. 남명은 항상 맑은 정신을 유지하고자 성성자惺惺子라는 쇠방울과 검을 가까이 한 선비다. 임진왜란 때 그의 문하에서 다수의 의병장이 나왔던 이유를 알 만하다. 남명을 사숙私淑해온 심산은 자신에게는 추상같이 엄격하고 남을 대할 때는 봄바람 같은持己秋霜 待人春風 선비의 길을 걸었다. 고문 후유증으로 장애가 되어 걸을 수 없을 때는 앉아서, 그리고 업혀서도 싸웠다.

『심산 김창숙 평전』을 쓰면서 '참선비의 길'이 이토록 어렵구나, 깨달은 적이 한두 번이 아니었다. 더구나 망국―식민지―망명―독립운동―해방―혼란―분단―독재로 이어지는, 그 파란굴곡의 시대에 한눈팔지 않고 정도를 당당히 걷는 그의 생애는 가히 대장부와 군자와 지사를 합치는 참선비의 모습 그것이었다. 그의 선비 정신과 조국애는 종교의 엄숙주의에 가깝고, 부르크하르트의 말을 빌리자면 "역사에 대한 경건한" 자세를 읽게 한다.

남명을 그리는 다음의 글에 심산을 대입하면 심산의 모습이 된다.

"기상과 도량이 청고하여 양쪽 눈에서 불빛이 환하게 번뜩이는 사람이었다. 그래서 그를 보면 누구나 그가 곧 이 세상 속진에 물든 사람이 아니라는 것을 알게 되었다. 또 그의 언론에는 재기가 발랄하고 사람을 위압하는 기개가 있어, 저도 모르게 이욕에 물든 마음이 녹아버리는 것이다. 집안에서는 항상 울연단좌한 채로 조금도 움직이는 법이 없는데, 이것은 칠십이 넘어서도 언제나 마찬가지였다."

이런 거인의 모습을 어찌 둔탁한 붓으로 그릴 수 있을까, 설혹 면상面像은 그린다 쳐도 골상骨像과 심상心像을 제대로 그려낼 수 있을까, 망설일 때가 한두 번이 아니었다. 다행히 심산 정신을 잇고자 하는 선학들의 연구 성과가 적지 않아서 큰 도움을 받게 되었다. 그분들께 감사드린다.

그럼에도, 저자의 역량과 한계로 인해 행동하는 참선비의 큰 그릇과 그 안에 담긴 이념과 사상 그리고 지절을 그리는 데는 부족함이 너무 많았음을 밝힌다. 호랑이를 그리려다가 고양이를 그렸다면 이것은 순전히 서툰 '그림쟁이'의 탓일 터이다.

『백범 김구 평전』 『단재 신채호 평전』에 이어 세 번째로 이 책을 내놓는다. 부족함이 많았고 아쉬움도 남는다. 새로 시작한 『만해 한용운 평전』은 무딘 붓끝에 날을 돋우고 나태를 쫓으면서 도전해볼 참이다.

　유례 드문 혹한 속에서 출판을 맡아주신 김성실 시대의 창 사장님과 직원 여러분께 심심한 감사의 말씀을 드린다.

김삼웅

차 례

심산 김창숙 평전

심산 김창숙 선생 초상화

제 1 장

한국의 '마지막 선비', 그 저항의 불꽃

'마지막 선비' 김창숙

김창숙金昌淑.

1879년 경북 성주의 개화된 유학자 집안에서 태어났다. 여덟 살에 『소학』을 읽었으나 놀기만 일삼았다. 뒤늦게 곽종석, 이승희, 장석영 등에게서 배우고 참선비의 길을 걸었다.

을사늑약 체결 뒤 "지금은 글만 읽을 때가 아니다"면서 고향에 대한협회 지부를 세우고 독립 사상을 고취하기 시작하였다. 3·1운동 뒤 '제1차 유림단 사건'의 원인이 된 「파리장서」를 작성했으며, 상해 임시정부를 조직하는 데 참여하고, 침체된 국내 독립운동을 고무하기 위해 나석주 의사의 거사를 도모하였다.

1927년 밀정의 밀고로 피체되어 혹독한 고문을 받고 두 다리를 다쳐 앉은뱅이가 되었다. 해방 뒤 이승만의 단정 수립에 반대한 이후로 이승만 정권 내내 투쟁으로 일관하여 심한 정치적 탄압을 받았다.

1953년 전국의 향교재단을 규합하여 성균관대학을 인가 받고 초대 총장에 취임하였으나, 이승만 정권의 보복으로 성균관 분규가 발생하면서 총장직에서 쫓겨나는 수모를 겪었다. 그 뒤 집 한 칸 없이 여관이나 친척집을 전전하다 1962년 병상에서 외롭게 숨을 거두었다.

불꽃처럼 타오르다가 가랑잎처럼 조용히 스러진 김창숙을 가리켜 사람들은 '한국의 마지막 선비'라고 부른다.

일제강점기에는 격렬하게 항일 독립 투쟁을 벌이고, 해방 뒤에는 치열하게 반독재 민족통일운동을 벌인 애국지사를 역사 인물 가운데서 꼽는다면 누구일까? 단재 신채호의 경우 전반부에는 해당되겠지만, 해방을 보지 못하고 순국한 까닭에 후반부에는 해당되지 않는다. 백범 김구도 이승만 정권의 초기에 암살당함으로써 반독재 투쟁의 기회를 별로 가질 수 없었다.

그렇다면 다른 누가 있을까? 여기에 해당하는 애국지사에는 몇 사람을 들 수 있을 것이다. 그 가운데 대표적인 사람을 꼽는다면? 아마 심산心山 김창숙을 꼽는 데 이의를 달 사람은 없을 것이다.

김창숙처럼 여든네 살의 생애를 외세와 불의에 비타협적인 투쟁으로 일관해온 사람도 그리 흔치 않다. 여기서 '외세'란 일본 제국주의 세력과 해방 뒤 점령군으로 들어온 미·소의 군대를 포함한다. 또 '불의'란 일제에 협력한 친일파와 해방 후 자유당 정권과 박정희 군사정권으로 상징되는 반민족·반민주 세력을 의미한다.

그렇다. 김창숙은 우리 민족이 고난에 처해 있을 때 자신의 몸은 물론 가정도 돌보지 않고 구국 전선에 뛰어들어 처절하게 싸운 사람이다. 해방 뒤에 대접받기는커녕 새로운 압제자들과 비타협 정신으로 대결하다가 감옥을 드나들고, 마침내 집 한 칸 없이 숨을 거두어야 했다.

김창숙이 항일 투쟁에 나선 것은 깨어 있는 유학자로서 당연한 행위였지만, 해방 뒤에 당한 박해는 현대사의 왜곡으로 말미암은 부당한 것이었다. 그런 그가 지금까지 우리의 뇌리에서 잊히고 있는 것 또한 잘못된 현대사 교육이 낳은 산물이라 하겠다.

그는 일제 감옥에서 모진 고문 끝에 두 다리가 마비되어 평생토록 앉은뱅이로 삶을 보내 '벽옹躄翁'이란 별호를 얻기도 하고, 우직하리만큼 소박하고 강직하여 가식과 타협을 몰랐던 성품 탓으로 자호自號를 '대우大愚' 또는 '김우金愚'라 하기도 하였다.

흔히 김창숙을 '마지막 선비'라고 부른다. 조선 시대의 선비상에는 청렴·강직한 유학자의 면모도 있지만, '놀고먹는' 유한 계층이라는 좋지 않은 인상도 있다. 그러나 김창숙은 이러한 양면성과는 거리가 멀다. 그는 선비로서의 학문과 도덕성을 갖추고 시대적 소임을 마다하지 않았으며, 세속의 부귀를 탐하지 않고 죽을 때까지 청렴·강직한 지조를 지켰다.

조선의 '마지막 선비'로서, 우리 국민과 역사가 결코 소홀하
게 대접해서는 안 되는 인물이다.

옛날에는 광복을 꾀하여
북경 상해 십 년
온갖 고생 다 겪으며
잠시도 쉬지 않고
동분서주하였네
뜻한 과업 성취하지도 못한 채
머리만 흰 눈 맞은 듯
하루 저녁
미친 회오리바람 급히 일더니
병약한 이 몸
적의 감옥에 갇혀버렸네
때로는 전기로 혼을 앗아 갔고
때로는 쇠사슬로 걸어 올렸네
고문은 비록 참혹하고 독하였지만
담소하는 정신은 명랑하였네
십여 년간 옥살이를 하다 보니
구차스레 투생偸生하는 것이
원망스러웠네
맏아들 왜놈에게 죽고
둘째 아들 오랑캐에게 죽어

사람 죽고 가문 이리 망하니
젊은 과부와 아이들 모조리
표류되었었네
폐인된 이 앉은뱅이
인사도 못 차리고
집 안에만 틀어박혀
헛되이 탄식만 했었네.

김창숙이 자신의 처지를 시의 형식을 빌어 쓴 「스스로 비웃음」의 중간 부분이다. 이 글에서 밝힌 것처럼 김창숙은 자신의 모든 것, 심지어 가족까지도 조국에 바쳤다. 그러나 김창숙의 생애가 '스스로 비웃을' 만큼 부끄럽거나 떳떳하지 못했던 것은 아니다.

오히려 당대의 어느 누구 못지않은 선비 애국자의 꿋꿋함으로 일관해온 그이였다. 그는 일제가 패망할 때까지 추호의 타협도 없이 항일 구국의 길을 걸었으며, 해방 후에는 통일 조국수립운동과 반독재 투쟁을 벌이는 한편, 유림儒林의 정통성을 지키면서 성균관成均館을 수호하였다.

을사늑약 체결에 분노하다

"만절晩節을 보면 소지少志를 안다"고 했던가? 김창숙의
기개 어린 중·노년기를 살펴보면, 그의 젊은 시절은 어떠했
는지가 몹시 궁금해진다. 자서전 『벽옹 73년 회상기』를 보면
그의 젊은 시절 이야기가 잘 나타나 있다.

옹은 어릴 때부터 성기性氣가 억세어서 남에게 지지 않
으니 함께 놀던 무리가 모두 꺼려서 피했다. 여섯 살에 글
을 배우기 시작했고, 종일토록 책을 펴 보지 않아도 능히
오래도록 기억하였다. 여덟 살 때 『소학小學』을 읽었으나,
오로지 노닥거리기만 일삼아서 쇄소응대하는 일은 달갑
잖게 여겼다. 그런데 선군先君 하강공下岡公과 선비先妣 장
부인張夫人께서는 일마다 의방義方으로 다스렸고, 늦게 둔
아들이라 해서 더 귀여워하여 사색辭色을 너그럽게 하시
지 않았다. 열 살 적에 선군의 명으로 같은 마을 정은석에

게 가서 가르침을 받았으나, 항상 방탕한 자를 따라 놀았다. 정공은 사도가 제법 엄해서 일찍이 깨우치기를 "네가 너의 아버지의 뜻을 이해하지 않으니 어떻게 사람이 되겠느냐" 하였다. 이로부터 능히 조금은 스스로 분발했으나, 그 얽매이지 않음은 그대로 전과 같았다. 열서너 살 때에 비로소 사서四書를 통독하였다. 그러나 '자신을 위하는爲 己' 학문이 어떤 것인지를 오히려 알지 못했다.

어릴 적부터 울연한 기질이 있었음이 잘 드러난다. 문장 속에 '의방'이란 덕의德義에 맞는 교훈을 말하고, '사색'이란 말과 안색을 뜻한다. '선군 하강공'과 '선비 장부인'은 그의 부모다.

김창숙은 1879년 7월 10일 경상북도 성주군 대사면 칠봉동에서 유림으로 명망이 높은 김호림의 외아들로 태어났다. 아버지는 당시 일반 양반과는 달리 상당히 개화된 유학자였다. 향리에서 유학을 공부하며 자라난 김창숙은 당대의 거유巨儒로 추앙받은 면우 곽종석, 대계 이승희, 회당 장석영 선생 등을 찾아가 가르침을 받으면서 동년배들과는 사뭇 다른 뜻과 기상을 키웠다.

이 무렵 나라는 외세의 침탈로 점점 더 어지러워지고 있었다. 무능한 국왕과 조정 대신들은 밀물처럼 밀려오는 외세에 효과적으로 대처하지 못하였다.

이에 통탄하던 청년 김창숙은 "성인의 글을 읽고도 세상

을 구제하던 성인의 뜻에 깨우침이 없으면 이것은 거짓 선비
다. 지금 나랏일을 의논하는 데에는 반드시 이런 부류의 선
비를 없앤 다음이라야 비로소 나라를 다스리고 천하를 평화
롭게 하는 방법을 논하는 데에 참여할 수가 있다"(『벽옹 73년
회상기』)고 사람들에게 밝히면서 직접 구국 대열에 나서기로
마음먹었다.

국운은 마침내 망국의 수렁에 빠져들어 1905년 을사늑약
이 체결되었다. 일본이 러일전쟁에서 승리한 여세를 몰아 조
선의 조정을 협박, 5개항의 늑약을 체결하고 한국을 보호한
다는 핑계로 통감부를 설치하였다.

김창숙은 이승희 선생을 따라 대궐 앞에 나아가서 이완
용, 이지용, 박제순, 이근택, 권중현 등 다섯 역적의 목을 벨
것을 청하는 상소를 올렸다. 그러나 이미 주권을 상실한 조
정에서 대답이 있을 리 없었다. 김창숙은 스승과 통곡하면서
향리로 돌아왔다.

고향에 돌아온 김창숙은 "지금 문을 닫고 글만 읽을 때가
아니다"면서, 동지들과 의논하여 고을 향사당鄕社堂에 대한
협회 지부를 설치하고, 인근 식자들에게 독립사상을 고취하
였다. 이 자리에서 그는 "우리들이 이 회會를 설치한 것은 장
차 조국을 구원하려는 것이다. 조국을 구원하고자 한다면 옛
인습을 개혁하는 것부터 시작함이 마땅하다. 옛 인습을 개혁
하고자 한다면 계급을 타파하는 것부터 시작함이 마땅하며,
계급을 타파하고자 한다면 우리 회로부터 시작함이 마땅하

다"(『벽옹 73년 회상기』)면서 개혁 정신을 피력하였다.

김창숙은 대한협회 성주 지부 활동에 그치지 않았다. 그는 단연회를 조직하여 담배끊기운동을 전개하는 한편, 이를 통해 마련한 기금으로 1909년 성주에 사립 성명학교星明學校를 설립, 청년들에게 신교육을 가르쳤다. 구국운동의 지름길은 청년 교육에 있다는 신념 때문이었다.

일제는 을사늑약으로 조선의 합병을 기정 사실화하면서 병탄의 일정을 재촉하였다. 이런 기미를 눈치 챈 송병준, 이용구 등 친일파들이 일진회를 작당하는 한편 이토 히로부미의 사주를 받아 한국 조정에 합병 청원의 상소를 올리는가 하면, 일본 정부에도 청원서를 보내 한일합방론을 주창하고 나섰다. 이에 일제는 "이것(한일합병)은 한국 인민의 소원이다"라면서 친일파들의 매국론을 한국인 전체의 소원인 양 왜곡하며 합병을 서둘렀다. 이에 다시 김창숙이 분연히 일어나, "이 역적들을 성토하지 않는 자도 또한 역적이다"라면서 역적을 토역하는 글을 짓고, 고을 사람들에게도 이 글을 돌렸다.

"국가의 위급함을 판단하는 일은 비록 벼슬 없는 선비라도 말할 의리가 있는데, 이것이 주자朱子의 가르침이다. 우리들이 의리상 일진회 역적들과는 한 하늘 밑에 있을 수 없으니, 이것을 성토하지 않으면 나라에 사람이 있다고 이를 수 있겠는가? 우리들이 아울러 백면서생으로서 손에 한 치 되는 병기도 없으니, 비록 놈들의 고기를 씹고 놈들의 가죽을 깔고 싶어도 실상 행할 수 없는 형편이다. 하물며 근래 조정에서는 유생들이 상소해서 국사를 말하는 것을 허가하지 않는다. 지금 역적을 성토하는 방법도 오직 중추원에 건의하는 한 가지 길뿐인데, 여러분의 의논에는 과연 어떻게 생각하는가?"

그러나 기울기 시작한 나라를 유생 몇 사람의 힘으로 붙들기는 역부족이었다. 1910년 경술국치로 조선은 망하고, 일본 식민지 통치가 시작되었다.

김창숙은 "나라가 이미 망했는데, 선비로서 이 세상을 사는 것은 큰 부끄러움이다"라고 통곡하면서 폭음으로 세월을 보내다가 어머니의 가르침에 따라 마음을 다잡고 유학에 정진하였다. 유학적 소양과 한학에 대한 조예는 대부분 이 무렵에 닦였다.

「파리장서」 사건을 주도하다

1919년 3·1 구국 항쟁이 전개되면서 김창숙은 깊은 고뇌와 시름에 빠졌다. 다른 종교 지도자들이 민족 대표로서 3·1 운동을 주도한 데 비해 유림만은 여기에서 빠져, 결과적으로 유교계가 국민들로부터 지탄을 받게 되었기 때문이다.

김창숙의 아픔은 남달랐다. 거기에는 그럴 만한 이유가 있었다. 1919년 2월 김창숙은 지기인 벽서 성태영으로부터 편지 한 통을 받았다. 편지는 "광무 황제의 인산을 3월 2일에 거행하는데 국내 인사가 모 사건을 그때에 거행할 작정이다. 사기事機가 이미 성숙했으니 자네도 즉일로 서울에 와서, 시기를 놓쳐 미치지 못하는 후회를 남기지 말라"는 내용이었다. 그런데 그때 마침 김창숙의 어머니가 병환에 계심으로써 곁을 떠나지 못하다가 그믐께에 이르러 서울에 올라오니 「독립선언서」에 서명할 민족 대표는 이미 선정된 연후였다. 이렇게 하여 그는 민족 대표로 참여할 기회를 잃은 것이다. 김창숙은 「3·1독립선언서」를 읽으면서 통곡하였다.

"우리 한국은 즉 유교의 나라다. 진실로 나라가 망한 원인을 궁구한다면 바로 이 유교가 먼저 망하자 나라도 따라 망한 것이다. 지금 광복운동을 인도하는 데에 오직 세 교파가 주장하고 소위 유교는 한 사람도 참여하지 않았다. 세상에 유교를 꾸짖는 자는 "쓸데없는 유사儒士, 썩은 유사는 더불어 일하기에 부족하다" 할 것이다. 우리들이 이런 나쁜 명목을 덮어썼으니 무엇이 이보다 더 부끄럽겠는가?"

이런 연유로 해서 김창숙은 자신이 중심이 되어 새로운 항일운동을 전개하기로 마음을 굳혔다. 「파리장서巴里長書」 사건 또는 '유림단 사건' 등으로 알려진 항일운동은 이렇게 시작되었다.

3·1운동이 전국적으로 전개되자 유림 측에서는 프랑스 파리에서 개최되는 강화회의에 조선의 독립을 호소하는 장문의 서한을 보내기로 하였다. 의병운동을 주도한 호서 지방의 유림인 전 승지 김복한金福漢과 의병에 참여했던 김덕진, 안병찬, 김봉제, 임한주, 전양진, 최중식 등이 중심이 되었다.

이러한 호서 지방 유림의 동태를 모르고 있던 김창숙은 영남 유림을 중심으로 '파리강화회의'에 독립을 요구하는 서한을 보내기로 하고, 우선 이 지방 유림의 상징적 인물인 면우 곽종석을 찾아 상의하여 거사를 도모하였다.

그러다 호서와 영남 두 지방의 유림이 같은 목적의 일을 도모하고 있다는 것이 알려지면서, 각자 준비해온 두 팀은 서로 통합하기로 합의하고,「파리장서」의 내용은 김창숙이 준비한 것을 택하기로 하였다. 곽종석, 김창숙, 김복한, 김덕진, 안병찬 등 134명의 유림 대표가 서명한「파리장서」의 요지는 다음과 같다.

천지 자연의 법칙 속에 모든 인류는 제 나름의 삶의 양식이 있다. 특히 여러 나라, 여러 겨레는 제각기 전통과 습속이 있어 남에게 복종이나 동화를 강요받을 수 없다.… 우리 한국은 비록 작은 나라지만 삼천 리 강토와 이천만 인구로서 사천 년 역사를 지닌 문명의 나라이며, 우리 스스로 정치의 원리와 필요한 능력을 갖추고 있다. 일본의 간섭은 전혀 배제되어야 마땅하다. … 우리는 일본이 가한 포악무도한 통치에 더 이상 참을 수 없다. 이제 거족적으로 독립운동을 벌이고 있다. 우리는 맨주먹으로 일제의 총칼과 싸우고 있다. 만국평화회의가 열릴 때에 우리는 희망에 부풀었고, 폴란드와 그 밖의 나라들이 독립된다는 소식을 들었을 때 우리는 더욱 고무되었다. … 만국평화회의는 우리 이천만 생명의 처지를 통찰해줄 것을 믿는다.

「파리장서」를 휴대한 김창숙은 단신으로 상해로 건너갔다. 그곳에서 이시영, 조성환, 이동휘 등 독립운동 지도자들과 만나, 국내 유림 세력의 뜻을 전하고 구체적인 방안을 협의하였다. 그런데 일이 다소 꼬였다. 이미 7~8일 전에 신한청년당 대표로 선정된 김규식이 독립운동 단체의 대표로 파리에 파견되어 있었던 것이다.

이런 상태에서 경비 문제도 있고, 거기다 외국어를 모르는 김창숙이 혼자서 파리에 가기는 어렵지 않느냐는 이야기가 나왔다. 다시 독립운동 지도자들과 의논한 결과, 「파리장서」를 각국 언어로 번역하여 파리의 김규식을 통해 만국평화회의에 전달하기로 하고, 국내의 각 학교에도 이를 우송하도록 하였다.

얼마 후 국내에 우송된 「파리장서」가 일본 경찰에 발각되었다. 곽종석 이하 대다수의 유림들이 피체되었으며, 일부 인사는 해외로 망명하였다. 이른바 '제1차 유림단 사건'이 발생한 것이다. 이 일로 곽종석, 김복한, 하용제 등이 감옥에서 순사하고, 다른 많은 관련자들이 일경의 잔혹한 고문으로 죽거나 처형당하였다.

중국에서 벌인 항일 구국 투쟁

  중국에 머물면서 항일 투쟁에 나선 김창숙은 그곳의 망명
지사들과 여러 방면의 활동을 벌였다. 먼저 상해 임시정부를
조직하는 데 참여, 경상북도를 대표하는 의정원 의원으로 선
출되었다. 또 중국 혁명을 지도한 손문孫文과 만나 친교를 나
누면서 중국의 지원 방안을 논의하였다. 손문은 자신의 『손
문학원孫文學院』이란 저서를 주면서 격려를 아끼지 않았다.

  김창숙과 이승만의 '악연'은 상해 임시정부 시절부터 시
작되었다. 당시 임시정부 대통령에 추대된 이승만은 미국에
머물면서 미국 정부에 조선의 위임통치를 청원하였다. 이 같
은 사실은 임시정부와 사전에 협의하지 않은 것이었는데, 이
승만은 이 사실을 공개하지 않은 채 숨기고 있었다.

  이런 사실이 알려지면서 임시정부는 이승만의 무책임한
처사에 크게 분노하였다. 김창숙은 신채호, 박은식 등과 함
께 이승만의 독단 행위를 규탄하는 내용의 「성토문」을 발표

하였다. 이와 관련 김창숙은 "이 박사가 스스로 조선 민족 대표라 일컬으면서 미국의 노예되기를 원했음은 그 광복운동 사상에 치욕됨이 크다. 이것은 방치할 일이 아니므로 문책하지 않을 수 없다"(『벽옹 73년 회상기』)고 통박하였다. 이로 인해 마침내 임시정부는 탄핵재판소를 열어 이승만의 대통령직을 파면 선고하였다. 해방 후 김창숙에 대한 이승만의 혹심한 탄압은 이때부터의 악감정이 작용했을지도 모른다.

망명지에서 김창숙의 활약이 두드러지자, 일제는 예의 두 가지 방책을 썼다. 경찰을 총동원하여 붙잡으려는 방법, 밀정을 통해 회유하려는 방법이 그것이었다. 경제적으로 곤궁한 김창숙에게 물질적으로 회유하는가 하면, 귀국 뒤 경학원 부제학 자리를 주겠다는 미끼도 던졌다.

이 무렵 일제의 끄나풀 가운데 독립운동가로 위장한 김달하金達河라는 고등 밀정이 있었다. 일제는 주로 이 사람을 통해 독립운동가들을 매수 또는 회유하였다.

하루는 달하가 서신으로 만나자 하기에 갔다가 대화가 밤이 깊도록 계속되었다. 달하는 천하의 대세를 통론하더니 다음으로 우리나라 독립운동가들이 당파 싸움을 일삼아 독립을 성취할 가망이 없음을 언급하고서 슬프게 눈물을 흘렸다. 인하여 내 손을 붙잡고 은근히 묻기를 "듣건대 선생은 근래에 경제적으로 자못 곤란에 처해 있는 듯한데 숨김없이 말해보시오" 한다. 옹(김창숙)이 "곤란하기야 곤란하지만 이것이 분투하는 혁명가의 본색이 아니겠소"
하였더니, 달하는 "천하에 어찌 자기의 식생활도 해결하
지 못하는 혁명가가 있겠습니까? 만약 자기의 식생활도
해결하지 못한다면 소위 혁명운동도 또한 빈말에 지나지
않습니다"라고 하고서, 다시 옹의 손을 굳게 잡고 눈물을
흘리면서, "선생은 반드시 성공치 못할 독립운동에 종사
하시니 어찌하여 자고自苦함을 이와 같이 하십니까? 빨리
귀국할 생각을 결단하여 편안히 가정의 낙을 누리는 것만
같지 못합니다. 내가 이미 선생의 귀국 후 처우등절處遇等
節을 조선총독부에 보고하여 그 승낙을 얻어놓았으니 경
학원 부제학 한 자리를 비워놓고 기다립니다. 선생은 빨
리 도모하시기 바랍니다"라고 하였다.(『벽옹 73년 회상기』)

이때 김창숙의 태도는 선비와 혁명가의 올곧은 면모를 여
실하게 보여준다. "너는 내가 경제적으로 곤란하다 하여 나
를 매수하려고 드느냐? 사람들이 너를 밀정이라고 말했지만
유언流言이라 하여 믿지 않았더니, 지금 비로소 그것이 허위
가 아니었음을 알게 되었다"고 통박하고서, 드디어 분연히
손을 뿌리치고 돌아와 달하가 밀정 노릇하는 실상을 널리 알
렸다. 그리고 얼마 가지 않아 다물단원多勿團員이 김달하를
목졸라 죽이고 말았다.(『벽옹 73년 회상기』)
여기서 우리는 다시 한 번 김창숙의 옹골찬 유학자의 모
습과 강개한 혁명가의 풍모를 살피게 된다.

나석주 의사의 거사와 피체

김창숙의 망명 생활은 고난과 시련의 연속이었다. 일제의 압박은 날이 갈수록 심해지고 변절과 전향자는 늘어만 갔다. 상해나 북경 또한 일제의 마수에서 안전한 지대가 되지 못하였다. 그만큼 일제의 대륙 침략이 강폭해진 것이다. 김창숙은 일제의 세력이 미치지 못하는 오지로 독립운동의 근거지를 옮기기로 결정하고, 이회영李會榮 등과 협의하여 지금의 내몽골자치구를 선택하였다.

이곳에 황무지 3만 정보를 빌려 그 땅을 개간하여 새로운 독립운동의 기지로 삼기로 한 것이다. 만주의 동포들을 이곳으로 이주시켜 땅을 개간하면서 독립운동을 전개하려는 원대한 계획이었다. 여기에는 적지 않은 돈이 필요하였다.

김창숙은 이 자금을 마련하기 위해 망명 6년 만인 1925년 8월 압록강을 건너 국내에 잠입하였다. 일제의 감시망을 뚫고 직접 유림 지도자들을 만나거나 동지를 보내 독립운동 자금의 모금에 나섰으나, 성과는 지극히 저조하였다.

국내는 3·1운동의 불길이 일어난 지 6～7년밖에 되지 않았지만, 독립운동의 열기가 차츰 식어가고 있었다. 심지어 어떤 동지는 그에게 자수할 것을 권고하기도 하였다. 이때 김창숙이 받은 충격은 너무 컸다. 아무리 일제의 탄압과 감시가 심하기로서니 이토록 독립운동의 열기가 빨리 식을 수가 있는가? 김창숙은 한없이 통탄하면서 다시 해외 망명지로 발길을 돌려야 했다.

김창숙은 이 같은 현상을 "일제의 위장된 문화정치에 매수된 지식층과 주구화된 관리, 지주를 포함한 부호들 때문"이라고 분석하면서, 침체된 독립운동의 열기를 일깨우기 위해서는 새로운 전술이 필요함을 절감하였다. 그리고 국내에서 모금해 온 약간의 돈으로 청년결사대를 국내에 잠입시키기로 하였다.

의열단원 나석주 의사의 의거는 이렇게 하여 전개되었다. 나석주는 1926년 천진에 본부를 두고 활동하던 항일독립운동 단체인 의열단에 입단한 의혈지사였다. 그해 6월 천진에 체류하고 있던 김창숙은 조선 민중을 각성시키고 침체한 독립운동의 새로운 활로를 열기 위해 나석주에게 경제 침탈의 총본산인 동양척식주식회사와 조선은행, 조선식산은행 등을 폭파하도록 하였다. 중국인 노동자로 변장하고 인천을 통해 서울에 잠입한 나석주는 조선식산은행에 폭탄을 투척하였으나 불발로 실패하고, 곧이어 동양척식주식회사를 공격하였다. 여기서도 폭탄이 터지지 않자, 나석주 의사는 여러 명의 일본인을 권총으로 사살하고 도주하였다. 일본 경찰의 추적을 받게 되자 나석주 의사는 소지하던 권총으로 자결을 시도하였으나, 중상을 입고 쓰러져 병원에서 순국하였다.

나석주 의사의 의거는 실패하였지만, 이 사건이 국민에게 준 충격은 컸다. 김창숙은 김구가 윤봉길 의사 등을 통해 의열 투쟁을 전개하였듯이, 나석주 의사로 하여금 일제의 경제 침탈의 본산을 폭파토록 지도한 것이다. 이와 함께 김창숙이 비밀리에 국내를 다녀간 것이 밝혀져 '제2차 유림단 사건'이 일경에게 적발되고, 600여 명의 유림 인사들이 피체되어 심한 고문과 옥고를 겪었다.

중국과 만주에서 독립운동을 하던 애국지사들에게 가장 곤란한 존재는 일본 경찰과 밀정이었다. 경찰은 그렇다 치고 각처에 한국인이 거주하는 곳에는 어김없이 밀정이 따라붙었다.

국내에 잠입했다가 다시 상해로 돌아온 김창숙은 그해 12월 27일 임시정부 임시의원회의에서 부의장에 선출되었다. 의장은 이동녕이었다. 얼마 뒤 김창숙은 악화된 치질을 치료하기 위해 영국인이 경영하는 공동조계 내의 공제 병원에 입원하였다. 영국인 병원이라 신변이 안전할 것으로 믿었던 것이 큰 실책이었다.

일제가 어디 상식과 관례가 통하는 무리던가? 김창숙은

이곳에서 유세백과 박겸이라는 사람의 문병을 받았다. 같은 동포로서 그들이 어려웠을 때 돌보아준 인연이 있던 사람들이었다. 이들이 다녀간 뒤 즉각 일본 경찰이 나타났다. 그들은 밀정이었던 것이다.

김창숙은 영국 경찰이 일본 영사관의 형사 여섯 명을 안내하여 병원을 방문한 자리에서 어이없이 피체되고 말았다. 1927년 5월 11일의 일이다. 김창숙이 피체되어 국내로 압송된 과정을 살펴보자.

다음 날 8시경 영국인 경장 한 명이 일본 총영사관 형사 여섯 명을 데리고 옹의 병실에 돌입하여 영국 총영사가 서명한 체포장을 제시하고 구속하여 바로 일본 영사관 내의 감옥에 감금시켰는데, 6월 중순으로 음력 5월 11일의 일이었다. 8일 동안 한마디 심문도 없더니 일본 장기長崎로 이송하였는데 두 형사가 압송하였다. 장기에서 또 하관下關으로 압송하고, 하관에서 또 부산으로 압송하니, 경북경찰부 형사 최석현, 남봉학, 고창덕 그리고 일본 형사 오카다岡田란 자가 이미 기다리고 있었다. 상해에서 부산까지는 수갑을 채우지 않더니 여기에서 드디어 채웠다. 그날 밤 대구 경찰서에 감금하였다가 다음 날 심문을 개시하였다.(『벽옹 73년 회상기』)

김창숙은 일제 경찰에서 혹독한 고문을 받으면서도 일제

와 맞섰다. 그는 "너희들이 고문으로 사정을 알고자 하느냐? 나는 비록 고문으로 죽는 한이 있더라도 맹세코 난언亂言하지 않을 것이다" 하고 종이와 붓을 달라 하여 시 한 구절을 써 주었다.

광복을 도모한 지 십 년 동안에
성명性命과 신가身家는 도시 상관 않았네.
뇌락磊落한 평생은 백일白日과도 같은데
무엇 하려 형신刑訊은 이다지도 다단한가!

온갖 고문과 회유로도 전향이나 자백이 불가능함을 깨달은 일제 관리 중에는 김창숙의 기상에 인간적으로 흠모하는 자들도 있었다. 예심 판사 하세가와長谷川宏란 자는 "내가 한인 독립운동자를 많이 보았지만 공과 같이 강의剛毅하고 굴하지 않는 사람은 보지 못하였다. 함께 조용히 정견을 논해도 되겠는가?"라면서 김창숙과 대화를 시도하였다.

김창숙은 일제의 재판을 받으면서도 시종일관 강개한 자세를 흩뜨리지 않았다. 이때 달성의 감옥에서 자신이 비밀리에 국내에 잠입했던 사실이 드러나 아들 환기가 일경에 피체되어 모진 고문 끝에 후유증으로 사망한 사실을 알게 되었다.

1928년 7월에 예심이 끝나고 처음으로 가족과 면회가 이루어졌다. 이때 울면서 가정사를 말하는 부인에게 "내가 가

41

사를 잊은 지 이미 10년인데, 당신이 새삼 물을 필요가 없소”
라고 하였다. 변호사 김용무, 손치은 두 사람이 변론을 자청
하면서 위임서에 서명을 요청하였다. 이에 김창숙은 다음과
같은 시를 써서 거절의 뜻을 분명히 하였다.

> 병든 몸이 구차히 살기를 구하지 않았는데
> 달성 옥살이 일 년이나 넘길 줄 어찌 알았으리
> 모친 죽고 자식 죽어 집은 이미 쓰러지고
> 꿈속에도 들리네 아내와 며느리 울음소리.

> 기구한 방득枋得이여 도망한들 어디가 즐거우랴
> 죽어도 빛나도다 강개한 천상天祥이여
> 화복궁통禍福窮通이 원래 하늘에 매였으니
> 병든 몸이 구차히 살기를 구하지 않았노라.

> 병든 몸이 구차히 살기를 구하지 않았거늘
> 어찌하여 달성에서 신음만 일삼는가
> 세상맛을 다 보아 이는 이미 시린데
> 인정의 뜨거움 뼛속에 와 닿네
> 내 노예로 기자箕子의 양광佯狂을 차마 욕되다 하랴
> 정正을 얻어야 죽어도 영광임을 비로소 아는 법
> 그대의 뜻 고마우나 구구한 변호사여
> 병든 몸이 구차히 살기를 구하지 않노라.

우리의 항일 정신사는 이 대목에 이르러 한층 광휘를 더한다. 이러한 지사, 열사들이 있었기 때문에 일제강점기 동안 민족의 의기가 끊기지 않았던 것이다. 이 시에서 말하는 '방득'이란 중국 송나라 때의 의인을 말하며, '천상'은 중국의 문천상, '기자의 양광'은 은나라 사람 기자가 주나라 문왕이 은나라를 멸망시키자 양광佯狂으로 노예가 된 고사를 일컫는다. 김창숙의 우국단심을 보여주는 내용이다.

'단정수립반대운동'과 성균관 복원

김창숙은 일제의 법정 자체를 거부하였다. 그는 "일본의 조선 통치를 처음부터 인정치 않고 있는 나로서 일본 법률을 가지고 죄의 유무를 변론해주는 것을 바라지 않는다"면서 변호사 선임을 반대하는 것은 물론, 그들에 의한 재판을 원천적으로 거부하였다.

김창숙은 한국인 출신 변호사가 끈질기게 변호사 선임을 요청하자, "나는 엄연히 대한의 국민으로서 외국인 일본의 법률 적용을 부인하는 사람이다. 일본 법률을 부인하면서 일본 법률에 의하여 변호를 맡으려는 사람에게 나를 의탁한다는 것은 그 이상의 모순이 없다. 나는 엄연히 포로의 몸이다. 포로로서 구차히 살려고 발버둥치는 것은 곧 치욕이다. 내 평생의 지조를 일소에 부치고 싶지는 않으며, 변호를 의탁하여 구구한 삶을 지속하고 싶지도 않다"면서 완강히 거부했다.

일제는 이런 김창숙에게 무기징역을 구형하고, 그해(1928) 12월 예심 판사는 14년형을 선고하였다. 그러나 이미 생사를 초월한 김창숙에게 14년 징역형이란 아무런 의미도 없었다. 가족과 친지들의 거듭된 항소 요구도 모두 거절하였다. 변호사 선임도 거절한 마당에 항소란 생각조차 할 수 없는 일이었다.

기결수가 된 김창숙은 달성 감옥에서 대전 형무소로 이감되었다. 피체되었을 때 당한 혹독한 고문으로 두 다리가 상하여 앉은뱅이 신세가 되어 있었다.

김창숙은 옥중 생활도 역시 한 점 흐트러짐이 없었다. 대전 형무소의 전옥이 간수를 시켜 순시할 때마다 절을 하라고 강요했지만, 김창숙은 끝내 허리를 굽히지 않았다. "내가 너희들을 대하여 절을 하지 않는 것은 곧 나의 독립운동 정신을 고수함이다. 대저 절은 경의를 표하는 것인데, 내가 너희들에게 경의를 표해야 할 것이 무엇인가?" 이처럼 김창숙의 기개는 꿋꿋했다.

어느 날 전옥이 최남선의 『일선융화론』을 갖고 와 읽고 감상문을 쓰라고 하였다. 첫 몇 장을 읽고 난 김창숙은 책을 간수에게 던지며, "나는 이 일본에게 붙어버린 반역자가 미친 소리로 요란하게 짖어대는 흉서를 읽고 싶지 않다. 기미년 「독립선언서」가 남선의 손에서 나오지 않았는가? 이런 사람으로 도리어 일본에 붙어 역적으로 되었으니, 비록 만 번 죽여도 오히려 죄가 남는다"고 호통을 쳤다.

오랜 옥고와 일제의 끊이지 않는 괴롭힘으로 김창숙의 건강은 갈수록 악화되었다. 1934년 더 이상 복역할 수 없을 정도로 몸 상태가 좋지 않게 되자, 일제는 그를 병보석으로 풀어주었다.

김창숙은 대구에 셋집을 얻어 옮겼으나, 일경은 계속 그를 감시하였다. 후환이 두려워서 친척이나 동지들도 발걸음을 끊었다. 1939년 4월에야 고향집으로 돌아온 그는 비로소 망명중에 돌아가신 어머니의 묘소 앞에 무릎을 꿇었다. 10여 년 만에 사별한 어머니와 만난 것이다.

병이 깊어 바깥출입조차 자유스럽지 못한 그였지만, 일제 당국에 그는 언제나 위험한 존재였다. 이른바 대표적인 '불령선인不逞鮮人'이었던 것이다. 일제는 늘 감시의 눈초리를 번뜩였고, 이로 해서 그는 절해고도와 같은 외로운 삶을 보내야 했다.

이런 감시의 와중에서도 둘째 아들 찬기를 남몰래 중경의 임시정부로 보내 그곳의 정세를 알아 오도록 하였다. 김찬기는 국외 탈출에 성공하여 중경에까지는 무사히 도착하였으나, 이후 불귀의 객이 되고 말았다.

1945년 8월 해방의 날, 민족 지도자들은 어디에서 무엇을 하고 있었을까? 이승만은 일제의 마수가 미치지 않는 미주에서 안주하고 있었고, 김구는 중경에서 임정을 이끌며 본국 진격 준비를 서두르고 있었다.

이때 김창숙은 경상북도 왜관경찰서 유치장에 수감되어 있었다. 1945년 8월 7일 건국동맹 사건에 연루되어 다시 구속되었던 것이다. 8월 15일 해방과 함께 풀려난 김창숙은 셋째 아들 형기 등에 업혀서 집으로 돌아왔다. 그리고 곧 청년단을 조직하여 지방의 치안 유지를 거들도록 하고 서울로 올라왔다.

서울에 올라와 전동여관에 머무르던 어느 날 몽양 여운형이 찾아왔다. 여운형은 건국준비회의 진행 상황과 함께 정당이 60여 개가 난립하고 있음을 알려주면서, 영호남 독립운동가들을 규합해 정당(민중당)을 조직하는데 김창숙에게 당수로 취임해달라고 요청하였다. 그러나 김창숙은 일언지하에 거절하였다.

내가 듣기에 60여 정당이 조직되어 있다 하니, 어찌 정당이 이렇게도 많은가? 나라와 강토는 아직 완전히 수복되지 못하였고, 정식 정부 역시 성립을 보지 못한 이때에, 정당의 어지러운 싸움이 이와 같이 심한 지경에 이르러서 저 60여 당이 만약 정권과 정책을 서로 다툰다면, 새로 일어날 대한민국이 필연 저네들의 손에서 다시 망하게 되지 않을까 두렵도다. 지금 여러분이 비록 나를 당수로 추대하였으나, 나는 허영에 이끌리어 그 당수의 자리에 나아가 여러 정당과 더불어 마침내 몸을 버리고 나라를 저버리는 사람이 되고 싶지는 않다.(『벽옹 73년 회상기』)

김창숙의 행동거지는 이처럼 단호하고 엄격하였다. 1946년 1월 임시정부 주석 김구가 비상정치국민회의를 소집하면서, 김창숙은 이승만, 김구, 김규식, 권동진, 오세창, 조만식, 홍명희 등과 함께 특별위원으로 선임되고, 이어서 미주둔군 사령관 하지의 자문기관으로 민주의원이 구성되면서 최고정무위원에 선출되었다. 그러나 김창숙은 민주의원이 독립 정부를 수립하는 모체가 아니라 주둔군의 자문기관에 지나지 않는 데 반감을 품고 의장인 이승만과 정면 대결에 나섰다.

민주의원의 사회를 맡은 이승만의 독주에 대해, 김창숙은 "슬프다. 저 이승만이란 자가 미국에 아첨하여 정권을 장악하고 독재정치를 하려는 수법의 징조를 여기서 보겠구나. 국가의 앞날이 참으로 걱정이니 통탄할 일이다"라며 개탄하였다. 이승만과의 관계는 이로써 더 악화되어갔다.

해방된 조국은 민족 진영의 뜻하고는 달리 날이 갈수록 분단을 향해 치닫고 있었다. 미소공동위원회가 구성되었지만, 통일 한국의 앞날은 미·소 양국과 국내 정파들의 이해관계에 얽혀 더욱 어두워져갔다. 이때 김창숙은 민주의원으로서는 유일하게 미소공동위원회에 참가하기를 거부하였다. 그와 달리 이승만은 공동위원회 활동에 적극 참여하면서 남한만의 단독정부 수립을 기도하고 있었다.

김창숙의 예언대로 미소공동위원회는 결렬되고, 한반도는 이승만의 주도로 단독정부 수립의 길로 치달았다. 김창숙은 어떤 일이 있어도 단독정부가 수립되는 일을 막고자 하였다. 일단 단독정부가 수립되면 국토가 갈리고 동족끼리 싸우는 일이 불가피하리라는 우려 때문이었다. 그래서 공산주의자라 해도 한 민족이라면 다 함께 통일 조국의 수립 문제를 놓고 의견을 나누자는 충정에서 특별 성명을 발표하였다. 1948년 2월 5일 발표된 김창숙의 「성명서」는 이러하다.

1. 유엔 한국위원단이 한국에 지고 있는 사명은 내정 간섭이 아니라, 남북통일 총선거로 통일 정부 수립에 관하여 외세의 부당한 간섭을 거절함에 있다고 믿는다.
2. 단선 단정은 국토 분단과 민족 분열을 조장함에 불과하니 북한 지방을 소련에 허여하려는 것이다.
3. 외군의 주둔 밑에 자유로운 선거가 있을 수 없고, 이에서 생기는 정부는 괴뢰정부일 것이다.
4. 남북 정치 요인 회담으로 통일 정부를 수립하여야 할 것이다.

김창숙은 이 「성명서」 발표 후 김구, 김규식, 홍명희, 조소앙, 조성환, 조완구 등과 함께 다음과 같은 요지의 성명을 발표하였다.

"우리가 보는 바로는 남북의 분열이나 저마다의 계획이 우리 민족에 백해무익하다고 단정하지 않을 수 없다.

반쪽이나마 먼저 정부를 수립하고 그다음의 반쪽을 통일
한다는 것은 그럴듯하나, 실상은 반쪽 독립과 나머지 반
쪽 통일이 다 가능성이 없고 오직 동족상잔의 참화를 격
화시킬 뿐일 것이다."

이것이 이른바 「7거두 성명」이다. 그러나 '7거두'의 애끓
는 호소도 단정 수립론자들에게는 공염불에 지나지 않았다.
마침내 1948년 8월 15일 남한만의 단독정부가 수립되고, 이
승만은 대통령에 당선되어 집권에 성공하였다.

오로지 통일 정부 수립을 기원하면서 이승만과 정치적으
로 대립해온 김창숙은, 단독정부가 들어서자 정계를 떠나 유
림을 재건하는 일에만 마음을 쏟았다. 그동안 일제는 우리
유학의 총본산인 성균관을 경학원이라 고쳐 친일파의 소굴
로 만들어놓았었는데, 그는 이제 이 성균관을 복원하는 일이
야말로 자신에게 남은 과제로 여긴 것이다.

유도회의 총본부는 김창숙을 유도회 총본부 위원장에 추
대하고, 이어 성균관장 그리고 재단법인 성균관의 학장으로
선임하였다.

성균관 복원과 관련, 김창숙은 "성균관은 오랫동안 친일
파가 날뛰는 장소가 되었는데, 현재 미군정청에서는 종교 자
유가 있으니 군정에서는 관계할 바가 아니라 하였다. 이러하
다면 불가불 숙청의 방안을 강구하고 유지책의 시급한 과제
를 강구하지 아니할 수 없다. 숙청을 하려고 하면 마땅히 먼

저 경학원의 이름을 도로 성균관으로 칭하고 유림 가운데서 최고 영도자를 추천하여 그 기구를 정비하게 하고, 유지를 하려면 마땅히 먼저 재정을 주워 모아서 재단법인을 설치하여 다스려야겠다"(『벽옹 72년 회고록』)고 의지를 밝히면서, 친일파 숙청과 새로운 교육재단의 설립에 앞장섰다. 이것이 오늘의 성균관대학교의 모태가 되었다.

노구 이끌고 반독재 투쟁 선봉에

　　이승만의 실정은 날이 갈수록 더해만 갔다. 한국전쟁이
터지고, 도처에서 민간인 학살이 자행되었다. '국민방위군
사건'이 발생하여 수십 만 장병이 추위와 굶주림에 떨며 죽
어갔다. 그러나 부산으로 피난 온 임시수도에서도 이승만 정
부는 국난 극복과 국민 안위보다는 권력 유지와 연장에만 연
연하였다.

　　참다 못한 김창숙은 1951년 이승만 대통령에게 하야를
요구하는 「경고문」을 발표하였다. 그러나 이승만의 태도는
달라지지 않았다. 오히려 70 노구의 우국지사를 부산 형무소
에 수감하는 정치 보복을 자행하였다. 그렇다고 꺾일 김창숙
이 아니었다. 이듬해 다시 김창숙은 민의원을 중심으로 하는
반독재 개헌준비회의를 국제구락부에서 개최하여 이승만의
독재와 실정을 규탄하면서 맞섰다. 이승만 정권은 깡패들을
동원하여 집회장을 아수라장으로 만들고, 연설중인 김창숙

에게도 폭행을 가했다. 피를 흘리며 쓰러졌던 김창숙은 그 자리에서 끌려가 40여 일 동안이나 투옥되는 고초를 겪어야 했다.

이승만의 장기 집권 야욕은 날이 갈수록 극심해지고, 부정부패는 도를 더해갔다. 1956년 김창숙은 평화적 정권 교체를 위해 신익희와 조봉암의 합작운동을 전개했으나, 신익희의 돌연한 사망으로 정권 교체의 꿈은 스러지고 말았다. 영구 집권의 노욕에 사로잡힌 이승만은 한 걸음 더 나아가 1958년 12월 24일 이른바 '2·4 보안법 파동'을 일으키면서 「신국가보안법」을 통과시켰다. 이승만 정권이 국회에서 경위권을 발동하여 자유당 단독으로 처리한 「신국가보안법」은, 이승만의 4선을 위해 야당과 언론에 재갈을 물리는 악법 중의 악법이었다.

김창숙은 이 소식을 전해 듣고 고향에서 올라와 "「보안법」은 민중을 억압하는 망국법이다. 대한민국은 민주공화국이 아니고 경찰국이 되었다. 대통령은 국민 앞에 사과하고 하야하라"는 장문의 「성명서」를 내고 범야 국민운동을 전개하려 하였으나, 경찰이 가로막고 나선 데다 일부 야당마저 별 관심을 보이지 않아 뜻을 이루지 못하였다. 김창숙의 굽힐 줄 모르는 반독재 투쟁에 이승만은 철저한 탄압과 보복으로 일관하였다.

김창숙은 1953년 전국에 흩어져 있는 향교재단을 규합하여 성균관대학을 종합대학으로 인가받고, 성균관대학교 초대 총장에 취임하였다. 그러나 이승만 정권의 정치 보복으로 성균관 분규가 발생, 성균관에서 쫓겨나는 수모를 겪어야 했다. 1960년 4월 혁명 뒤 대법원에서 승소하여 명예를 회복하기까지 김창숙에 대한 이승만 정권의 박해는 그치지 않았다.

이승만을 향한 김창숙의 비판 또한 아주 냉엄했다. "남들 피 흘리고 싸울 때 외국 여자하고 놀다 온 게 무슨 대통령이냐"라며 곱지 않은 심기를 보였던 김창숙이고 보면, 이들 간에 타협점을 찾기란 애당초 어려웠을 터이다.

'한국의 마지막 선비' 김창숙은 1962년 5월 10일 서울 중앙의료원에서 여든네 살을 일기로 파란 많은 생애를 접었다. 집 한 칸이 없어서 여관이나 친척집을 전전하다 외롭게 병상에서 숨을 거두었다.

올곧은 선비 정신으로 반외세·반분단·반독재 투쟁에 앞장서온 김창숙은 한평생을 불꽃처럼 맹렬히 태우다가 가랑잎처럼 조용히 스러졌다. 생전에 철저히 외면했던 정부(장면)와 국민은 그의 장례를 사회장으로 치렀으며, 건국훈장 대한민국장을 수여하였다.

조선에 한 선비 있으니
벽옹 김창숙이라.
머리는 희었으되
마음은 일편단심
나라 구하려는 생각

그것 말고 무어 있을까.
차라리 독립을 위해
죽은 귀신 될지언정
신탁통치 노예는 절대로 되지 않으리.
인생이란 언젠가
죽게 마련
죽으면 죽었지
욕되게는 살지 않으리.

김창숙이 노년에 쓴 「신탁 통치」란 시에서 엿보이듯, 그는 치욕의 시대를 '욕되게' 살지 않으려는 투지와 오로지 '나라 구하려는' 일편단심으로 평생을 보낸 우리 현대사의 의인義人이다. 유림 출신답지 않게 진보적이며 개혁적인 그의 사고방식은 실천을 통해서 몸소 체득한 민족자주 정신에서 나온 것이었다. 그러나 불의한 권력과 치욕의 시대로부터 올곧은 정신과 삶이 거부당한 채, 그는 스스로 치열한 저항의 불꽃이 되어 살다 갔다. 우리 국민은 '한국의 마지막 선비' 벽옹 김창숙 선생을 오랫동안 기억하고 그 얼을 기려야 할 부채를 안고 있다고 하겠다.

●조선 선비의 상징으로

　김창숙을 흔히 '조선의 마지막 선비'라고 부른다. 우리에게 '선비'는 "놀고 먹는 유생儒生"으로 잘못 투영되어 있지만, 이는 선비의 참모습이 전혀 아니다.

　연암燕岩 박지원은 참선비상을 다음과 같이 제시한다. 몇 대목을 발췌한다. 「원사原士」라는 글이다.

　　(그러므로) 천하의 공론公論을 사론士論이라 하고, 당대에 일류 가는 이들을 사류士流라 하고, 사해四海에 의성義聲을 북돋워주는 것을 사기士氣라 하고, 군자가 죄 없이 죽음을 당하는 것을 사화士禍라 한다.

　　무릇 선비는 아래로는 농공農工과 반열班列을 같이하고 위로는 왕공王公과도 벗이 된다. 위位로 말하면 무등無等(무등급)이요, 덕으로 말하면 아사雅事가 그것이다.

　　벼슬에는 고하가 있되 그것으로 사람됨이 달라지는 것

이 아니오. 지위에는 지천이 있되 선비는 그것 때문에 영향을 받지 않는다. 따라서 벼슬이나 지위가 선비에게 가해질지언정 선비가 이리저리 굴러 벼슬이나 지위를 얻는 것은 아니다.

아사雅事란 뜻은 갓난아기 같고, 겉모양은 처자와 같되… 우러러 하늘에 부끄러움이 없고, 굽어 사람에게 무안함이 없는 이를 가리킨다.

조선 후기의 선비 이덕수李德壽는 선비의 언행에 대하여 다음과 같이 말하였다.

선비는 비록 말은 적어도 실행하는 것은 의당 여유가 있어야 한다. 만일 맘만으로 그친다면 말은 그럴듯하지만 마음은 그렇지 못하여 마치 목단이 꽃은 좋으나 열매가 없는 것과 같으니 식견이 있는 사람이 그것을 유감으로 생각한다.

박지원은 『양반전』 서두에서 말한다.

선비는 천작天爵이다. 선비의 마음은 지志라야 한다. 지란 세리勢利(권세와 이익)를 꾀하지 않고 현달하더라도 (지위와 이름이 함께 높아서 드러나더라도) 선비의 본질을 잃지 않는 마음먹이를 말한다.

여기서 '천작'이란 하늘이 내린 벼슬이다.

조선 후기의 선비 최한기崔漢綺는 선비의 거처에 대하여 다음과 같이 말하였다.

선비가 거처함에는 반드시 볼 만한 것이 있어야 한다. 동작과 위엄 있는 의용儀容이 다른 사람의 감모感慕(마음에 느껴 사모함)를 받아야 하며, 언사와 풍채가 다른 사람을 계발시키므로 행사의 조짐은 한가롭게 있을 때 나타나고, 도덕이 빛나는 것도 한가하게 지낼 때 드러나게 되는 것이다.

우리나라에서는 옛날부터 '선비의 사유四維'가 강조되어 왔다. 사유란 예禮·의義·염廉·치恥를 말한다. 선비가 사유를 지킬 이유는 다음과 같다.

나라에는 사유四維가 있는데, 일유一維가 없어지면 기울고, 이유二維가 없어지면 위태롭고, 삼유三維가 없어지면 전복하고, 사유四維가 없어지면 멸망하게 된다.

기울면 바르게 고칠 수 있고, 위태로우면 편안케 할 수 있고, 전복하면 일으킬 수 있으나, 멸망하면 다시 회복시킬 수 없는 것이다. (그렇다면) 사유란 무엇인가. 첫째가 예禮요, 둘째가 의義요, 셋째가 염廉이며, 넷째가 치恥다. 예는 절節을 넘어설 수 없고, 의는 스스로 나갈 수 없으며,

염은 악을 가릴 수 없고, 치는 잘못된 것을 따르지 않는다. 그러므로 절을 넘지 않으면 윗자리가 편안하고, 스스로가 나가지 아니하면 백성들이 교사巧詐하는 일이 없고, 악을 가리지 아니하면 행실이 스스로 온전하며, 잘못된 것을 따르지 아니하면 간사한 일이 발생하지 않는다.

김창숙은 이렇게 선비의 기개와 순수성을 지니고 독립운동과 반독재 투쟁을 전개한 유림의 상징적인 인물이다. 조선 말기에서 일제강점기 또 해방 뒤에, 속유俗儒와 부유腐儒가 판치는 세상에서 그리고 사이비 애국자와 친일배, 사대주의 지식인들이 활개치는 사회에서 심산은 순절한 선비의 삶을 올곧게 살았다.

제 2 장

출생과 학문의 도정

한미한 가정의 고집이 센 아이

"난세를 유교적 대의로 산",[1] "강골의 야인 정신"[2] 심산 김창숙은 1879년 음력 7월 10일 경상북도 성주군 대가면 칠봉동 사월리沙月里에서 출생하였다.

아버지 김호림金護林과 어머니 인동仁同 장長씨 사이에서 1남 4녀 중 장남으로 태어났다. 영남의 문벌사족門閥士族인 의성義城 김씨 가문이다. 집안 내력은 조선 왕조 중엽의 명헌 동강東岡 김우옹金宇顒의 13대 종손으로 남다른 지위와 명망을 지니고 있었다.

심산의 본관은 의성이며 자字는 문좌文佐, 호號는 직강直岡과 심산心山이다. 직강은 부친이 지어준 것이다. 부친은 사월리 마을 앞산 직준봉을 빗대어 항상 직강불요直岡不堯하기를 가르치면서 호를 지었다. 심산이라는 호는 그의 나이 마흔이

<hr>

1 송건호, 「난세를 유교적 대의로 산 김창숙」, 『마당』, 1982년 12월호.
2 김재명, 「강골의 야인 정신 심산 김창숙」, 『정경문화』, 1985년 8월호.

되던 해에 맹자의 "사십부동심四十不動心"이란 구절에 마음이 닿아서 스스로 지은 것이다. 후일 일제의 모진 고문으로 하체 불구가 되어 '앉은뱅이'를 뜻하는 '벽옹躄翁'이라는 별호를 사용하였다.

심산의 가계는 신라 마지막 임금 경순왕의 넷째 아들인 의성군 석錫을 시조로 하고 18대조인 참의공 종사宗師가 처음으로 성주에 정착하면서 대대로 이곳에 기반을 두게 되었다. 13대조인 동강東岡 김우옹金宇顒은 조선 선조 때의 명망 있는 정치가·유학자였다. 남명南冥 조식曺植의 문하에서 수학하였고, 뒤에는 퇴계 이황李滉을 스승으로 모셔 학문에 조예가 깊었으며, 문학에서도 탁월한 능력을 발휘하였다.

김우옹은 과거에 급제하여 여러 관직을 거쳐 이조참판, 대사성에 이르렀고, 학자로서도 역량을 발휘하여 율곡 이이李珥, 한강寒岡, 정구鄭逑 등의 명사들과 교분이 깊었다. 그는 사후 문정공文貞公이란 시호를 받아 성주의 청천서원晴川書院에 배향되었다.[3]

그러나 심산의 가계는 8대조 남수南粹 이후 특별한 인물을 배출하지 못한 것으로 보인다. 명문사족으로 명망은 높았지만 부친 김호림의 대에 와서는 경제적으로 중소 지주의 기반을 겨우 유지하거나 일반 농민과 별로 다름없는 처지가 되었다.

3 「의성김씨선조세적義城金氏先祖世蹟」, 『의성김씨세계보義城金氏世系譜』, 83쪽.

심산이 태어나 자랄 무렵 성주 지방에서도 당시 다른 지방과 마찬가지로 봉건적 지배와 수탈에 대한 농민층의 저항이 격렬하게 전개되었다. 전통적인 신분제가 동요하고 봉건지주의 농민 지배는 약화되어갔으며 조세제도도 질서가 무너져갔다. 이른바 '삼정三政(전제, 군정, 환곡)'이 문란해지면서 성주 지역 역시 전통적인 신분 질서가 크게 흔들리고 관리와 지주들의 탐학은 그만큼 심해졌다.

성주 지방의 변화는 19세기 중엽부터 이미 상당 정도 진척되고 있었다. 농촌 사회의 급격한 변동 속에서 성주 지방은 1862년의 임술항쟁과 1883년의 계미항쟁 그리고 1894년의 갑오농민전쟁이 휩쓸고 지나갔다.

이러한 사회 변동의 분위기 속에서 심산은 상당 정도 영락한 가문의 사회경제적 지반 위에서 일찍부터 개혁 사상을 터득한 부친의 영향을 받게 된다.

김창숙의 부친 김호림(1842~1896)은 경상북도 봉화군 봉화면 해저리(바래미) 김씨 문중에서 김창숙의 조부인 도영道永에게 양자로 들어왔다. 그는 학문이나 업적에서는 별로 드러난 것이 없었으나 김창숙이 기록한 바에 따르면, 당대에 있어서 일반 양반들처럼 완고하지 않았으며 시국에 대하여도 한 걸음 앞을 내다보는 선견지명이 있었다. 심산이 열여덟 살 되던 1896년 세상을 떠났으나 그는 김창숙으로 하여금 계급타파와 새로운 문물 습득에 앞장설 것을 계도하였다. 김창숙이 유교에 바탕을 두면서도 새로운 문물과 시대사조에

민감하게 대응할 수 있었던 것은 이러한 부친의 영향이 적지 않게 작용하였다.[4]

심산은 어릴 적부터 반항 정신이 강한, 거센 성격의 소유자였던 것 같다. 여섯 살 무렵에 글을 배우기 시작하여 여덟 살에 『소학小學』을 배웠다. 글공부를 시작하면서 종일 책을 펴들지 않고도 곧잘 외울 수 있었다고 한다. 두뇌가 매우 우수하였음을 짐작하게 된다. 하지만 오직 나가 놀기만 힘쓰고 집 안을 청소하고 어른을 대하는 등의 일을 귀찮게 여겼다.

아버지와 어머니는 외아들이라고 해서 어리광을 받아주는 법 없이 아주 엄격하였다. 심산의 아버지와 어머니에 관해서는 알려진 자료가 비교적 적은 편이다.

심산은 『자서전』 첫머리에서 자신의 아호와 성격, 글공부를 하게 된 과정을 담담하게 그리고 있다.

나의 성명은 김창숙金昌淑이고 별호는 심산心山이라 한다. 내가 어려서 몹시 미련하더니 늙어서 더욱 어리석었다. 사람들이 "자네 이름을 우愚라 부르세" 하기에 나는 본명인 창숙昌淑을 두어두고(가만히 두고 건드리지 않고) 우愚가 좋다고 하였다. 또 내가 어려서 잔병이 많더니 늙어서 앉은뱅이가 되었다. 사람들이 "자네 호를 벽옹躄翁이라 부르세" 하기에 나는 그것도 좋다고 하였다. 그로부터

▨▨▨ **4** 권기훈, 「심산 김창숙의 민족운동연구」, 박사학위청구논문, 20쪽.

나를 '벽옹 김우'라 일컫게 되었다.

나는 아이 적부터 성질이 거세어 결코 남에게 지려 들지 않았기 때문에 동무들이 모두 꺼려하고 피했다.

여섯 살 무렵에 글을 배우기 시작했는데 종일 책을 펴들지 않고도 곧잘 외울 수 있었다. 여덟 살 적에 『소학小學』을 배웠으나 오직 나가 놀기만 힘쓰고 쇄소응대灑掃應對(집 안을 청소하고 어른을 대하는 등의 일상생활)의 일을 귀찮게 여겼다. 아버님 하강공下岡公과 어머님 장부인張夫人께서는 언제나 엄격하게 대하시고, 만득晩得이라 해서 어리광을 받아주시는 법이 없었다.

열 살 적에 아버님의 명을 좇아 동리에 사시는 정은석鄭恩錫이란 어른에게 나아가 가르침을 받았는데, 늘 방종한 아이들을 따라다니며 놀았다.

정 선생은 가르치는 법이 아주 엄하여, 일찍이 "네가 너의 아버지의 뜻을 따르지 않으니 어떻게 사람이 되겠느냐"고 훈계하시었다.

그때부터 차츰 분발하였으나 구속받기 싫어하는 기질은 전과 마찬가지였다.

열서너 살 적에 비로소 사서四書를 떼었으나 아직 위기지학爲己之學[5]이 무엇인지 전혀 몰랐다. 아버님께서 몹시 걱정하신 나머지 친하게 지내시던 이대계李大溪 선생에게

---

5 남에게 명예를 얻기 위함이 아니고 자기 자신의 내적 수양에 의한 인격 형성에 힘쓰는 학문. 위인지학爲人之學과 반대되는 말이다.

부탁하여 "우리 가문의 앞날은 이 아이에게 달려 있네. 자네가 각별히 지도해서 성취시켜주기 바라네" 하시었는데, 내가 본래 성리설性理說을 듣기 좋아하지 않아서 결국 그 문하에 가지 못하고 말았다. 내가 배움에 힘쓰지 않음이 대개 이 같았던 것이다.[6]

6 김창숙, 『자서전』上, 『김창숙문존』, 심산사상연구회 엮음, 성균관대학출판부, 219~220쪽.

방종한 생활 접고 학문의 길에

심산은 어릴 적에 학업보다는 아이들과 어울려 놀기를 더 좋아하였다. 평범한 아이들처럼 싸우고 개구쟁이 노릇을 하면서 자랐다. 부친이 심산이 열 살 되던 해에 마을의 정은석鄭恩錫이라는 분에게 가르침을 받게 하였으나 공부보다는 노는 데 한눈을 팔았다. 방종한 아이들을 따라다니며 놀았다고 한다.[7] 스승의 꾸지람을 듣기도 하였으나 공부에 열심을 내지는 않았던 듯하다.

부친은 "자식의 앞날을 염려하여 평소 친하게 지내던 대계大溪 이승희李承熙에게 각별한 지도를 부탁하였으나, 정작 김창숙 자신이 경전經典 공부와 성리설性理說에 별로 관심이 없었기 때문에 결국 이승희 문하에 들어가지 못했다."[8]

---

7 국역 심산유고 간행위원회 편, 『국역 심산유고』, 680~681쪽, 성균관대학교 대동문화연구원, 1973.
8 『국역 심산유고』, 681쪽, 권기훈, 앞의 논문, 23쪽.

심산이 학업에 열정을 보이게 된 것은 부친의 별세로 어머니가 훈계한 일이 계기가 되었다. 열여덟 살 되는 1896년, 부친이 세상을 떠났다. 청년으로 성장한 심산은 부친의 상기喪期를 마치면서 모친으로부터 심한 훈계를 받았다. 그로 미루어 상중喪中에도 악동들과 어울려 방종한 생활을 했던 것이 아닌가 짐작된다.

부친이 세상을 떠났을 때 김창숙은 상제의 예법을 알지 못하여 이를 잘 지키지 않고, 더욱이 술을 함부로 마시고 고기를 멋대로 먹으며 다른 사람들과 똑같이 행동하면서 돌아다녔다. 이를 보다 못한 어머니가 "너는 이제 과부의 자식이다. 네가 대현大賢의 종손으로 부친의 상중임에도 불구하고 무례함이 이 지경에 이르렀으니 아버님의 혼령이 계시다면 어찌 자식을 두었다고 여기시겠느냐?" 하시며 준엄하게 꾸짖었다.[9]

심산은 어머니의 훈계로 크게 뉘우치면서 새롭게 태어난 심경으로 『예서禮書』를 읽고 학문에 전념하는 마음의 기초를 닦았다.

심산의 어머니는 자상하면서도 준엄한 분이었다. 남편 김호림의 영향도 적지 않았을 터이다. 김호림은 이종기李鍾杞,

9 정범진, 『백 번 꺾어도 꺾이지 않은 민족의 자존』, 19쪽, 성균관대학출판부, 1997.

곽종석郭鍾錫, 이승희 같은 거유들과 교유하면서 대단히 진보적인 사상을 가졌던 인물이다. 그는 일찍부터 "문벌과 계급을 타파하고 노비를 해방해야 한다"는 선진적인 사고를 실행한 선비였다.

1894년 동학농민혁명이 일어났을 때 삼남 지방 각 고을에서 많은 양반과 지주가 수난과 약탈을 당하였지만 사월리 마을은 무사하였다. 동학농민군이 마을까지 밀려와서 "이곳은 김하강의 마을이다. 모두들 행동을 삼가 함부로 하지 말라!"고 말하면서 동학군이 스스로 피해 갔기 때문에 이 마을에서는 아무런 피해도 입지 않았다. 심산의 아버지 김호림의 개화사상과 열린 학덕 때문이었다.

심산은 이와 같은 아버지로부터 학문을 배우지 않고 방종한 청소년 시절을 보내다가 열여덟 살 때 부친을 잃고 어머니의 훈계를 받고서야 크게 깨달음을 얻게 되었다.

훗날 심산은 부친에 대한 유사遺事를 지었다. 여기에서 김호림의 계급타파·인권존중과 노동을 신성시하는 혁신적인 평등사상의 편린을 살피게 된다.

어느 날 아버지는 야외에서 논에 모심는 일을 살피고 계셨다. 그때 나와 함께 공부하는 수십 명의 학생들을 앞에다 불러놓으시고 "너희들은 다만 글을 읽는다는 것을 핑계로 부모 밑에서 편안히 먹고 입는 것만 알 뿐이니, 세상이 어떻게 변천하고 있는지 그리고 농사짓기가 얼마나 어려운 것인지를 어찌 알겠느냐? 지금은 바야흐로 온 나라가 멸망의 위기에 처해 있으니 좋은 집에서 즐겁게 살면서 하인들이나 호령하고 가만히 앉아 입고 먹기를 꾀할 때가 아니다. 너희들은 오늘 농사꾼의 뒤를 따르면서 그들이 고생하는 일이 어떤 것인지를 한번 맛보도록 해라" 라고 하시어 우리는 아버지 말씀대로 했다. 점심 시간이 되어 식사를 할 때에 아버지는 또 우리들로 하여금 농사꾼들과 함께 서로 섞여서 나무 그늘 아래 둘러 앉게 하시더니, 밥하는 여자들로 하여금 앉은 순서대로 식사를 나누어주게 하시고 주인이라고 해서 하인(농사꾼)들보다 먼저 받아 먹지 못하게 하였다. 그리고 말씀하시기를 "너희들은 오늘 똑같은 농사꾼인데 어찌 주인과 하인을 따지겠느냐?" 라고 하셨다.[10]

어머니의 훈계로 새롭게 태어난 심산은 방종한 지난날을 뉘우치면서 널리 배움을 구하고 견문을 넓히겠다는 뜻을 세웠다. 아버지 사후 몇 해가 지나자 세상이 변하여 문벌을 타파하고 노예를 해방하는 제도가 나와서 그대로 행해지고 있었다. 이때 비로소 부친의 선견지명을 깨닫고 마음속으로 "내가 아버님을 배우지 않고 누구를 배우겠는가"라고 소리치며, 개연히 구습을 고치고 새 길을 도모하여 학문의 길에

---

10 「아버님 하강공의 유사」, 『김창숙문존』, 211~212쪽.

나섰다. 당대의 거유인 이종기, 곽종석, 이승희, 장석영張錫英 등의 문하를 찾아다니며 학문의 길을 찾는다.

상기喪期를 마친 후 아무쪼록 널리 배움을 구하여 견문을 넓힐 뜻을 세우고 당세의 대유大儒인 이만구(李晩求, 鍾杞), 곽면우(郭俛宇, 鍾錫), 이대계(李大溪, 承熙), 장회당(張晦堂, 鍾英) 같은 어른들의 문하를 두루 찾아뵙고 경서經書의 뜻을 물어서 감발感發된 바가 많았다. 특히 이대계 선생에게는 마음속으로 절로 감복되어 성심껏 섬기게 되었다.

당시 강한 외적이 나라를 위압하여 국사가 날로 글러지고 있었다. 나는 세속 학자들이 한갓 성리의 오묘한 뜻만 고담高談(소리를 높여서 하는 말)할 뿐, 구국의 시급한 일을 강구하지 않음을 병폐로 생각하고 탄식하여, "성인의 글을 읽고도 성인이 세상을 구제한 뜻을 깨닫지 못하면 그는 가짜 선비. 지금 우리는 무엇보다 먼저 이따위 가짜 선비들을 제거해야만 비로소 치국治國 평천하平天下의 도를 논하는 데에 참여할 수가 있을 것이다"라고 말하니 듣는 이들이 모두 떠들썩하였다.

경자庚子(1900)년 봄에, 당시 재상宰相 이유인李裕寅이 그 문객 장張모를 시켜 나를 보고, 일차 서울에 와서 서로 만나기를 바라는데, 말인 즉 나를 장차 특천(특별히 추천)하여 벼슬을 얻게 해주겠다는 것이었다. 이李는 진령군眞

靈君이란 요망한 계집과 결탁해서 광무황제光武皇帝의 총
애를 받고 권세를 부려 한참 기세가 등등한 인물이었다.
나는 완곡한 말로 학문이 넉넉하지 못하다고 사양하였다.
그해 가을 그 사람이 재차 와서 이가 만나보기를 원한다
는 뜻을 다시 전하고 기어이 같이 가자고 하였다. 나는 병
을 핑계로 끝내 나서지 않았다.[11]

〰〰 11 『김창숙문존』, 222쪽.

한주학파와 남명학파 세례받아

  심산이 성주에서 발분하여 학문에 정진하고 있을 때 나라 안팎의 사정은 대단히 어려운 국면으로 빠져들고 있었다. 제 국주의 침략 정책이 본격적으로 추진되고 한국에도 제국주의 파고가 밀려들었다. 1897년 10월 정부는 국호를 '대한제 국'으로 바꾸고 10월 12일 황제 즉위식을 거행, 이를 각국 대 표에게 통보하였다. 1898년 2월 한 시절 국권을 전횡하던 흥 선대원군 이하응이 죽고, 3월에는 독립협회가 서울 종로에 서 만민공동회를 열어 러시아 세력의 배척을 결의하였다.

  이해 8월 이토 히로부미가 경부철도 부설 허가 지원을 위 한다는 명분으로 한국에 왔다. 국적 이토가 한국을 방문한 것은 이때가 처음이었다. 10월 독립협회는 만민공동회를 열 어 윤치호를 회장에 선출하고 「헌의6조獻議六條」를 상주하는 등 국정 개혁을 시도하였지만 정부는 11월 만민공동회를 해 산시키고 주요 인사들을 체포하였다. 이상재, 정교, 이건호,

남궁억, 방한덕 등 17명이 검거되고 윤치호는 피신하였다.

이해 4월 일본 외상 니시 도쿠지로西德二郞와 주일 러시아 공사 로젠이 한국에 관한 의정서, 이른바 「니시·로젠 협정」을 체결하여 외세의 침탈과 막후 흥정이 시작되었다. 8월에 미국이 하와이를 합병하고 12월에는 필리핀·괌·푸에르토리코를 합병하였다.

1899년 6월 독일 하인리히 친왕親王이 군함으로 인천에 도착하여 독일인 광산을 시찰하고, 12월에는 『독립신문』이 폐간되었다. 1900년 3월 정부는 러시아에 마산포 조차를 허용하고, 6월 청淸나라는 북경에 출병한 8개국에 선전포고한 데 이어 의화단이 북경의 각국 공사관을 포위하였다. 일본 각의는 의화단을 진압하기 위한 명분으로 군병 2만 2000명을 청국에 파병하였다.

대한제국이 뒤늦게 칭제건원을 단행하고 정치 개혁에 나섰지만 국력이 뒷받침되지 못한 칭제건원은 허장성세적인 측면이 없지 않았다. 주변 열강들은 이미 여러 방향에서 한국 침탈의 마수를 뻗치고 있었다. 그러나 정부는 이에 효과적으로 대처하지 못하고 대신들은 요동치는 국제 정세를 제대로 파악하지 못한 채 '척사위정파'와 '개화파'로 나뉘어 권력 다툼을 벌이고 있었다.

심산이 스물두 살이 되던 해, 세도가 이유인李裕寅이 문객을 보내어 그를 서울로 올라오도록 하였다. 사람들을 통해 그의 인품을 전해 듣고 벼슬자리를 주기 위해서였다. 그러나 앞에 인용한 대로 이를 사양하고, 두 번째로 사람을 보냈을 때는 건강을 이유로 끝내 거부하였다. "이미 일본의 침략과 매국 아첨배들로 나라 정치가 극도로 어지러운 때였으므로 김창숙으로서는 그러한 부패한 무리들과 더불어 정부에 들어가 일할 생각이 없었던"[12] 것이다.

당대의 세도가가 시골의 무명 청년에게 두 번씩이나 사람을 보내어 특천을 하겠으니 상경할 것을 종용하였으나 그는 이를 단호하게 거부하였다. 보통 사람이라면 하늘이 준 기회로 여기고 뛰어 올라갔겠지만 그는 아니었다. 무명 청년 시절인지라 관직을 탐하지 않는 심산의 행위는 더욱 돋보인다. 평생을 초야에서 꿋꿋하게 살아온 기절氣節(씩씩한 기상과 굳은 지조)은 이때부터 싹트고 있었던 것이다.

심산은 이 무렵 상당한 수준의 학문을 닦고 인근에도 인품이 널리 알려져 있었던 듯하다. 성주 지방에 형성된 독특한 학풍에다 13대조 김우옹으로부터 이어지는 가학적家學的인 전통과 부친에게서 물려받은 유학 사상 때문이었다. "김창숙의 사상이 형성되는 과정은 대체로 세 가지의 갈래에서 연유하는 것이었다. 그것은 첫째 성주 지방에서 독특한 학풍으로 전수되고 있던 한주寒洲 이진상李震相에서 비롯하는 한주학파의 유학 사상, 둘째 그의 13대조인 동강 김우옹으로부터 이어지는 가학적인 전통과 부친 김호림의 사상, 셋째

12 송건호, 「김창숙」, 『한국현대인물사론』, 126쪽, 한길사.

1910년 경술국치 이후 자신이 독학으로 정립한 유학 사상으로 이루어지는 것이었다. 물론 이 과정에서 그가 태어난 1879년 이후 전개되고 있던 개항의 여파와 1894년의 갑오농민전쟁과 청일전쟁, 1905년의 반식민지화, 1910년의 식민지로의 전락이라는 현실의 급격한 변화 과정에 대한 그의 현실 인식이 개재하고 있었다."[13]

심산은 스무 살을 전후하여 대계 이승희와 한주 이진상 등 거유들의 인간적·사상적인 영향을 크게 받으면서 유교적인 지조와 대의명분을 신념화하기에 이르렀다. "특히 이대계 선생에게는 충심에서 나온 기쁨으로 정성껏 복종하였다"[14]고 할 만큼 대계의 영향을 받았다. 이와 더불어 한주학파의 영향도 못지않았다. 한주 이진상(1818~1886)은 조선 말기에 독자적인 주리적主理的 성리학을 정립하여 '한주학파'의 종장이 되고, "그의 냉철한 비판 정신은 그의 문인들에게 이어져 좀 더 진취적이며 개방성을 띤 하나의 학통으로 발전·정립되었다."[15] 면우俛宇 곽종석郭鍾錫, 회당晦堂 장석영張錫英, 후산后山 허유許愈, 한계韓溪 이승희李承熙 등은 한주학파의 대표적 학자들이다.

심산은 성주 지방의 한주학파의 영향을 받으면서 특히 곽종석과 이승희에게서는 직접 학문을 배울 수 있었다. 곽종석

13 권기훈, 앞의 논문, 16쪽.
14 『국역 심산유고』, 681쪽.
15 권기훈, 앞의 논문, 24쪽.

은 당시 이미 영남 유림의 거유로서 자리잡고 있었으며, 한주의 아들인 이승희 역시 부친의 학덕에 비견할 만한 학자의 반열에 든 인물이었다.

심산은 해방 뒤 곽종석의 「신도비명神道碑銘」을 썼다. "국민들이 한결같이 '선생의 높으신 덕을 비석에 새겨 무궁토록 전해야 한다'면서 나 창숙에게 선생의 비명을 짓도록 요청하였다. 창숙은 마음으로 선생은 곧 하늘이고 땅이라, 어찌 대롱管으로 들여다보고 표주박 따위로 양을 재어 헤아릴 수 있겠는가 하고, 정중히 여겨 감히 붓을 들지 못한 지가 오래되었다. 그러나 선생의 문하에 종사하던 여러분들이 잇달아 편지를 보내고, '그대가 지금 늙고 병든 사람인데 이 일을 지체해서야 되겠는가'라고 자꾸만 책망하니, 창숙이 비록 폐인이 되어 누추하지만 의리로서도 끝까지 사양만을 할 수는 없는 일이었다"면서 긴 「신도비명」을 썼다.

「신도비명」의 마지막 부분은 다음과 같다.

동방의 이학理學은 퇴계가 조종祖宗이고 그 뒤를 이은 이가 한주寒洲인데, 깨달으신 선생께서 정통을 받아 주리主理를 마음으로 체득하셨도다. 온 세상의 주기主氣자들이 이치를 밝게 보지 못하여 뭇입으로 떠들기만 하더니 이때 선생이 주리의 맹주가 되어 주자 퇴계에 귀결을 지으셨도다. 백 갈래로 분분하던 논란이 비로소 하나에 통합하고 성현의 말씀으로 증명하게 되었도다. 위대하신 선생이여, 바른 학을 붙드니 그 공이 유림에 넓고, 탁월하신 선생이여, 도와 덕이 높으니 그 명성이 궁궐에 들리었도다. 황제가 숨은 이를 찾아 여러 번 유시를 내리고 폐백이 문 앞에 닥치니, 선생도 어쩔 수 없어 곧 베옷을 거둬 잡고 어전에 나아가 머리를 숙이시다. 당황하지 않고 사사롭지 않고 간곡히 아뢴 그 말씀이 바로 요순의 심법인데, 이 마음이란 위태롭고 가늘어서 한 생각의 결정에 따라 요堯도 되고 걸桀도 되는지라, 임금께서 정치에 뜻을 두어 왜적을 물리치려 하면 먼저 그 마음을 바르게 하고, 마음이 바르게 되면 백성들을 보호하기 위해 먼저 탐관오리를 베도록 하옵소서. 황제께서 말씀하시기를 "종석아, 네 말은 옛 교훈 그대로다. 마땅히 급무부터 진술하라." 선생께서 시골로 돌아와 "슬프도다. 나라가 기울어진들 도가 없어질 건가. 주자, 퇴계의 글을 읽으매 도가 여기에 있으니 죽음으로써 지키리라" 하였다. 기미년 민족운동에 앞장서다가 투옥되어 죽을 곳을 얻었도다. 파리에 보낸 「장서」 한 통 백주에 우레가 울 듯하여 만국이 한꺼번에 놀라게 되었도다. 온 나라 사람들이 함께 부르짖기를 "우리 유림의 태두이고 우리 민족의 부모이시라. 왜놈에게서 벗어난 것이 그 누구의 힘일까. 만세의 공적이로세" 하였다. 선생의 학은 하늘과 인간을 투철히 보았기에 미세한 데까지 다 이르렀고, 선생의 도는 충忠과 서恕로써 일관했기에 누구든지 다 볼 수 있고, 선생의 덕은 만물을 다 소생시키니 봄바람에 때맞은 비 같도다. 선생의 업은 그 대개를 간추려 보면 나머지는 생략해도 좋으리라. 내가 선생을 생각할 때 하늘 같고 바다 같아서 감히 헤아릴 수 없으며 다만 우러르고 바라보니 곧 니구尼邱이고 교악喬嶽(높은 산)이라, 만고에 우뚝하도다.[16]

심산은 이들과의 만남을 통해 성리학의 입장을 명확히 견지하면서도 서양 문물과 만국공법萬國公法을 수용하는 진취적인 사상을 갖춰나갔다. 그렇다고 그의 사상 형성이 한주학파의 세례만 받은 것은 아니었다. 한주학파의 학맥을 계승하는 한편 13대조 김우옹과 남명 조식의 학풍도 적지 않게 이어받았다.

김우옹은 바로 조식의 고제자高弟子이자 외손서外孫婿이어서 누구보다도 조식의 영향을 많이 받은 인물이었다. 특히 조식은 퇴계 이황과 쌍벽을 이루는 영남 유림의 거유로서 '남명학파'의 학맥을 형성한 장본인이다. 퇴계학파가 사변적·관념론적이라면 남명학파는 강론보다는 체험과 심득心得을 중시하며 경의敬義사상을 바탕으로 유학 본래의 수기치인修己治人을 본위로 삼았다. 임진왜란을 맞아 남명학파 출신들이 대거 의병장으로 활동하게 된 것은 이러한 연유 때문이었다.

16 『김창숙문존』, 186~187쪽.

남명과 김우옹은 "학문의 도道는 고매한 것을 담론하는 것이나 문자의 사이나 기억하고 암송하는 데에 있지 않다. 오직 위기지학爲己之學에 힘쓰고 일용지사日用之事의 것이어야 한다"는 경세사상經世思想을 내세웠다. 남명은 특히 사림사회士林社會에서 학자들이 '이름을 도둑질盜名'하고, '세상을 속이는欺世' 행위를 가장 못마땅하게 여기며 이들을 질타하였다.

남명은 선비들이 관념론적인 경학에만 치우치면서 출세와 이록利祿(이익과 행복)을 목적으로 세상을 속이고 자기를 내세우려는 매명 행위를 비판하고, 대신 지행일치知行一致 철학을 견지하였다.

심산 자신은 남명을 '산해부자山海夫子'라고 부르면서 남명학파의 학자들과 교분을 쌓으면서 학문에 더욱 정진하였다.

심산의 '행동하는 지식인'의 실천 사상과 생명보다 중히 여기는 의리 철학은, 이렇게 대대로 전래된 가학家學과 남명학파 그리고 한주학파의 폭넓은 사상과 철학을 섭렵하면서 형성되었다.

제 3 장

기우는 나라 붙들고자 발버둥

단연회 조직과 국채 보상운동

심산은 1905년 스승 이대계와 을사오적의 목을 벨 것을 상소하였으나 회답이 없어 통곡하고 향리로 돌아왔다. 이대계는 그 길로 곧바로 고국을 떠나 망명하였지만 심산은 어머니가 계셔서 뜻대로 할 수 없었다.

이듬해 국내 인사들이 '금연동맹회'를 창설하고 국채國債를 상환하기 위하여 단연금斷烟金을 모으는 운동을 벌였다.

일제는 1904년 이른바 고문정치를 실시하면서 조선의 경제를 파탄에 빠뜨려 일본에 예속시키기 위한 방법으로 일본에서 거액의 차관을 들여왔다. 도입된 차관으로는 침략을 위한 경찰 기구의 확장과 일본인 거류민을 위한 복지시설의 확충에 투입하는 등 통감부에 의해 마음대로 사용되었다.

그 결과 외채가 엄청나게 불어나는 바람에 정부 재정으로는 도저히 갚을 길이 없게 되었고, 이를 빌미로 일본은 더욱 대한제국의 국권을 농락하며 식민화에 박차를 가하고 있었다. 이에 애국 인사들을 중심으로 국채를 갚지 않고는 나라의 주권을 지킬 수 없다는 자각이 일고, 민중 사이에도 널리 퍼지게 되었다. 1907년 2월 대구에서 서상돈, 김광재, 박해령 등 16명이 국채보상회를 발기하고 모금을 위한 국민대회를 여는 등 활동을 시작하였다.

국채보상운동이 전개되면서 담배를 끊어 모은 돈으로 국채를 갚자는 단연동맹회가 창설되고 심산은 이 운동에 적극 참여하였다. 여성들이 금은패물을 모아 국채보상금으로 바치고 당시 사회의 최하류 계층에 속했던 기생들도 애국부인회를 만들어 의연금 모금에 참여하였다. 단연과 단주斷酒운동으로 이어진 이 운동은 범국민적인 지지를 받아 성공적으로 추진되었다. 그러나 통감부의 집요한 탄압과 송병준 등이 이끄는 일진회—進會의 방해 공작으로 더 이상 진전을 보지 못한 채 좌절되고 말았다.

국채보상운동의 좌절에서 보듯이 일제는 조선의 국권을 장악하고 강제 합병의 길로 치닫고 있었다. 조선 왕조 500년 사직이 속절없이 무너져가는 상황이 되었다. 심산은 시골 무명 청년의 처지에서 무엇을 어떻게 해야 할지 방향과 목표를 세우기가 어려웠다. 이 무렵 심산은 한주의 삼봉서당三峰書堂에서 시 한 편을 지었다.

많은 옛 성인들 서로 전해온 진리의 요체
오직 마음 심心 한 글자에 있었기에

근원 찾아 주리主理의 깊은 경지 열어놓았건만
슬프다 세상의 배우는 이들 모두 길을 잃어
큰 근본을 오로지 기氣 쪽에서 찾는구나.[1]

나라가 망해가는 모습에 안타까워하면서 학문에 정진하
고 있을 때, 을사늑약 체결에 반대하여 양반 유생을 지휘부로
하는 농민층의 의병 전쟁이 전국적으로 확산되고 있었다. 강
원도 원주의 원용팔 부대를 필두로 하여 충청도 홍주의 민종
식 부대, 전라도 태인의 최익현 부대, 경상도 영천의 정용기
부대, 영해의 신돌석 부대 등이 잇따라 봉기하였다. 제2기 의
병 전쟁이 시작된 것이다.

그러나 임진왜란 당시 남명학파를 중심으로 수많은 의병
장을 배출했던 이 지역에서는 새로운 국난을 맞아 의병 활동
이 일어나지 않았다. 정국의 상황을 지켜보던 심산은 나라가
망해가는데 문을 닫고 앉아 글만 읽을 때가 아니라고 탄식하
고 분연히 일어났다. 이덕후, 박의동, 김원희, 이진석, 도갑
모, 이항주, 최우동, 배상락 등 동지들과 의논하여 대한협회
大韓協會 성주 지부를 군 향사당鄕社堂에 설치하고 총무를 맡
았다. 대한협회는 1907년 서울에서 조직된 계몽운동 단체로
서 통감부가 대한자강회를 해산하자 권동진, 남궁억, 장지
연, 오세창, 윤호정 등이 국력 배양을 위한 교육·산업의 발

■■■■ 1 『심산유고』, 권1.

달을 내세우고 협회를 창립하였다.

대한협회는 남궁억, 신채호, 이윤영 등을 필진으로 하는 기관지 『대한협회회보』를 발행하고 정치·산업·교육의 발전을 주창하였다. 애국사상의 고취와 국권 회복을 목적으로 하는 대한협회운동은 한때 국민의 광범한 지지를 받아 전국에 70여 개소의 지회를 두고 수만 명의 회원을 확보하였다. 심산은 대한협회 성주지회 총무를 맡아 애국계몽운동을 전개하였다.

심산은 여기서 구습 혁파와 계급 타파를 주장하여 일반 민중으로부터 크게 환영을 받았지만 보수적인 유생들의 반대에 부딪혔다. 그리고 이때부터 고루한 유생들과 사이가 나빠지게 되었다.

역적을 치지 않는 사람도 역적이다

대한협회의 활동은 오래가지 못했다. 통감부의 감시와 탄압이 날로 심해지면서 합법 운동으로서의 한계가 드러나 적극적인 활동을 할 수가 없었다. 나중에는 지도층의 일부가 일진회와 연합하는 등 친일화하여 국민의 지탄을 받게 되었다.

1909년에 접어들면서 나라의 사정은 더욱 어려워져갔다. 일진회 주구들은 하얼빈에서 안중근 의사가 이토 히로부미를 처단한 것을 빌미로 융희 황제에게 '한일합방'을 상주하는 등 매국광란이 절정에 이르렀다. 심산은 일진회 두목 송병준, 이용구와 그들의 주구 최창규, 이원달 등을 성토하는 건의서를 작성하여 중추원에 제출하고, 각 신문에 투고하였다. 심산은 이 「성토문」에서 "역적을 치지 않는 사람 또한 역적이다"라고 격렬한 내용으로 선비들과 민중들의 역적 토멸을 주장하였다. 심산은 이 과정을 『자서전』에서 다음과 같이 기술하였다.

나는 총무로 추천되어 회원들에게 "우리들이 이 모임을 만든 것은 장차 조국을 구하고자 함입니다. 조국을 구하고자 할진댄 마땅히 구습의 혁파부터 시작해야 하며, 구습을 혁파하고자 할진댄 마땅히 계급 타파로부터 시작해야 하며 계급을 타파하고자 할진댄 마땅히 우리의 이 모임으로부터 시작해야 할 것입니다"라고 말하니 회원 중에 박수 치며 환호하는 이도 있고, 노해서 큰 소리로 욕하는 이도 있었다. 나는 나를 욕하는 이들에게 말했다.

"일본 순경이 방금 칼을 뽑아 들고 문간에 당도했다. 이놈이 도적인데 자네는 오히려 굽실굽실하며 맞아들이고 도리어 나를 꾸짖는 격이로군. 자네는 어찌 저자들에게는 겁을 내고 나에게는 용감하단 말인가. 자네는 나를 꾸짖는 그 용기를 도적 몰아내는 데로 전환시킬 수 없단 말인가." 내가 수구守舊하는 고루한 유생들과 서로 사이가 나빠진 것은 이때부터였다.

기유己酉(1909년), 일진회一進會 반역배인 송병준宋秉畯, 이용구李容九 등이 일본 통감 이등박문伊藤博文의 사주를 받아 우리 정부에 상서하고 또 일본 정부에 투서해서 한일합방론韓日合邦論을 제창하자 최정규崔晶奎, 이원달李源達 같은 주구들이 이어받아서 신문에 떠들썩하게 보도하였다. 일인들은 큰 소리로 "이는 조선 사람들의 진정한 소원이라" 하였다.

내가 분연히 나서서 "이 역적들을 성토하지 않는 자

또한 역적이다" 하고 곧 글을 만들어 지방 사람들에게 널리 알려서 향교에 모이도록 했다. 이 모임에 참여한 사람은 70여 명이었다.

나는 이렇게 말하였다.

"나라의 존망에 관계된 중대사에는 아무리 포의布衣[2]라도 말할 수 있는 의리가 있으니 이는 주자朱子의 가르침이다. 우리의 의리상 일진회 역적들과 한 하늘 밑에 살 수 없다. 이놈들을 성토하지 않으면 우리나라에 사람이 있다고 할 수 있겠는가. 우리가 모두 백면서생으로 손에 아무 무기도 갖지 못했으니 놈들의 고기를 씹고 가죽을 벗겨 원수를 갚자 해도 실제 어떻게 해 볼 도리가 없는 형세다. 하물며 요즘 조정에서는 유생들이 상소해서 국사를 말하는 것도 허용하지 않는다. 지금 역적을 성토하는 방법은 오직 중추원에 건의하는 한 길이 있을 뿐인데 여러분의 의견은 어떠한가."

모두들 호응하는 기색이었다. 그래서 나는 소매 속에서 건의서建議書 초안을 꺼내어 여러 사람에게 돌려 보이고 검토해줄 것을 청했다. 모두들 보고 나서 다 입을 다물고 말이 없었다.

이윽고 내가 그들에게 "여러분은 이 글이 너무 과격해서 화가 미칠까 겁내는 것이 아닌가. 화를 겁내는 사람에

---

2 원래 '베옷'이라는 말인데 벼슬하지 않은 사람을 가리킴.

게는 나도 강요하지 않겠다"고 하였다.

김원희金元熙가 "이 글이 극히 과격하나 기왕 역적을 성토코자 한다면 무에 주저할 것이 있겠는가. 원안대로 수정하지 않고 채택함이 좋겠다" 하매 이진석, 최우동이 차례로 찬성하였고, 이어 다른 사람에게 물으니 반대하는 자가 없었다.

"여러분이 지금 내가 만든 초안을 채택하기로 하였지만 이 일은 반드시 여러분이 직접 서명을 해야 할 것이다. 스스로 요량해서 서명하든가 말든가 결정하라."

정기락鄭基洛이 마침 가까운 자리에 있기에 "그대 생각은 어느 쪽인가?" 하고 물으니 정은, "나는 실로 화가 두려워서 못하겠다" 하였고, 최우동도 "조금 생각할 시간을 달라" 하였다. 김원희가 개연히 붓을 들어 맨 먼저 서명하자 이진석이 잇달았다.

기타 여러 사람은 다 정군鄭君처럼 우물쭈물하였다. 김원희가 최崔를 돌아보면서 "자네도 이제 진퇴를 결정하라" 하니 최는 이에 서명하였다.

나는 김원희, 이진석, 최우동 세 사람 앞으로 가서 손을 잡고 한숨을 쉬며 "70여 명 가운데 오직 자네들 세 사람만이 함께 일하기를 허락하였구려. 위험에 다달아서 능히 흔들리지 않는 것이 과연 이같이 어려운가. 이 일은 내가 주장해서 시작한 만큼 설사 큰 화가 닥치더라도 내가 꼭 감당할 것이니 자네들은 마음을 놓게" 하였다.

이어서 정본正本을 작성하고 네 사람이 연명하는데 내가 첫머리에 하였다. 그것을 직접 중추원에 바치고, 또 서울 각 신문사에도 투고하였더니 이내 그 전문全文이 각 신문에 실려서 알려지게 되었다. 그 내용을 보고 모두 말이 격렬하므로 우리 네 사람을 위태롭게 여겼다.[3]

심산은 역적들을 토멸하라는 강경한 「성토문」을 작성하여 동지들의 서명을 요구하였지만 많은 사람이 겁을 먹고 두려워하였다. 오직 네 명만이 서명에 참여한 「성토문」을 중추원과 각 신문사에 보냈다. 신문에는 「성토문」이 크게 게재되고, 심산에게는 고난의 길이 예고되고 있었다.

3 『김창숙문존』, 224~226쪽.

●일제 헌병대에 끌려가 협박당하고

심산은 「성토문」 사건으로 건의서에 서명한 김원희, 이진석, 최우동과 함께 헌병분견소로 연행되어 심문을 받고, 다시 성주 경찰주재소로 끌려가 일본인 소장의 혹독한 심문을 받았다. 일제 기관에 끌려간 것은 이때가 처음이다.

심산은 이때의 과정을 『자서전』에서 다음과 같이 썼다.

곧 성주星州에 주재하던 일본 헌병분견소憲兵分遣所에서 우리 네 사람을 연행해 갔다. 소장인 로다야 노스케盧田彌之介란 자가 나를 심문하였다.

"그대들이 중추원에다 건의서를 보냈다는데 사실인가?"

"그렇다."

"당신들은 건의하고 싶으면 어찌 먼저 분견소를 통하지 않고 바로 중추원에 보냈는가?"

"우리가 우리나라 역적을 성토하는데 도대체 일인과

무슨 상관할 것이 있는가?"

"그대들이 무슨 연유로 일진회를 역당으로 지목하는가?"

"저 일진회의 송병준, 이용구 등은 대한의 백성이다. 대한의 백성으로서 감히 한일합방론을 주창하니 역적이 아니고 무엇인가. 우리들은 저 역적들과 한 하늘 아래서 살지 않기로 맹세하였기 때문에 역적을 성토하는 일을 한 것이다."

"한국은 정치가 부패하였고 경제가 파탄지경이라, 만약 일본 정부가 잘 보호하지 않으면 자립할 수 없다. 이번에 송병준과 이용구 등이 한일합방을 제창한 것은 천하대세를 꿰뚫어 본 인물의 주장이라 할 것이오. 당신들이 소위 역적을 성토한 일은 시세를 잘 아는 호걸들의 비웃음을 사기에 알맞다."

"일본인이 만약 송병준과 이용구 등을 천하대세를 꿰뚫어 본 인물로 인정한다면 나는 일본의 망하는 날이 머지 않은 것을 걱정하노라. 가령 일본의 힘이 떨치지 못하여 현재 우리 한국의 형편처럼 되어 저 부강한 미국 같은 나라가 대군을 끌고 와서 위협하는 경우, 미국에 빌붙은 어떤 일인이 송병준, 이용구처럼 미일합방론을 제창한다면 그때도 너희들은 또한 그들을 천하대세를 꿰뚫어 본 인물이라고 인정하겠는가? 너희들 일인들은 충과 역의 큰 분간을 모르고 있으니 나라를 팔아먹는 역적이 반드시 뒤

따라 생겨날 것이다. 그래서 나는 일본이 망할 날이 머지 않은 것을 걱정한 것이다."

이에 그자가 대노해서 소리쳤다.

"귀국 황제가 만약 합방을 허용한다면 당신들은 어떻게 할 참인가?"

"우리 황제께서는 결코 매국노의 말을 들어 허용하지 않을 것이다. 설령 허용하신다 하더라도 그것은 난명亂命[4]이다. 난명이니 나는 따르지 않겠다."

"황제의 명을 따르지 않으면 곧 반역이 아닌가?"

"사직社稷이 임금보다 중한지라, 난명은 따르지 않는 것이 바로 충성하는 일이다."

이날의 장황한 문답은 다 기록하지 못한다.

이어 김원희, 이진석, 최우동이 차례로 심문을 받았는데 그 주고받은 요지는 세 사람이 별 차이가 없었으며, 김원희의 말씨가 가장 태연하고 분명하였다.

우리는 야심해서야 여관으로 돌아왔다. 향중鄕中의 사람들이 소문을 듣고 많이들 술을 차고 찾아와서 위로하였다.

다음 날 우리 네 사람은 또 함께 성주 경찰주재소에 연행당했다. 주재소장 우에다켄上田憲이란 자는 협박 공갈하는 것이 헌병 소장 로다야盧田에 비해서 훨씬 거칠고 사나웠다.

---

4 정상적인 사고를 할 수 없는 혼미한 상태에서 내린 명령.

나는 "내가 역적을 성토한 경위는 이미 노전에게 죄다 말했다. 노전에게 가서 물어보면 될 것이니 다시 우리에게 따질 것이 없다"고 했으며, 세 사람도 혹 대답하기도 하고 않기도 하였다. 저들의 협박이 갈수록 더욱 심했다. 나는 "우리들의 의기가 너희들의 위협 공갈로 굴복되지 않을 것이다" 하였다.

그 이튿날에는 또 헌병소로 연행되었다. 로다야가 일어나 맞으면서 웃음을 띠고 말하였다.

"여러분들은 한갓 옛글만 읽어 시세를 알지 못하였던 고로 이런 분별 없는 행동을 한 것이오. 모름지기 건의서를 곧 취소해서 동양의 평화책을 강구하는 것이 한일 양국을 위해서 옳지 않겠는가."

"일본이 만약 이런 따위 매국적을 이용해서 한국을 합병코자 한다면 한일 두 나라는 필시 영원히 원수로 될 것이며, 또한 평화의 날도 결코 오지 않을 것이다. 우리가 이 역적들을 성토하는 것은 실로 한일 양국의 행복과 동양 평화의 길을 강구하는 것이다. 이번 역적을 성토한 글은 아무리 협박을 당하더라도 결코 취소하지 않을 것이다."

나는 이같이 답변했고 세 사람도 역시 내 말에 의해서 거부하였다.

다음 날 또 주재소에 연행당했다.

우에다가 웃으며 맞이하더니 앉기를 청했다.

"그대들은 잘못된 생각을 지나치게 고집하지 말고 건

의소를 취소하도록 하라.”

“나는 이미 맹세코 취소하지 않겠다는 뜻을 로다야에게 말했으니 다시 긴말할 것도 없다.”

세 사람도 또한 같이 거절하였다.

그 후로는 헌병대와 주재소 두 곳에 하루, 이틀 혹은 사나흘 간격으로 번갈아 연행 당하여 건의서를 취소하라는 온갖 꼬임과 협박을 받았다.

무려 십여 차나 왔다 갔다 하였으나 우리 네 사람은 서로 격려하여 버티고 끝내 흔들리지 않았다.

하루는 로다야와 우에다가 우리를 보고 이르기를, “그대들이 기어코 마음을 돌리지 않는 사실을 상부에 보고하였다. 앞으로 원근간에 어디 출입하는 때에는 반드시 헌병대와 주재소에 신고하는 것이 좋겠다” 한다.

나는 “우리의 행동거지를 너희들이 캐물을 바 아니다”라고 말했다.

“만약 신고하지 않으면 반드시 엄중히 취조할 것이다.”

“너희들 마음대로 하라. 그것은 내가 알 바 아니다.”

그다음부터 헌병과 경찰의 밀정이 항상 내 뒤를 따라다녔다. 그때 중추원에서는 건의서를 내각으로 이첩했는데 역적 이완용 등이 필경 처리하지 않고 방치해버렸다. 통곡할 일이로다.[5]

▬▬▬ 5 『김창숙문존』, 226~229쪽.

고향에 사립학교 세워 민중 교육

경술국치의 해를 맞았다. 500년 사직이 무너지고 백성은 왜적의 노예가 되었다. 2000만 동포, 3000리 강토, 4000년 역사를 가진 한민족이 동쪽 왜놈들에게 송두리째 짓밟히게 된 것이다.

1910년 봄 심산은 단연회의 모금처리회에 성주군 대표로 참석하였다. 이 회의에서 일진회 대표 김상범이 전국에서 모금한 돈을 중앙에 모아서 각 정당의 감독을 통해 처리하자고 주장하였다. 이에 심산은 국민의 헌금을 일진회 매국 역당에게는 맡길 수 없다고 단호하게 반대하고 나섰다. 국채를 상환하지 못할 바에는 기금을 차라리 육영사업에 쓰자고 역설하였다.

매국 역당들이 판치는 단연회를 탈퇴하고 고향으로 돌아온 심산은 김원희, 도갑모, 이항주, 이진석, 배동왕 등과 상의하여 사립 성명학교星明學校를 청천서원에 설립하였다. 심산이 민중을 계몽하고 일제와 싸우기 위해 학교를 세운 것은 13대조 할아버지 김우옹의 남다른 교육개혁 사상이 가계로 이어져온 혈통이었는지 모른다.

김우옹은 1583년 율곡 이이 등의 추천으로 성균관 대사성에 임명된 이래 23년에 걸쳐 46회의 경연經筵 강의를 하면서 교육개혁론을 주창하였다. 그의 교육개혁에 대한 기본 입장은 다음의 글에 잘 나타난다.

국가의 치란은 인재에서 말미암고 인재의 성쇠는 학교에 달려 있습니다. 학교란 선비가 모이고 교화가 나오는 곳입니다. 선비가 의리를 알고 행실을 숭상한다면 교화가 행하고 풍속이 아름다워 어진 인재가 많아 치효治效가 이루어지지만 선비가 이익을 추구하고 선행을 잊는다면 기풍이 엷어지고 시속이 경박하여 인재가 행실에 흥기(감동되어 떨쳐 일어남)하지 못하므로 화란(재화와 난리)의 조짐이 되는 것입니다.

그러한 즉 천하 국가의 주인이 된 이가 급선무를 알지 않을 수 있겠습니까? 후세에는 그 근본을 따르지 않고 한갓 그 말단만 다스려 인재를 구할 줄만 알고 선비를 양성할 줄은 알지 못하여 악을 규탄할 줄만 알고 선으로 인도할 줄은 알지 못합니다. 그리하여 흔히 학교 보기를 등한히 하여 힘쓸 바를 알지 못하니 이것이 바로 인재가 날로 떨어지고 세도가 날로 낮아지는 까닭입니다.[6]

선대가 임진왜란의 국난을 앞두고 교육개혁의 중요성을 역설한 것이라면, 심산은 경술국치의 국난 직전에 민중을 가르쳐 국권을 회복하려는 뜻에서 학교를 세웠다. 앞을 내다보는 선각자의 교육열이라 하겠다.

나라가 무너지는데 작은 기둥 몇 개는 아무 쓸모가 없었다. 1910년 융희 4년 8월 29일 이른바 '한일합병조약'으로 한국은 36년간 역사상 유례없는 일제의 폭압과 착취를 당하게 되었다.

심산은 망국의 소식을 전해 듣고 "나라가 망했는데 선비로서 이 세상에 산다는 것은 큰 치욕이다"라고 외치면서 매일 술에 취하여 통곡하며 지냈다. 이후로 취생몽사醉生夢死의 생활을 자초하니 주위에서 모두 광인狂人이라 불렀다. 미쳐버린 세상에 올곧은 선비가 미치지 않는 것이 차라리 비정상이었을 것이다. 서른두 살에 망국을 겪고 서른네 살 때까지 이와 같은 반광伴狂의 생활을 하게 되었다.

다시 『자서전』에서 성명학원을 세우게 된 전말을 살펴보자.

그 전인 병오(1906)년 무렵에 국중 인사들이 단연동맹회를 창설하고 단연금斷烟金을 모아서 국채國債를 상환償還하려는 운동이 일어났었다. 그때 모아진 금액이 국채를 상환하기 부족하므로 부호富戶들이 갈라 맡아서 이자를

▨▨▨▨ **6** 『동강집東岡集』 권9, 「성균관학제7조계啓」 계미(1583).

기르고 있었다. 경술庚戌(1910)년 봄에 단연회 모금을 처리
하는 모임이 서울에서 열렸다. 나는 성주군 대표로 회의
에 참석했다. 이 회의에 300여 명이 참가해서 저마다 처리
할 방법을 제안하여 중론이 통일되지 않았다. 일진회 대
표 김상범金相範이란 자는 전국에서 모금한 돈을 전부 중
앙에 집결시킨 다음 각 정당의 감독을 통해 처리하도록
할 것을 역설하고 나왔다. 나는 큰 소리로 외쳤다.

"이 돈을 전부 중앙에 모아두고 정당이 관리하는 것도
벌써 위험한데 더구나 일진회 매국 역당에게 맡겨서 되겠
는가? 국채를 상환하지 못할 바에는 차라리 교육기관에
투자해서 인재를 양성하는 것이 옳다. 나는 귀향하는 길
로 우리 군에서 모금한 전액을 사립학교 기금에 충당시키
겠다."

그리고 곧 「탈퇴 성명서」를 제출해버렸다. 고향으로
내려와서 김원회金元熙, 도갑모都甲模, 이항주李恒柱, 이진
석李晋錫, 배동옥裵東玉 등과 의논하였다.

"나는 처리회處理會를 탈퇴하는 자리에서 이미 사립
학교 설립 취지를 선언하였다. 여러분은 어떻게 생각하
는가?"

모두들 찬성했다. 나는 "우리 군에서 맡고 있는 단연
금은 10여 만 원에 불과하니 이 돈을 기금으로 삼아 이자
를 받아서 학교 경상비에 충당해야 할 것이다. 교사를 신
축하려면 비용이 거창하게 들 것이니 군내에 거리가 적당

한 곳의 서원 건물을 택해 쓰는 것이 어떤가" 하니 역시 모두 찬성하였다.

"청천서원晴川書院[7]과 회연서원檜淵書院[8]이 다 이용할 만한데, 청천은 지대가 낮고 비좁으며 회연은 약간 크고 널찍하니 회연 쪽을 택하는 것이 어떤가?"

"좋다."

"회연서원은 정씨가 주인이니 먼저 정씨에게 교섭해서 승낙을 얻어야 할 것이다."

이에 김원희, 배동옥 등이 수차 정기락鄭基洛과 상의했으나 승낙을 얻지 못했다. 김원희, 도갑모 등이 나에게 "회연서원은 틀렸으니 청천서원이 비록 지대가 낮고 비좁더라도 우선 이용하다가 차차 신축해보도록 하는 것이 어떤가?" 하므로, 나도 찬성하였다.

의논이 확정된 다음 곧 목수를 불러서 청천서원을 수리하여 교실을 정비하고 사립 성명학교私立星明學校라는 간판을 걸었다. 그리고 날짜를 잡아 학생을 모집하여 9월 초순에 개교하기로 예정하였다.

이에 신교육을 반대하는 향중과 도내의 완고한 유림들은 떼지어 일어나서 "김창숙이 나와서 청천서원이 망한다"고 공격하였다. 청천은 곧 나의 선조 동강 선생東岡先生을 향사享祀하는 사원으로 향중과 도내 유림들이 함께

---

7 심산의 선조인 동강 김우옹을 모시는 서원.
8 한강 정구를 모시는 서원.

귀의하는 곳이다. 내가 학교를 설립하면서 먼저 향중과 도내 유림에게 알리지 않은 것은, 실로 알리고 보면 일을 이루지 못할 것이기 때문이었다. 유림들에게 배척을 당한 것은 참으로 이유가 있었던 것이다.

나는 "걱정할 것이 없다. 내가 어찌 우리 조상을 잊고 유림을 저버릴 사람인가. 유림의 뜻만 순종하느라 사방에서 배우러 오는 학생들을 거절하기보다는 신진 영재를 양성해서 새 시대에 통하는 선비가 나오기를 기대하는 것이 옳지 않겠는가" 하였다.[9]

심산이 성명학원을 세우자 유생들은 신학문을 사학邪學이라고 하여 크게 배척하였다. 젊은 자제들을 못 쓰게 만든다고 아우성이었다. 그러나 심산은 "한때 유림의 뜻을 거스르더라도 배움에 목말라 모여드는 젊은이들을 거절하지 못하겠다. 신진을 양성함으로써 앞날에 훌륭한 인재를 길러내게 되면 언젠가는 내 뜻을 알게 될 것이다"라고 그의 뜻을 굽히지 않았다.[10]

젊은 시절 교육에 남다른 관심을 갖고 활동한 심산을 지켜보면 그의 스승으로 사숙해온 남명을 닮은 대목이 너무 많은 것 같다. 한 연구가는 남명이 당세 또는 후세에 끼친 영향

9 『김창숙문존』, 229~232쪽.
10 송건호, 앞의 글, 127쪽.

과 기여를 세 가지로 요약했는데, 둘째와 셋째는 이를 심산에 그대로 대입해도 별로 다를 것 같지가 않다.

둘째, 그는 끝까지 벼슬하지 않으면서도 현실 정치를 외면하지 아니하고, 잘못된 정치와 관의 타락과 횡포를 비판하며, 국가 민생을 위해 건실한 방책을 헌의함으로써 종래 재야 선비들이 취했던 피세은일避世隱逸의 소극적 태도에서 벗어나 사회국가 속에서 해야 할 직분을 의식하게 하므로써 사존관비士尊官卑의 풍조를 불러일으켰다.

셋째, 천하의 영재들을 모아 주경과의主敬果義의 학문을 가르치어 고매한 인격 수양과 함께 의를 위해서는 목숨을 바쳐 행동하는 정신 수양을 시킴으로써 임진왜란과 같은 국난을 당했을 때 포의布衣의 선비들이 의연히 일어나 살신성인하여 국난극복의 실효를 거두었다.[11]

▬▬▬ **11** 『남명 조식 선생 행장 및 사적』, 사단법인남명학연구원, 11쪽, 1995.

제 4 장

「파리장서」주도

좌절과 통음의 세월

경술국치를 당한 심산은 극심한 좌절과 패배감에 사로잡혀 있었다. 1905년 을사오적의 목을 벨 것을 상소하면서 항일운동 일선에 앞선 이래 1906년 국채보상 단연동맹회운동, 1908년 대한협회성주지회활동, 1909년 「일진회 성토 건의서」 제출, 1910년 사립 성명학교 설립 등 애국계몽운동을 적극 추진하였으나 결과는 참담한 허사가 되고 말았다. 그리고 나라는 망하게 되었다. 언제까지나 통음과 좌절만 하고 있을 수는 없는 일이었다. 어머님의 호된 질책도 따랐다. 마침내 1919년 3·1운동이 발발하였다.

1910년 나라가 망했을 때 심산은 "연일 통곡하면서 술을 통음하고 건강을 돌보지 않았다. 그는 이후 한동안 낚시질로 세월을 보냈다. 물속에서 자유로이 뛰노는 고기들이 한없이 부럽고 우리 민족은 저 물고기만도 못하다며 개탄하고 눈물을 지었다. 이러한 심산이 민족을 위해 몸을 바칠 하나의 전환기 3·1운동을 맞이한 것이다."[1]

일제의 폭압 통치에서 다 죽은 줄 알았던 한민족은 1919년 3월 1일의 거족적인 항쟁으로 자주 독립을 선언하였다. 망국 9년 만에 한민족은 맨주먹으로 일제에 맞서 궐기하였다. 민족대표 33인 명의로 발표된 「독립선언서」에는 천도교·기독교·불교 대표가 참여하여 범종교적인 일체성을 보여주었다. 민족대표 33인에 유림 대표가 빠진 것은 유림의 큰 낭패가 되었다. 국민들의 실망도 컸다. 가장 큰 교단과 교세를 자랑하던 유교 측에서 민족대표에 한 사람도 끼지 못한 것은 보통 수치스럽고 충격적인 일이 아닐 수 없었다. 전통적으로 충군애족사상을 내세워온 유림들의 열패감은 이만저만이 아니었다.

유림들 사이에서는 3·1운동 이전부터 독립선언의 움직임이 은밀하게 추진되고 있었다. 제1차 세계대전이 끝나고 파리에서 국제평화회의가 개최되고 윌슨 미국 대통령의 민족자결주의가 전해지면서 약소민족들의 독립운동의 기운이 움트기 시작하였다. 이 무렵에 나돌기 시작한 광무 황제의 독살설은 한민족의 궐기를 불러일으키는 촉매제가 되었다.

일제는 전후에 평화회의가 열리면 한국 독립 문제가 제기

▬▬ **1** 송건호, 앞의 글, 127쪽.

될 가능성에 대비하여 은밀히 공작을 꾸미고 있었다. 이완용을 정당 대표로 하고 김윤식을 유림 대표로 하여 「독립불원서獨立不願書」를 조작하여 일본 정부에 보낸 것이었다. 이런 사실이 알려지면서 유림들 사이에서는 일제의 계략을 막기위한 「독립청원서」 제출 움직임이 싹트고 있었다. 3·1운동 전의 일이다.

이와는 별도로 종교계에서는 종교 조직망을 통하여 3·1독립선언 움직임이 비밀리에 추진되고 있었다. 만해 한용운이 유림의 대표격인 거창의 곽종석에게 연락하여 민족 대표의 서명 문제를 논의하였다. 병석에 있던 곽종석은 이를 흔쾌히 받아들이고 아들을 대신 서울로 보냈으나 이미 선언서가 인쇄에 들어간 뒤여서 결국 유림 대표가 「독립선언서」의 서명에 동참하지 못하게 되었다.

심산은 3월 1일의 「독립선언서」가 발표되기 직전 서울에 올라왔다. 모친의 매서운 질책으로 4~5년간 독서에 전념하다가 「독립선언서」 준비 소식을 듣고 상경한 것이었다. 하지만 심산 역시 「독립선언서」가 이미 인쇄에 들어간 뒤여서 서명할 기회를 놓치고 말았다.

유림 대표들은 「독립선언서」 서명에 참여하지 못한 것을 계기로 발분하여 독립운동의 새로운 활로를 모색하게 되었다. 파리강화회의에 「독립청원서」를 제출하는 「파리장서」 운동은 이렇게 하여 시작되었다. 「파리장서」가 이루어지기까지에는 「독립선언서」에 못지않은 파란과 곡절이 따랐다.

1919년 2월 어느 날 심산은 서울에 있는 동지 성태영成泰英으로부터 연락을 받았는데, 3월 2일 광무제(광무 황제)의 인산因山을 이용하여 국내 인사들이 모종의 거사를 준비중이니 빨리 올라오라는 것이었다. 심산은 때마침 모친의 병환 때문에 날짜가 지연되어 2월 그믐께야 겨우 상경할 수 있었다. 「독립선언서」에 서명할 기회를 놓친 심산은 3월 1일 발표된 선언서에 천도교·기독교·불교 대표들의 이름만 나열되어 있고 유교 대표는 한 명도 없음을 보고 "망국의 책임을 져야 할 유교가 이번 독립운동에도 참여치 않았으니 세상에서 오유汚儒(세상 물정에 어두운 선비)·부유腐儒(정신이 아주 완고하여 쓸모없는 선비)라고 매도할 때에 우리는 어찌 그 치욕을 견디겠는가"라고 통탄하였다. 그러나 심산은 곧 자기의 할 일을 깨달았다. 3·1독립선언이 민심을 고동시켜 국내적으로 큰 전기를 마련했으니 이제 필요한 것은 국제적 활동이다. 다시 말하면 고조된 국내 민중운동을 배경으로 국제사회에 대한 호소와 공작을 동시에 진행시켜야 한다는 것이다. 그러나 손병희 등 각 종교 대표들은 곧 구속이 될 것이고 불행중 다행으로 유교 대표들이 남았으니, 국제 활동의 사명을 유교 쪽에서 맡아야 한다는 것이었다.[2]

_____
2 이우성, 「심산의 민족독립운동」, 『심산 김창숙의 사상과 행동』, 68쪽.

심산은 머뭇거리지 않고 즉각 행동에 나섰다. 광무 황제의 인산을 위해 서울에 와 있는 유림들의 뜻을 모으기로 하고, 우선 영남의 명사인 이중업李中業과 유만식柳萬植을 만났다. 이중업은 찬동했지만 유만식은 동조하지 않았다. 3·1운동을 야만적으로 탄압하는 일제의 폭압에 유림 지도자들이 겁을 먹은 탓이었다.

전국적으로 유림을 규합하기 위해서는 영호남 유림의 원로인 영남의 곽종석과 호남의 전우田愚를 구심점으로 추대하기로 하고 교섭에 나섰다. 그러나 전우가 참여를 주저하면서 전국 유림의 결속이 불가능하게 되었다. 심산은 결국 자신의 영향력이 미칠 수 있는 영남에서 곽종석을 중심으로 유림을 집결시키기로 전략을 바꾸었다.

전우와 그 문인들이 「파리장서」운동에 불참함으로써 전국 8도의 유림을 규합하기 위한 시도는 좌절되었다. 전우 진영이 「파리장서」운동에 불참한 이유는 다음과 같다.

이씨 종사宗社를 복벽復辟(무너졌던 왕조를 다시 일으킴)하여 대통령제도를 허용치 않을 것을 분명히 하고, 공자교를 세워 기독교를 배제할 것을 분명히 하고, 군부君父의 원한을 씻어낼 것을 분명히 하고, 원수 같은 이적夷狄(오랑캐)의 무리를 몰아낼 것을 분명히 하고, 단발제도를 엄금할 것을 분명히 해야 한다. … 이렇게 된다면 서명 권유에 따랐다가 몸이 만 갈래로 찢겨 죽는다 하더라도 또한 웃

음을 머금고서 땅에 묻힐 수 있을 것이다.[3]

전우 진영은, '복국復國'의 목표는 조선 왕조를 회복하고 유교 문물을 복원하는 데에 있는데 심산 계열이 "시중의 논의가 대통령제를 숭상하고 서양 제도를 따르는"것이라 하므로 「파리장서」운동에 참여하지 않겠다는 것이었다. 전우는 "국권이 아직 회복되지 않았는데, 몸이 먼저 오랑캐화하는 것은 한때의 명성을 탐하는 부질없는 일"이라 규정하였다.[4]

심산은 곽종석에게 「파리장서」 문안을 작성해줄 것을 요청하였으나 그가 병석에 있는 관계로 문안 기초를 장석영에게 부탁하였다. 장석영이 기초한 문안이 다소 미흡하다고 생각한 심산은 다시 곽종석에게 요청하여 「파리장서」의 문안이 기초되었다. 심산이 문안 가운데 몇 군데 내용을 수정하여 역사적인 「파리장서」 문안을 확정하였다.

이렇게 만들어진 「파리장서」에 영남 유림 100여 명이 서명하였다. 심산이 이를 품고 상경했을 때 우연스러운 일이 기다리고 있었다. 충청도 유림 열일곱 명이 김복한金福漢을 중심으로 문안을 만들어 임경호林敬鎬를 대표로 파리에 파견하려고 움직이고 있었다. 김복한은 갑오경장 이전에 대사

---

3 『추담별집秋潭別集』권1, 29쪽, 상해, 1929, 임경석, 「유교지식인의 독립운동」,
   『대동문화연구』제37집, 재인용.
4 임경석, 앞의 글, 132쪽, 재인용.

성·형조참의·승지 등을 지냈고, 1896년 의병항쟁 당시에는 충청도 홍주 의병의 지도자 가운데 한 사람이었다. 심산은 임경호와 만나 「파리장서」의 단일 문안 작성을 논의하고, 행동 통일에도 합의하였다.

양측의 문안은 곽종석의 것이 채택되고 파리에는 심산을 파견하는 데 의견 일치를 보았다. 한국독립운동사에서 큰 비중을 차지하는 「파리장서」는 이러한 과정을 거쳐 한국 유림 137인의 연명으로 파리만국평화회의에 보내지게 되었다. 심산은 '특파원'으로 선정되었다.

한 연구가는 「파리장서」가 작성되는 과정을 다음과 같이 정리하였다.

> 「장서」의 초안으로는 두 부가 작성되었는데, 하나는 장석영의 것이었고 다른 하나는 김황金榥의 것이었다. 곽종석과 김창숙은 장석영의 초안이 "문장은 좋으나 사실이 소략한 곳이 많다"고 보류하고, 김황의 초안을 저본으로 삼으려 "사실은 극명하게 서술되었지만, 문장에 지루한 곳이 없지 않으니, 좀 더 깎고 다듬을 것을 제안하였다. 김황의 수기에 따르면, 삭제 수정된 부분은 '이준 할복설'과 '고종 독살설' 부분인데, 삭제된 이유는 정확한 사실에 근거해야 하는 '외교 문서로서의 적절성' 문제였다. 정확한 사실에 기초해서 작성해야만 열강 대표에 대한 설득이 가능하리라고 본 것이다.

김황의 초안을 저본으로 가감첨삭에서도 외교 실무의 유용성 여부가 판단의 기준이 되었던 것이다.

아울러 정치적·이념적 지향성도 판단 기준이 되었다. 화이론적 세계관 대신 만국공법적 국제정세관이 수용되었으며, 왕정복고의 정치 이념이 약화되고 민주공화제를 대세로서 수용하였던 것이다.[5]

일제강점기 한국 유림의 대표적인 독립운동을 「파리장서」 사건이라 하며 이를 '제1차 유림단 사건'이라고도 한다. "한국 유림 대표 곽종석, 김복한 등 137인…"으로 시작되는 「파리장서」의 본문은 2674자에 이르는 한문체다. "나라 없이 사는 것보다 나라 있는 죽음만 못할 것이며, 한곳에 속박되는 것보다 어찌 공공연히 듣고 함께 볼 수 있는 땅에 헌심함만 못하리오"라는 구절에서 유림들의 치열한 독립 정신을 살피게 된다.

「파리장서」의 내용을 요약하면 다음과 같다.[6]

(1) 천지자연의 법칙 속에 모든 인류는 제 나름의 삶의 양식이 있다. 특히 여러 나라, 여러 겨레는 제각기 전통과 습속이 있어 남에게 복종이나 동화를 강요받을 수 없다.

5 권기훈, 앞의 논문, 63쪽.
6 이우성, 앞의 글, 67~68쪽.

(2) 모든 생물은 제대로의 능력이 있다. 개린介鱗(어류와 패류)·곤충昆虫도 제대로 자유로이 활동을 한다. 사람의 사람됨이나 나라의 나라됨에는 또한 그 사람 자신과 그 나라 자체의 운용의 능력이 있게 마련이다. 남이 대신 관리하거나 통치해줄 필요가 없다.

(3) 우리 한국은 비록 작은 나라지만 삼천 리 강토와 이천만 인구로서 사천 년 역사를 지닌 문명의 나라이며, 우리 스스로 정치의 원리와 모든 능력을 갖추고 있다. 일본의 간섭은 전혀 배제되어야 마땅하다.

(4) 그런데 일본은 지난날 강화조약·마관馬關조약에서 우리 한국의 자주독립을 되풀이해 말했고, 러시아와의 선전에도 우리 한국의 독립을 공고히 한다고 표명하여 세계 만방이 다 아는 바인데도 얼마 안 가서 사기와 포학한 수법으로 독립이 보호로 변하고 보호가 병합으로 변했다. 일본의 교활한 술책은 우리 한국 사람이 일본에 붙어살기를 원한다고 허위 선전까지 하고 있다.

(5) 우리는 일본의 10년 동안의 포학무도한 통치에 더 이상 참을 수 없다. 이제 거족적으로 독립운동을 벌이고 있다. 우리는 맨주먹으로 일제의 총칼과 싸우고 있다. 만국평화회의가 열린 때에 우리는 희망에 부풀었고, 폴란드와 그 밖의 나라들이 독립된다는 소식을 들었을 때 우리는 더욱 고무되었다.

(6) 그러나 우리에게는 아직 좋은 소식이 오지 않았다. 필시 중간에 우리 겨레의 의사를 왜곡시켜 다시 허위 선전을 하는 자들이 있을 것이므로 우리는 뜻을 모아 천애만리天涯萬里에 이 글을 보내, 우리의 입장을 밝힌다.

(7) 만국평화회의는 세계평화를 구현시키기 위한 거룩한 모임이다. 죽음으로 투쟁하는 우리 이천만 생명의 처지를 통찰해줄 것을 믿는다.

일제강점기에 한국 유림의 최대 항일 투쟁으로 인식되고 저항 문학으로도 높이 평가받는 「파리장서」의 한글 번역문 (전문)은 다음과 같다.

한국의 유림 대표 곽종석, 김복한 등 137인은 삼가 파리강화회의 제대위諸大位에게 글을 드립니다. 무릇 천지간에는 만물이 공생하고 있으니 이에서 우리는 햇볕을 같이 쬐고 화육化育(하늘과 땅의 자연스런 이치로 모든 물건을 만들어 기름)의 혜택을 함께 누리는 도리를 알 수 있습니다.

그러나 싸우고 빼앗는 데서 강약이 나누어지고 병합併合의 권리를 남용하여, 대소의 차이가 생기면서부터, 남의 생명을 해쳐 그 위세를 부리고 남의 나라를 훔쳐 가로채는 경우가 아! 천하에 어찌 이리도 허다합니까? 이것이 바로 하늘이 제대위로 하여금 천지의 정기를 받들어 햇볕처럼 밝히게 하고 교화를 행하여 천하를 하나로 묶어 대동의 세계로 돌아가게 하며, 만물로 하여금 각각 그 본성을 이루게 하는 것입니다.

이 만국萬國이 동일하고 사해四海가 일로인데도 소문만 듣고 실덕實德(진실한 덕성)을 입지 못했거나 원통한데도 공의公議(공론)에 알리지 못한 나라가 있다면, 어찌 제대위의 배려가 홀로 여기에만 제외될 수 있습니까? 대저 제외시킬 특별한 이유가 있다면 그 피를 뿌리고 흉중胸中을 쏟아내어 억울함을 호소하는 일이 또한 비통하고 절박하여 참을 수 없는 심정에서 울어나는 것이니, 제대위는 살펴십시오.

아! 우리 한국은 천하 만방의 하나입니다. 영토가 삼천리이고 국민이 이천만이며 사천여 년을 유지·보존하면서 반도의 문명을 잃지 않았으니, 또한 만방에서 제외될 수 없습니다. 불행히도 근래에 강린強隣(일본)이 밖에서 압박하여 맹약을 억지로 맺고 뒤이어 국토를 빼앗으며 왕위를 폐하여 우리 한국을 세계에서 없애버렸습니다.

이에 이론의 소위所爲를 거론하자면, 일본은 병자년(1876)에 우리나라 대신과 강화에서 맹약하고 을미년(1895)에 청국 대신과 마관馬關에서 조약하면서 우리 한국에게 선전포고할 적에도 명확하게 우리 한국의 독립을 굳건히 한다는 사실을 성명으로 공포하였으니 이는 만국이다 아는 바입니다.

그러나 얼마 후에 온갖 거짓을 만들어 안으로 협박하고 밖으로 속이더니, 독립이 변하여 보호가 되고 보호가 변하여 합병이 되었습니다.

이에 한국인이 자원한다고 핑계하여 만국의 공의를 면하려 하니, 이는 그들의 수단 아래 한국이 없을 뿐 아니라, 실로 그들의 심중에는 만국도 없는 것입니다. 모르긴해도 제공諸公은 참으로 일본의 한국에 대한 소위所爲가 공의에 위배됨이 없다고 생각하십니까?

우리는 적수공권赤手空拳으로 분발함이 소용없음을 잘 알고 있습니다. 그러나 조석으로 나라와 백성에 대하여 구가謳歌하기를 "상천上天이 우리를 도와 호운好運(좋은 운수)이 올 것이다" 하면서 수치羞恥를 참고 고난을 감내한 지 이에 십 년이 되었습니다.

이에 대제위께서 평화회의를 개최한다는 소식을 듣고 우리는 힘차게 분기奮起하여 이르기를, "만국이 평화롭게 된다면, 우리도 만국의 하나거늘 어찌 우리만이 평화롭지 않게 하겠는가" 라고 하였습니다.

또 파란제국波蘭諸國들이 이미 독립했다는 말을 듣고 다시 만세를 외치면서 말하기를, "평화와 공의는 이미 정해졌다. 저들은 어떤 나라이며, 우리는 어떤 나라인가? 만국을 동일시하는 인덕仁德이 또한 이와 같다" 고 하였습니다.

천운은 때가 오면 돌아오니, 제대위는 이로 말미암아 그 맡은 바 일을 마치고 우리는 이로 말미암아 나라를 회복할 수 있게 되었습니다.

이에 우리는 당장 죽어 구렁이에 뒹군다 하여도 백골 또한 썩지 않을 것이니 눈을 부릅뜬 채 좋은 소식을 기다렸습니다.

그러나 시간이 지연되는 사이에 하늘 또한 무심하여 하룻밤에 갑자기 우리 임금 승하하시니, 온 나라가 흉흉하고 슬픔에 가득하여 원통함을 호소할 곳조차 없었습니다.

이에 국장일國葬日에 즈음하여 각교各敎 각사各社와 개인 남녀가 '독립 만세'를 외치면서 우리 임금의 영혼을 위로 하였습니다. 비록 포박과 매질을 당하여도 맨손으로 죽음을 돌보지 않고 전진하니 이에 억울함이 오랫동안 쌓이면 반드시 분출함을 볼 수 있으니, 이는 또한 제대위께서 그 기회를 열어주고, 용기를 고취시켜 주었습니다.

그러나 계속 시일만 끌면서 분명한 처분을 내리지 아니하니 또 의아하고 괴이하게 여기면서 통通할 수 없음을 탄식하였습니다. 이는 중간에서 일을 방해하는 자들이 거짓을 반복하여 제대위의 시청을 현혹시킨 것이니, 청컨대 다시 이를 변명하겠습니다.

하늘이 만물을 생生하면 반드시 물物마다 그 능력을 갖게 하였습니다. 작게는 인개鱗介와 곤충도 모두 자유로운 생활 능력을 지니며, 사람이 사람 되고, 나라가 나라 되는 까닭도, 또한 각자가 다스리는 능력을 가졌기 때문입니다.

우리 한국은 비록 작지만, 이천만 국민과 사천 년 역사를 지니고 있으니, 족히 나라 일을 담당할 사람이 부족하지 않거늘, 애당초에 어찌 인국隣國의 대치代治를 바라겠습니까? 천 리마다 풍토가 다르고, 백 리마다 민속이 다른 것입니다.

저들이 이르기를, "한국은 독립할 수 없으니 우리가 다스려야 된다"고 하나 풍속이란 갑자기 변할 수 없으며, 이르는 바 대치는 단지 혼란만을 일으킬 뿐이므로 이는 행할 수 없음이 명백합니다. 그러나 또 공회公會에서 말하기를, "한국인이 일본에 부속되기를 원한 지 오래다"라고 할 것입니다.

대저 한민韓民이 스스로 한민된 까닭은, 그 영토와 풍토가 이미 정해졌을 뿐 아니라, 또한 천성天性에서 얻은 바가 그러한 것입니다. 차라리 일시에 속하여 위세를 감수할지언정, 그 마음만은 장차 천만 년이 지나도 한국민임을 잃지 않을 것이니, 본심이 존재함을 어찌 속일 수 있겠습니까?

본심을 끝내 속일 수 없거늘, 만국이 함께 폐한 권위를 이용하여 만인이 한결같이 말하는 공의를 누리고자 한다면 이는 일본에게도 또한 정당한 계책이 아닙니다. 종석郭鍾錫 등은 산야의 폐인이라 외방사정을 상세히 못 듣고, 오직 구국舊國의 신자臣子로써 선군先君의 유풍遺風에 의지하여 유교에 종사하고 있습니다.

이제 세계 유신의 날을 맞이하여, 나라의 유무가 이 일거一擧(한 가지의 일)에 달렸으니, 그 나라 없이 살기보다는, 차라리 나라를 가지고 죽는 것이 낫습니다. 그리고 구석진 데서 고사枯死하는 것보다는, 만인이 보고 듣는 자리에서 한 번 그 억울함을 드러내고 그 진퇴를 기다리는 것이 낫지 않겠습니까?

돌아보건데 해륙海陸의 길이 너무나 멀고 관문의 검열이 매우 엄중하니, 행여나 길이 막혀 이르지 못하고 부르짖는 소리가 제대위諸大位에게 전해지지 않은 채, 목숨이 중도에서 쓰러지고 만다면, 이 세상에 이 회포懷抱를 길이 드러낼 가망이 없습니다.

비록 제대위의 총명으로도 또한 어찌 보지 못하고, 듣지 못한 우리의 억울한 사정을 헤아려주기를 바라겠습니까? 이에 감히 척지尺紙(짧은 편지)를 마련하여 10년간 고통받은 사실을 갖추어 천애天涯의 만리 밖에서 서신을 드리니, 참으로 비통하고 절박한 심정에 말할 바를 모르겠습니다.

오직 제대위께서는 가련하게 여겨 이를 살펴주시고, 공판公判에 논의를 더욱 넓히시어 햇빛의 광채로 하여금 두루 미치게 하고, 화육으로 하여금 유행遊行을 순탄하게 한다면, 종석鍾錫 등은 나라를 잃었다가, 나라를 되찾을 뿐 아니라, 또한 도덕이 일세一世에 펼쳐져 대제위의 할 일도 마칠 수 있을 것입니다.

만약 그렇지 못하면 종석鍾錫 등은 차라리 머리를 나란

히 하여 죽을지언정, 맹세코 일본의 노예는 되지 않을 것
입니다. 이천만 생명이 홀로 천지의 화육을 입지 못하고,
방창方暢(화창)한 화기和氣를 한탄해서야 되겠습니까? 대
제위는 도모圖謀하시오. 개국開國 528년 3월 일 청원인請
願人 곽종석 등 137명(곽종석 등 137명의 서명자 명단 생략).

「파리장서」 휴대하고 망명길에

심산은 1919년 3월 23일 극비리에 고국을 떠나 망명길에 올랐다. 「파리장서」를 휴대하고 박돈서朴敦緖와 함께 떠난 망명길이었다. 박돈서는 성태영 등의 천거로 동행하게 되었는데, 역관譯官 출신이거나 일찍이 중국을 내왕했던 사람으로서 중국어에 능통한 사람이었다. 1925년 8월에 국내로 독립운동 자금 모금을 위해 잠시 잠입한 것을 제외하면 1927년 상해에서 피체되어 국내로 압송될 때까지 길고 험한 망명 생활이 시작된 것이다.

심산은 봉천·천진을 거쳐 3월 27일 상해에 도착하였다. 봉천에 도착하여 오랫동안 벼르던 상투를 잘랐다. 서울에 체류해 있을 때 동지들로부터 머리(상투) 깎기를 권유받고 이렇게 답변했던 심산이었다.

내가 상투를 보전한 것은 왜놈의 신하가 아님을 밝힌

뜻이다. 지금 국가의 독립을 위해서 이 몸을 바쳤으니 이미 몸을 바치고 머리털을 버리기 아까워할 것인가. 다만 해외로 나가기 전에 머리를 깎으면 혹 수상히 여겨 화를 부르는 단서로 될 염려가 없지 않다. 여러분은 조금 기다려주기 바란다.[7]

상투를 자르고 중국 옷과 중국 모자를 사서 중국인으로 변장하였다. "거울을 찾아서 비춰 보니 영락없이 한 만주방자滿洲帮子라, 한편으로는 눈물이 돌고 한편으로는 웃음이 나왔다."[8] 만주방자란 '만주 되놈'이라는 속어다.

봉천에서 박돈서와 시내 명승지를 관람하고 다음 날 새벽 기차 편으로 천진·제남·곡부·남경을 거쳐 3월 27일 상해에 도착하였다.

상해에는 이미 석오 이동녕, 성재 이시영, 단재 신채호, 우천 조완구, 예관 신규식 등이 망명하여 독립운동의 진지를 마련하고 있었다. 여관에서 며칠 동안 여독을 푼 다음 이들을 만나 국내 소식을 전하고 파리에 가려는 뜻을 밝혔다.

그러나 이때에는 김규식이 이미 7, 8일 전에 상해를 출발하여 파리에 파견되고 있었다. 김규식은 상해에서 신한청년당을 조직하여 그 대표 자격으로 「독립선언서」 등을 지참하고 파리강화회의에 참석하고자 상해를 떠났던 것이다.

---

7 『자서전』上, 248쪽.
8 앞의 책, 248쪽.

심산은 이 무렵의 사정을 『자서전』에서 다음과 같이 적었다.

  그 후 매일 석오 등 여러분들과 만나 앞으로 할 일을 의논하였다.

  "그대는 서양 말을 아는가?"

  "모른다."

  "서양 말을 아는 이와 동행할 사람이 있는가?"

  "없다. 서양 말은 아는 이로 함께 갈 만한 사람을 지금 구하는 중이나 아직 적당한 사람을 구하지 못했다."

  "이것은 장님에게 길잡이가 없는 격이다. 장님에게 길잡이가 없으면 자기 동네서도 출입하기 어려울 터인데, 몇 만 리 밖의 서양이야 어떠하겠는가. 그대는 서양행을 중지하고 휴대하여 온 글은 서양 말로 번역하여 상해서 우편으로 직접 파리강화회의에 보내는 것이 좋겠다. 그러면 천하만국의 사람들에게 한국 유교인의 대운동이 알려져 대내외에 큰 선전이 될 것이다. 지금 우리들이 중국을 독립운동의 근거로 삼고 있으니, 중국인과의 교제는 매우 중요한 일이다. 한학에 정통한 사람이 아니고는 이들을 움직이기 어렵다. 그대는 한학에 조예가 자못 깊다 하니 단재, 우천 등과 더불어 중국에 대한 외교를 강구해서 우리가 앞으로 중국 내에서 활동할 길을 개척해보라. 그러면 그대도 적소를 얻을 뿐 아니라 중국에 있는 동지들에게도 그런 다행이 없겠다."

자리에 있던 다른 분들도 모두들 좋다고 했다. 나는 여러분의 말씀이 자못 이치에 맞으니 다시 깊이 생각해서 처리하겠다고 하였다.

그때 호봉瑚峯 손진형孫晋衡, 만오晩悟 홍진洪震, 손영孫永稷, 장지필張志必, 정영식鄭永植 등 여러분이 앞뒤 이어 상해로 와서 나와 함께 있었다. 나는 석오 등 여러분의 의견을 말하니 호봉과 만오도 모두 찬성하여 "주저할 것 없이 단행하라"고 하였다.

나는 곧 상해에 있는 여러 동지들에게 두루 알리고 파리행을 그만두기로 하였다. 면우 선생이 지은 「파리장서」는 서양어로 번역 인쇄해서 우편으로 파리강화회의에 송부했다. 한편 각국 대사, 공사, 영사관과 중국의 각 정계 요인에게 보내고 또 한편 해외의 동포가 거주하고 있는 여러 항구나 도시에도 산포散布(흩어지게 퍼뜨림)하였다.[9]

심산의 파리행은 처음부터 무리였다. 프랑스어를 전혀 모르는 상태에서 파리강화회의에 참석한다는 것은 보통 일이 아니었다. 그렇다고 통역을 대동하기에는 경비 문제가 따랐다.

───── **9** 앞의 책, 250쪽.

이동녕은 심산의 파리행을 만류하면서 다음의 세 가지 이유를 들었다.

첫째, 서양 말을 모르는 김창숙이 서양으로 여행한다는 것은 지극히 곤란한 일이고, 통역을 대동하자면 김창숙이 소지한 여비가 두 사람의 파리 왕복에 부족하다.

둘째, 김규식이 파리에서 대표부를 개설하게 되어 있으니, 「파리장서」의 영문 내용을 보내 김규식으로 하여금 평화회의에 제출케 하면 한국 유림의 의사를 천명함에 부족함이 없다.

셋째, 우리 독립운동의 근거지는 중국이고 중국인과의 교제가 매우 중요한데 유학이나 한문학의 교양이 두터운 사람이 아니고는 중국인들을 움직이기 어려운 실정이니, 중국에서 조완구, 신채호와 함께 대중 외교를 연구하고 중국에서 동지들의 활동을 뒷받침해주는 것이 대단히 유익하다는 견해를 밝혔다.[10]

심산은 이 의견이 합리적이라 판단하고 따르기로 하였다. 이렇게 하여 파리행이 중지되고 윤현진에게 「파리장서」 원문을 영어로 번역시켜 김규식에게 우송하여 강화회의에 제출하도록 하였다. 또 국한문 혼용으로 번역하여 영문본과 국

──────────

10 김석영, 『이동녕일대기』, 226~227쪽. 태을문화사, 1979.

한문본을 3000부씩 인쇄하여 파리강화회의 회장과 각국 대표에게 발송하였다. 또 각국의 대사·공사·영사관과 중국의 정계 요인과 언론계, 그리고 국내의 향교와 유림들에게 우송하였다. 한인 교포가 거주하는 중국의 여러 항구나 도시에도 산포하였다.

파리행 중단하고 상해 체류

　　동지들의 권유를 받아 상해에 체류하기로 한 심산은 자신의 할 일을 찾았다. "여러 동지들의 말대로, 심산은 그의 탁월한 유학과 한문학의 교양을 구사하여 중국인과의 교제에 중요한 역할을 할 수 있었다. 이로부터 심산은 중국의 정치지도자, 학계·언론계 인사 그리고 외교가들을 상대로 하는 그의 선전·섭외 활동의 제2보를 시작한 것이다.[11]

　　심산이 상해에 체류하기로 작정하면서 미주에서 건너온 안창호, 국내에서 나온 김구, 북만주에서 온 박은식과 함께 이동녕, 이동휘, 신채호 등과 임시정부 수립 문제를 논의하였다. 이들은 우선 상해에 있는 한인거류민회를 개최하여 각 도의 의원을 선출했는데 심산은 경상북도 의원으로 선출되었다. 각 도를 대표하는 30명의 의원으로 의정원이 수립되고

---

11 이우성, 앞의 글, 71쪽.

의원 중에서 임시헌법 기초위원이 구성되어 「헌법」 초안이 마련되었다. 임시헌법 기초위원회는 여러 날 토론한 끝에 「헌법」을 통과시켰다. 우리나라 역사상 최초로 민주공화제 「헌법」이 마련되었다. 「헌법」이 통과되면서 임시 의정원대회를 개최하여 대통령과 각 부 총장을 선출함으로써 4월 13일 상해 프랑스 조계에서 대한민국 임시정부가 선포되었다. 각료로는 임시의정원 의장 이동녕, 국무총리 안창호, 외무총장 신규식, 법무총장 이시영, 재무총장 최재형, 군무총장 이동휘, 교통총장 문창범으로 하는 초기 내각이 구성되었다. 망국 9년 만의 일이다.

이 무렵 국내에서는 곽종석을 비롯하여 몇 사람이 「파리장서」 사건으로 피체되어 대구 감옥에 수감되었다. 「파리장서」 사건은 심산이 중국으로 떠난 10여 일 뒤 성주 지방에서 처음으로 경찰에 발각되었다. 송준필의 제자 송매근 등이 4월 2일 성주 장터에서 만세운동을 일으키다가 일경에 피체된 것을 계기로 서명자 장석영과 송준필 등이 피검되고 곽종석에게로 비화되었다. 곽종석의 가택이 수색되고 4월 18일에 연행되어 거창 헌병대와 대구 경찰서를 거쳐 21일 대구 감옥에 수감되었다.

5월 20일 열린 공판에서 곽종석과 장석영은 2년, 송준필은 1년 6개월, 성대식은 1년 형이 각각 선고되었다. 이때까지는 심산이 상해에서 보낸 「파리장서」가 아직 국내에 도착하기 이전이어서 심산과 곽종석 등 몇 사람 이외의 연서자를 밝혀내지 못하였다.

일제는 한국 유림들을 회유하고자 곽종석에게만 실형을 선고하고 나머지 인사들에게는 집행유예 등을 선고하였다. 여전히 한국 사회의 큰 세력을 형성하고 있는 유림계를 반일 세력으로 만들지 않으려는 일제의 치밀한 회유책이었다. 옥고에 시달리던 곽종석은 7월 19일 신병으로 석방되었으나 10월 17일 일흔네 살을 일기로 생을 마쳤다. 노령에 겪은 옥중 여독으로 사망에 이른 것이다. 김복한 역시 8월 6일부터 12월 12일까지 100여 일간 공주 감옥에 구금되었다가 석방되었다.[12]

「파리장서」는 심산이 영남 유림의 대부격인 곽종석을 움직여 성사한 일제강점기 유교계의 대표적인 항일운동이었다. 그만큼 심산과 곽종석의 역할이 컸다. 뒷날(1927년) 심산은 곽종석을 꿈에 뵙고 시 한 수를 지었다.

「꿈에 곽면우郭俛宇 선생을 뵙고」

선생을 못 뵌 지 벌써 십 년
꿈속에 나타나
깨우쳐주심 어찌 우연일까

▨▨▨ **12** 권기훈, 앞의 논문, 70~71쪽.

심의深衣(높은 선비가 입던 웃옷)를 주시며

이르시던 그 말씀

운도雲陶[13]의 경의敬義를

반복해서 또 생각하네.

심산은 정축(1927)년 섣달 그믐밤 꿈에 면우 곽종석 선생이 심의 한 벌을 주면서 그 제도를 자세히 가르쳐주고 다음에 주자, 퇴계의 격언 두어 구절을 들어 자신을 격려해주셨으므로 깨어서 이 시를 지었다고 『자서전』에서 밝혔다.

심산은 해방 뒤 일제 감옥에서 출감하여 이승만 독재와 싸우고 있을 때 많은 유림들로부터 곽종석의 신도비명神道碑銘을 짓도록 요청받고 「면우 곽종석 신도비명」을 지었다. 몇 구절을 발췌한다.

아! 당초 하느님이 선생을 낳으신 것은 무슨 뜻이며 끝끝내 선생을 궁하게 하신 것은 또 무슨 뜻이었던가? 우리 도의 운명일까. 하느님께 물어볼 수 있겠는가? 지금 선생이 남기신 문집 백여 권이 세상에 있어서 선생의 도는 백세 뒤에라도 의혹됨이 없을 것이니 내 어찌 또 도가 행해지지 않을까를 원망하랴.

창숙도 선생의 문하에서 자라났건만 자질이 우둔하여

---

13 주자朱子가 살던 곳이 운곡雲谷이었고 퇴계가 살던 곳이 도산陶山이어서 두 분을 가르키는 말.

배워서도 능하지 못한 것으로 해서 부끄러움이 많았다. 창숙이 선생의 명령을 받들어 「유림장서儒林長書」(「파리장서」를 가지고 해외에 갈 적에 선생께서는 "이 일은 우리 도를 천하의 모임에 크게 선도하는 것이다. 네가 이미 천하의 일을 맡았으니 힘쓸지어다"고 하셨는데, 지금도 선생의 그 말씀이 귀에 들리는 듯하다. 나이가 팔십에 폐물이 된 내가 지업志業(학업에 뜻을 둠)은 이룩하지 못한 채 한갓 선생님이 부탁하고 기대하신 뜻을 저버리기만 했으니 장차 무엇으로써 선생님을 지하에서 뵙겠는가? 이제 신도비를 세움에 있어서 내가 천루하고도(사람 됨됨이가 낮고 더럽다) 글에 능치 못하여 선생님의 성덕을 충분히 발천하여(앞길을 열어 세상에 나섬) 천만세에 남겨 썩지 않게 하지 못함을 더욱 송구스럽게 여기면서, 감히 다음의 명銘을 붙여둔다.[14]

위대하신 선생이여, 바른 학을 붙드니 그 공이 유림에 넓고, 탁월하신 선생이여, 도와 덕이 높으니 그 명성이 궁궐에 들리었도다. 황제가 숨은 이를 찾아 여러 번 유시를 내리고 폐백이 문앞에 닥치니, 선생도 어쩔수 없어 곧 베옷을 거둬 잡고 어전에 나아가 머리를 숙이시다. 당황하지 않고 사사롭지 않고 간곡히 아뢴 그 말씀이 바로 요순

14 『김창숙문존』, 185~186쪽.

의 심법인데, 이 마음이란 위태롭고 가늘어서 한 생각의 결정에 따라 요堯도 되고 걸桀도 되는지라, 임금께서 정치에 뜻을 두어 왜적을 물리치려 하면 먼저 그 마음을 바르게 하고, 마음이 바르게 되면 백성을 보호하기 위해 먼저 탐관오리를 베도록 하옵소서. 황제께서 말씀하시기를 "종석아, 네 말은 옛 교훈 그대로다. 마땅히 급무부터 진술하라." (중략)

기미년 민족운동에 앞장서다가 투옥되어 죽을 곳을 얻었도다. 파리에 보낸 장서 한 통 백주에 우뢰가 울 듯하여 만국이 한꺼번에 놀라게 되었도다. 온 나라 사람들이 함께 부르짖기를 "우리 유림의 태두이고 우리 민족의 부모이시라. 왜놈에게 벗어난 것이 그 누구의 힘일까. 만세의 공적이로세" 하였다.

선생의 학은 하늘과 인간을 투철히 보았기에 미세한 데까지 다 이르렀고, 선생의 도는 충忠과 서恕로써 일관했기에 누구든지 다 볼 수 있고, 선생의 덕은 만물을 다 소생시키니 봄바람에 때맞은 비 같도다.[15]

심산이 스승을 대하기가 이와 같았다. 많은 스승 가운데서도 특히 곽종석에 대한 신뢰와 존숭(높이 받들어 숭배함)의 정은 남달랐다. 「파리장서」 사건과 같은 항일운동을 함께 기

━━ **15** 앞의 책, 186~187쪽.

도하고, 이로 인해 스승이 옥고 끝에 사망한 데서 더욱 통절한 추모의 신도비명을 짓게 되었던 것이다.

조동걸 교수는 심산이 주도한 「파리장서」 사건의 의의를 다음과 같이 요약하였다.

먼저 3·1운동을 거족적인 운동으로 완성시켰다는 점에서 중요하다. 심산이 3·1운동의 민족대표에 유림 대표가 참가하지 못했다는 것을 아쉬워하며 「파리장서」를 추진함으로써 각처의 유림들이 시위운동에 대거 참가하게 되었지만, 나아가 「파리장서」가 기획됨으로써 3·1운동을 전 민족운동으로 발전시켰던 것을 간과해서는 안 된다.

3·1운동은 1919년 3월 1일 서울의 운동으로 한정된 것이 아니라 2·8운동에서 시작하여 그해 5월까지 국내외 각처로 확산되면서 각계각층이 참여한 민족독립운동이 되었다. 거기에 유림의 조직적인 참가가 없었다고 한다면, 한국 유교의 역사적 위치가 허무하게 전락할 것은 물론 3·1운동의 평가도 반감되고 말았을 것이다.

그와 같이 김창숙, 임경호 등의 「파리장서」 운동은 한국 유학사와 3·1운동사의 존재 가치를 크게 높인 운동이었다.[16]

---

16 조동걸, 「심산 김창숙의 독립운동과 유지」, 『한국 근현대사의 이상과 형상』, 74쪽, 푸른역사, 2001.

    상해에서 발송한 「파리장서」가 우편으로 국내의 각 향교에 배달되면서 서명자들에 대한 일대 검거 선풍이 일어나 수많은 유림들이 고난을 겪게 되었다. 제1차 유림단 사건이다. 한편 「3·1독립선언서」에 빠진 유림계가 「파리장서」 사건을 계기로 그동안 망국책임론으로 위축되었던 분위기를 씻고 독립운동에 적극적으로 참여하게 되었다.

제 5 장

중국에서 독립운동과
국내 잠입활동

임시정부 수립에 참여

1919년 3·1운동을 계기로 하여 상해에는 국내외의 항일 지사들이 속속 모여들었다. 앞에서 말한 대로 4월 13일을 기해 대한민국 임시정부가 수립되어 내외에 선포하고, 본격적으로 민족해방 투쟁이 전개되었다.

심산은 경북을 대표하는 의정원 의원에 선출되어 임시정부 수립의 핵심적인 역할을 수행하였다. 임시정부가 왕정복고王政復古가 아닌 민주공화정으로 국가체제를 선포하였는데도 유학자인 심산은 기꺼이 이에 참여하였다. 존왕주의에서 공화주의자로 사상적 변신을 이루고 있었던 것이다. 국내에서 활동할 때 이미 일반 유림들과는 다른 모습을 보이고, 「파리장서」 작성 과정에서도 낡은 존왕주의 사상을 탈피한 내용을 담아냈다. 임시정부 수립의 주체가 개신 유학 계열이었던 것도 심산이 임시정부 수립에 적극 참여하게 된 배경이 되었다.

심산은 1919년 4월 30일 프랑스 조계 한인거류민단 사무소에서 열린 임시의정원 4차 회의에서 경상도 의원에 선임되고, 7월 7일 5차 회의에서는 교통위원회 위원으로 피선되었다.

이 무렵, 상해 임시정부와 연해주 블라디보스토크에 설립된 노령 임시정부, 그리고 서울에서 수립된 한성 임시정부가 통합을 서두르고 있었다. 연해주에서는 한족중앙총회가 1919년 2월에 대한국민회의를 정부 형태로 개편하여 임시정부를 수립하고, 서울에서는 3·1운동 직후 국민대회 13도 대표자 명의로 한성 임시정부를 수립하게 되었다.

3·1운동을 전후하여 이 밖에도 몇 개의 임시정부가 더 선포되었지만 대부분 명의뿐이거나 소규모 조직이었다. 가장 규모가 크고 저명한 항일 인사들이 참여한 것은 역시 상해 임시정부와 노령 임시정부 그리고 한성 임시정부였다. 당시 급박한 상황에서 상호간에 충분한 정보 교환이 어렵다 보니 국내외에서 임시정부가 난립하게 된 것은 불가피한 일이었다.

임시정부 지도자들은 효율적인 정부 운영과 항일 투쟁을 전개하기 위해서는 통일된 정부 조직이 필수적이라는 데 인식을 같이 하고 통합 논의에 들어갔다. 그해 9월경에는 통합 논의가 크게 진척되어 대강 5개항이 합의되었다.

첫째, 상해와 연해주 정부를 발전적으로 해소시키고 한성 정부를 계승한다. 둘째, 정부의 위치는 당분간 상해에 둔다.

셋째, 상해 정부가 실시한 행정은 유효함을 인정한다. 넷째, 통합 정부의 명칭은 '대한민국 임시정부'로 한다. 다섯째, 현 내각은 총사퇴하고 거국적인 내각을 새로 구성한다는 내용이었다.

이에 따라 1919년 11월에 통합된 대한민국 임시정부가 상해에서 수립되었다. 세 곳의 임시정부뿐 아니라 국내외의 항일 지사들이 다수 통합 정부에 참여하였다. 임시정부는 대통령중심제 헌법을 채택하고 논란 끝에 이승만을 대통령으로 선출하였다.

일부의 격렬한 반대에도 불구하고 이승만이 대통령에 선출되면서 임시정부는 크게 분열 증상을 보이기 시작하였다. 심산은 반이승만 세력의 앞장에 섰다. 박은식, 신채호 등과 함께 이승만이 임시정부의 대통령이 되어서는 안 된다는 주장을 폈다.

이승만은 제1차 세계대전이 종결된 후 미주의 대한민국 국민회의 대표로 선정되어 정한경鄭翰景과 파리강화회의 참석이 좌절되자 한국을 국제연맹 아래 위임통치해줄 것을 청원하였다. 파리강화회의는 1919년 1월 18일부터 6월 28일까지 프랑스 파리 베르사유 궁전에서 열렸다. 연합국 27개국에서 70여 명의 대표가 참석한 이 회의에 이승만은 정한경과 공동 명의로 「위임통치 청원서」를 제출하였다. 특히 문제가 된 부분은 "연합국들이 장차 한국의 완전 독립을 보장하는 조건하에 일본의 현 통치에서 한국을 해방시켜 국제연맹의 위임통치 아래 두는 조처를 취할 수 있도록" 해달라는 것이었다. 이렇게 되면 한반도는 모든 나라의 이익에 도움이 되는 중립적인 상업 지역으로 바뀔 뿐 아니라, 동양에서 어떤 특정 국가의 세력 확장을 방지하고 평화를 유지하는 데 도움이 되는 완충국이 될 것임을 강조하였다.

위임통치 청원이 한국의 민족주의 독립운동가들을 더욱 분개시킨 것은 정한경이 언론 회견에서 "한인들이 원하는 것은 국제연맹회의에서 한국을 관할하되, 민주정치를 쓰는 미국이 한국 정치를 고문하여 차츰 한국의 기초를 군건히 하고자 함이며"라고 말한 대목이었다. 이로써 위임통치가 실제로는 미국의 한국에 대한 '고문정치'를 의미하는 것이 분명해졌다.[1]

국내에서 거족적인 3·1운동이 일어나 민족자주독립을 요구하고 있을 때, 또 이런 사실이 미국 신문에 보도되고 있는 1919년 3월 중순의 시점에서 이승만과 정한경은 전 민족적인 독립 열망과 의지를 제대로 인식하지 못하고 위임통치 청원을 제기한 것이다. 이승만과 정한경의 위임통치 청원은 이승만이 주창해온 외교독립론의 명분을 크게 손상시킬 뿐 아니라 갓 출범한 통합 임시정부에서 이승만의 대통령직 탄핵으로까지 연결되었다. 심산과 박은식, 신채호 등은 이승만의 처사를 매국 행위로 격렬하게 비판하였다.

1 「이승만의 위임통치론」, 『한국독립운동사전』 6, 57~68쪽, 독립기념관 한국독립운동사연구소.

심산은 신채호, 박은식과 더불어 "이승만은 스스로 조선
민족대표라 일컬으면서 미국의 노예 되기를 원했음은 광복
운동사상에 치욕됨이 크다. 이것은 방치할 일이 아니므로 문
책하지 않을 수 없다"[2]라고 분개하면서, 이승만에게 서한을
보내 청원서의 취소와 국민에 대한 사과를 요구하였다.

그러나 이승만이 청원서 취소와 대국민 사과 요구에 회
답하지도 않고 임시정부에 대해 열의도 보이지 않자 1921년
4월 19일 심산은 신채호, 김원봉, 이극로 등 54인의 이름으로
「이승만 성토문」을 발표하였다.

위임통치청원에 대하여 재미 국민회중앙총회장 안창
호는 동의하든지 묵인하든지 해외의 주창자로서 이승만,
정한경 등을 대표로 보내게 해 청원을 보내었으니, 그 죄
책도 또한 용서할 수 없으며, 상해 의정원이 소위 임시정
부를 조직할 때에, 앞서 전파된 위임통치청원 운운의 설
을 이승만 등과 사감 있는 자의 추출이라 하여 철저히 사
핵하지 않고 이승만을 국무총리로 추정함도 천만의 경거
이거니와, 제2차 소위 각원을 개조할 때에는 환하게 해 청
원의 제출이 사실임을 알았는데, 마침내 이승만을 대통령
으로 선거한 죄는 더 중대하며, … 만방에 등소된 사장을
전하거늘 그래도 이승만은 존재하였다 하여 그 범죄의 탄

▬▬ 2 『국역 심산유고』, 731쪽.

핵은 없으며, 그 청원의 취소시킬 의사도 없이, 오직 옹호의 책획함에 열중하는 의정원이나 각원이란 기其들의 그 심리를 알지 못하겠도다.[3]

심산과 그의 동지들은 이승만과 그를 국무총리에 이어 대통령으로 추대한 의정원과 각료들을 격렬하게 성토하였다. 심지어 신채호는 이승만의 행위를 "이완용은 있는 나라를 팔아먹은 매국노지만 이승만은 독립되지도 않은 나라를 팔아먹은 역적"이라며 극언을 퍼부었다.

심산은 후일 이승만 탄핵 당시의 정황을 다음과 같이 회고하였다.

내가 해외에서 독립운동을 하던 중 가장 인상적이고 통쾌했던 일은 역시 상해 임시정부 당시 이승만 씨에 대한 대통령 파면결의안을 내어 이것이 성공했던 일이다. … 하루는 백암 선생과 내가 여관에 있으니까 신채호 선생이 편지 한 장을 들고 들어와 아무 말도 없이 펑펑 울기 시작했다. … 그는 미국 친구가 보내온 서신을 내보였다. … 이것이 웬일이냐고 우리 삼 인이 통곡했던 것이다. 여기서 우리 삼 인은 이승만 씨를 임정에서 제거하지 않으면 안 되겠다는 결론을 내리고, 그의 제거 공작에 착수했다.[4]

3 단재 신채호선생기념사업회 편, 『개정판 단재 신채호전집』, 별집 87쪽, 형설출판사.

상해 임시정부는 이승만 탄핵 문제를 둘러싸고 대립하였다. 이시영, 이동녕, 김구, 안창호 등 의정원과 각료·간부들은 임시정부의 분열을 우려하여 탄핵에 동의하지 않았다. 이로써 임시정부에서 신채호와 심산 등 강경파들은 임시정부의 노선 자체를 비판하게 되면서 극심한 노선 갈등을 빚게 되고, 이들은 임시정부와 결별하기에 이르렀다.

이에 앞서 심산은 1919년 8월 18일 의정원 6차 회의 결과 교통위원직에서 해임되었다. 신채호도 이때 해임된 것으로 보아 노선 갈등이 주요인으로 인식된다.

4 김창숙, 「독립운동 비화 : 이승만 대통령 파면결의 당시의 단재」, 『경향신문』, 1926년 3월 2일.

제1, 2차 유림단 사건 주도

멀리 내몽고에 3만 정보의 개간 가능한 땅을 확보하게 되었지만 적지 않은 이주 비용을 마련하는 일이 쉽지 않았다. 모두 비슷한 망명가의 처지에서 그만한 자금이 있을 리 없었다. 동지들과 여러 날 의논하였지만 뾰족한 방도가 나오지 않았다. 국내로 사람을 보내어 사정을 알리고자 했지만 역시 나서는 사람이 없었다.

마침 국내에서 곽종석 선생의 문집 간행 관계로 서울에 많은 유림 인사들이 모인다는 소식이 들려왔다. 심산은 이를 좋은 기회라 여기고 직접 국내에 들어가기로 작정하였다. 심산이 국내에 잠입한다는 것은 대단히 위험한 일이었다. 호랑이 굴에 제 발로 들어가는 격이었다. 일제는 「파리장서」 사건의 '주모자'로 단정하고 심산의 행방을 좇고 있었다.

그러나 모처럼 개간지를 확보하여 독립군을 양성하려는 원대한 계획을 실천하기 위해서는 위험 앞에 몸을 사리고 있을 수가 없었다. 심산은 "이 기회를 놓쳐서는 안 되겠기에 나는 험난을 무릅쓰고 직접 가서 황무지 개간 자금을 모아 오기로 결심하였다."[5]

심산이 귀국을 결심하면서 동지 송영우, 이봉노, 김화식의 동조를 얻게 되어 매일 이들과 거사를 논의하였다. 거사를 준비하면서 신채호에게만 알리고 다른 이들에게는 극비로 하였다. 떠날 때에도 동지들에게 만주 등지에 볼 일이 있어서 떠난 것으로 둘러댔다. 그 무렵 심산의 장남 환기煥基가 북경으로 와서 함께 지내고 있었다. 아들에게도 국내 잠입 계획을 말하지 않고, 신채호에게 보내어 글공부를 하도록 하였다. 1925년 봄, 심산이 독립운동 자금 마련차 본국에 보냈던 김상후가 아들 환기를 데리고 북경으로 왔다. 이때 아들로부터 가족 소식과 국내 정세를 자세히 듣고, 환기를 중국어와 영어를 강습시켜 북경중학에 공부를 시킬 계획이었다. 그의 나이 열일곱이었다.

네 사람은 각기 업무를 분담하여 국내 잠입 준비를 서둘렀다. 송영우를 선발대로 먼저 귀국시켜 심산이 만날 사람들을 접촉케 하고, 이봉노는 상해에 보내어 호신용 권총 두 자루를 사오게 하여 김화식에게 휴대하고 귀국시켰다. 이봉노는 북경에 남아서 내외의 정보를 연락하는 책임을 맡았다.

권총을 특별히 구입한 것은 호신용과 함께 "자금 모집에

<hr>

5 『자서전』 中, 288쪽

불응하는 사람은 사살하여 일반 부호에게 공포심을 가지게 함으로써 출금의 용이성을 꾀하기"[6] 위해서였다. 모금 기간은 이주 비용 20만 원을 달성할 때까지 계속하기로 하였다.

마침내 1925년 8월 초 심산은 북경을 출발하여 국내 잠입길에 올랐다. 길림성 하얼빈에서 10여 일 머물며 만주 각지 동포들의 상황을 파악하고, 안동현과 신의주를 거쳐 서울로 잠입하는 데 성공하였다. 북경에서 출발하여 서울 입경과 활동 과정을 직접 들어보자.

8월 초에 나는 북경을 출발하여 길림성의 하얼빈으로 갔다. 음력으로는 6월 하순이었다. 하얼빈에 십여 일 머물면서 만주 각지의 우리 동포들의 상황을 대략 알게 되었다. 그리고 농군의 누더기 옷으로 바꾸어 입은 다음 기차를 타고 안동현까지 가서 도보로 압록강 철교를 건넜다. 신의주서 다시 기차를 타고 곧 서울에 당도했다. 송영우와 김화식에게 쪽지를 보내 나에게로 곧 오게 하였다. 그 두 사람을 면우집간소俛宇集刊所로 보내서 곽윤郭奫과 족숙族叔 김황金榥을 초청하였다. 죽음을 무릅쓰고 들어온 뜻을 자세히 이야기한 다음, 곽윤을 경북으로 김황을 경남으로 내려보내서 친척과 지구知舊(오래된 친구) 중에 재산을 많이 가진 이들에게 연통하도록 했다. 그리고 김화

▬ 6 남부희 편역, 「제2차 유림단 사건」, 『독립운동자료집』, 65쪽, 도서출판 불휘.

식을 경주로 보내서 정수기鄭守基와 함께 오게 하여 정수기를 봉화 등지로 보냈다. 따로 하장환河章煥에게 부탁해서 진주 함안 등지로 보냈는데 하장환이 돌아와서 이런 말을 하였다.

"진주의 어떤 부호가 방금 선생을 귀순시키고자 경무국에 알선하고 나로 하여금 선생의 뜻을 알아오게 하였습니다. 그렇게 하시렵니까?"

나는 정색을 하고 대답했다.

"친일 부자의 머리를 독립문에 걸지 않으면 우리 한국이 독립할 날이 없을 것이다. 자네가 나를 위해 그 부자에게 이 말을 전하게."

그 뒤 곽윤이 또 그 부자의 말을 와서 전하기에 나는 노하여 소리쳤다.

"면우 선생의 후예로 그런 소리를 한단 말요? 면우 선생의 글을 읽고도 선생의 심법을 모르는 자가 선생의 글을 간행하여 장차 어디에 쓰겠소? 처음에 내가 바로 간소로 가지 않은 것은 나의 종적이 탄로나서 발간하는 일에 크게 방해될까 염려해서였소. 내일 당장 간소로 가서 선생의 제자 여러분과 이 일을 토론하여 간행하는 일을 파의시킬 터이오."

"나는 남의 말을 전했을 따름이오. 간소의 여러분들이 모두 그에게 부화하는 것은 아니니 노여움을 풀기 바라오. 내가 기필코 간소의 여러분들과 힘을 합쳐서 자금을 마련하도록 주선해 보겠소" 하고 곽윤은 사과했다. 곽윤은 계속 경상남도와 북도를 왕래하며 주선하였다.

9월에 경남에서 돌아온 김황을 다시 내려보냈고, 경북에서 돌아온 정수기鄭守基는 경남 등지로 내려보냈다. 손진수孫晉洙와 후익厚翼 부자분도 교대로 찾아와 진행 방안을 강구하였다. 이들의 독실한 뜻은 갸륵한 일이었다.

종제從弟 창백昌百이 매부 이길호李吉浩의 편지를 가지고 와서 내 본가의 근래 소식을 전하고 또 고령 이씨에게 출가한 누이동생이 방금 서울에 와 있다는 사실을 알려주었다.

"네가 지금 친척에게 인사를 닦기 위해 온 것이 아니다. 내 본가에도 기별하지 않았으니, 이실李室을 보더라도 내 말을 해서는 안 된다."

대개 누설이 되어 일이 낭패될까 염려한 때문이다.[7]

국내에서 독립운동 자금 마련 활동을 시작하면서 마침 서울에 와 있던 여동생과 만나는 것도 삼갈 만큼 신중을 기했다. 여동생은 그동안 이길호李吉浩와 결혼하여 잠시 서울에 체류하던 중이었다.

여러 가지 방법으로 자금을 모으려 노력했지만 모금이 쉽지 않았다. 국내의 분위기는 3·1운동의 열기가 크게 수그러

7 『김창숙문존』, 289~290쪽.

든 데다 일제의 탄압이 강화되면서 독립 성금을 내려는 독지
가도 줄어들었다.

심산은 서울에서 하장환, 정수기, 이태호, 곽윤, 김창백,
송영우, 김화식을 만나고 이들 중 몇 사람을 곽종석 문집 집
간소로 보내 곽윤과 김황을 오게 하거나 경기도·충청남북
도·경상남북도·전라남북도 등지로 파견하여 재산가들에게
그의 뜻을 알리도록 하였다.

이어서 김화식을 경주에 보내어 오랜 지기知己 정수기와
허장환을 상경케 하여 그들을 봉화·진주·함안 등지로 보내
어 독립운동 자금을 모아 오도록 하였다. 이때 진주의 한 부
호가 허장환을 통해 심산에게 귀순할 것을 종용했다는 말을
듣고 "친일 부자의 머리를 독립문에 걸지 아니하면 우리 한
국이 독립할 날이 없을 것이다"[8]라고 분개하면서, 서울에서
새로운 비밀결사를 조직하였다.

▨▨▨ **8** 『국역심산유고』, 338쪽.

비밀결사 신건동맹단 조직

1925년 9월 2일(음) 서울 낙원동 134번지 평양옥이라는 임시 숙소에서 '신건동맹단'을 조직하여 독립운동 자금 모금과 친일 부호 척결을 도모하였다. 김화식, 송영우, 곽윤, 손후익, 하장환, 이자근 등이 참여하여 조직한 신건동맹단은 다음과 같은 내규를 만들었다.

① 단명은 신건동맹단으로 할 것.
② 인원을 2개 반으로 나눠 모험단과 모집단으로 할 것.
③ 모집단은 각자 담당 구역을 정하고 그 구역 내 부호에게 군자금으로 1개 소에 1000원 이상을 요구하고 이에 불응할 시에는 모험단이 와서 살해할 것이라고 협박할 것.
④ 모험단은 권총을 휴대하여 모집단의 요구에 불응하는 부호에게 가서 직접 행동에 옮길 것.

⑤ 담당 구역은 각자가 뜻하는 장소를 선택할 것.

⑥ 아직 연락을 취하지 못한 유림단에게는 김창숙이 수시로 소식을 전달토록 할 것.

⑦ 단원 중 김화식, 송영우, 정수기를 모험단원으로 하고, 기타는 모집단원으로 할 것.[9]

신건동맹단의 총책임은 심산, 김화식과 송영우가 부책임을 맡고 단원들이 각기 지방의 군자금 모금 책임을 맡아 활동에 나섰다. 활동 방법도 구체적으로 마련하였다.

① 김화식, 정수기는 대구부 봉산정 66번지 임모 집에 근거지를 두고, 같이 성주군 월항면의 장석영 집으로 간다. 그리고 장석영에게 김창숙의 귀국 활동에 관한 내용을 써 받아 월항면 대산동 부호 이기병에게 전달하고 독립운동 자금을 요구한다.

② 성주의 용무가 끝나면 2조로 나누어 정수기는 봉화, 영주, 안동 지방에 출장하여 김뇌식, 권철연, 강필 등에게 독립운동 자금을 독촉한다. 그리고 봉화군 김창백을 통하여 영주군 부석면 상석리 김동진에게 김창숙의 서신을 건네주고 영주 지방 자금 모집원이 되어달라고 부탁한다.

9 권기훈, 앞의 논문, 91~92쪽.

③ 김화식은 김황이 권유해온 경남 진주군 이길호, 하재화 등에게 가서 권총으로 협박하여 출금하도록 할 것. 또 모집원 하장환과 협의하여 응모할 사람을 물색한다.

④ 김창숙은 경성에 머물면서 각 방면의 정보를 가지고 적절한 조치를 취하고, 송영우는 그 지침을 단원에게 직접 전한다. 그리고 송영우는 각 방면에서 활동하는 사람들의 상황을 시찰하여 김창숙에게 보고한다.[10]

심산을 도와 적극적으로 군자금 모금 활동을 벌이고 신건동맹단을 이끈 이는 정수기다. 정수기는 심산과 함께 북경에서 생활한 적이 있고 1923년 국내에 들어와 유림단과 심산을 연결하는 역할을 해왔다.

몇 달 동안 여러 가지 방법으로 군자금 모금에 나섰지만 성과는 별로 신통하지 않았다. 그래서 심산은 위험을 무릅쓰고 충청도에 내려가 10여 일 동안 머물면서 모금을 독려한 데 이어 1925년 11월에는 대구로 내려갔다.

11월, 내가 김과 송 두 사람을 데리고 대구로 내려가자 족숙 김헌식, 매부 이영노, 이수기, 홍묵, 이동흠·종

—— 10 「송영우-경찰신문조서」제2차회분, 앞의 권기훈 논문 재인용, 92쪽.

흠 형제들이 전후하여 찾아왔다. 김헌식과 종제 김창백, 이수기, 이종흠, 정수기, 김화식, 송영우, 홍묵, 이영노 등 여러 사람을 안동·예안·영주·봉화·상주·선산·영양·영천·경주·양산·울산·청도·밀양·성주·고령·창녕·합천·안성·진주·의령·함안·마산·부산 등지로 보내면서 아울러 편지를 써서 주었다. 나는 남산동의 박인동 노파 집에 깊숙이 들어앉아 여러 사람의 활동을 독려하였다.

12월 김화식이 진주·밀양 등지로부터 돌아와 여러 곳의 형편을 알아보니 불응자가 십중팔구라는 것이었다.[11]

'불응자가 십중팔구'일 정도로 유림과 부자 들이 군자금 모금에 협조하지 않았다. 설상가상으로 심산은 교통사고로 심한 부상을 당하게 되었다. 왜경의 촉수를 피해 여러 곳을 옮겨 다니며 은신하던 중 울산으로 가던 차가 언양 냇가에서 낭떠러지로 굴러 일행들과 함께 부상을 입은 것이다.

(칠곡) 관음동에 머문 지 열흘이 지났을 즈음 이웃 마을에서 들려오는 소문이 자못 좋지 못하여 즉시 송영우, 이수기, 김화식 등을 오게 하여 대구의 연락 방법을 부탁하고 정수기만 데리고 울산으로 떠났다. 양산 물금에서

11 『김창숙문존』, 294쪽.

자동차를 탔는데 언양의 냇가를 지나다가 차가 그만 서너 길 낭떠러지 아래로 굴렀다. 중경상자가 많이 생겨, 나도 허리에 절상을 입어 몸을 기동할 수 없이 되었다. 얼마 후 언양과 울산의 왜경들이 급보를 듣고 수십 명이나 조사하러 나왔다. 그중에 다행히 내 얼굴을 아는 자가 없었다. 이날 늦게 울산의 입암에 당도하니 손진수 씨와 그 아들 후익이 동구 밖 몇 리까지 마중을 나왔다. 그 집에 유숙하며 조리를 했지만 워낙 중상이었기 때문에 수십 일을 누워 일어나지도 못하였다. 그 부자는 극력 구호하여 밤낮도 없이 부축하고 손수 대소변까지 받아내기를 여러 달 했는데 소홀하거나 귀찮아하는 기색이 없었다. 아무리 가족이나 처자식이라도 하기 어려운 노릇이었다.[12]

국내에서 군자금 모금 활동에 나선 심산의 주요 행적을 조동걸 교수는 다음과 같이 요약하였다.

- 10월 : 서울에서 하장환, 정수기, 이태호, 김화식, 송영호, 곽윤, 김창백을 경기·충청·경상·전라·강원도에 파견
- 10월 : 유성온천에서 정수기, 이원태, 이재락(사돈)과 협의

━━━ **12** 『자서전』 中, 295쪽.

- 11월 : 대구 남산동에서 김헌식, 이영노, 이수기, 홍묵, 이동흠 · 종흠 형제(「파리장서」 추진자 이중업의 아들)를 만나 경남북 각처에 파견(권총 한 정은 이때 이종흠에게 인도된 것 같은데, 종흠이 영양군 석보에 사는 그의 외삼촌에게 모금시 사용하여 화제를 남김).

- 12월 : 경찰의 추적을 받아 이동흠의 주선으로 칠곡 관음동 배석하 댁으로 옮김. 주변이 수상하여 울산으로 피신하다가 언양에서 자동차 사고로 허리 절상의 중상. 울산 입암의 손진수 · 후익 부자의 마중을 받아 그 집에서 치료.

- 1926년 1월 : 이동립(사위), 이종락, 김창희, 김창백, 정수기, 송영호, 김화식과 연락.

- 2월 : 이재락(사돈) 집으로 옮김(행랑방 거쳐 사랑방으로, 새벽에 부녀 상봉). 경찰의 추적을 받아 이석강 집에 잠시 피신.

- 3월 : 동래 범어사 금강암 투숙(손후익, 이석강 동행). 이재락, 이석강, 손후익, 정수기, 송영호, 김화식, 김창백과 출국 협의－모금액(5000원 전후)은 사업가 김종택(종제)에게 맡겨 운반키로 함. 모금액이 적어 황무지 개간사업은 불가능하므로 자금을 의열단에 넘겨 친일 부호와 기관 파괴에 사용할 것임을 언명하고 작별함.

- 3월 15일 : 부산－삼랑진－서울.

- 3월 16일 : 서울-신의주-봉천. 모금한 금액은 김
  창탁(종제)이 지참하여 봉천에서 인수함.
- 5월 말 : 군벌전쟁으로 길이 막혀 2개월 걸려 상해에
  도착.[13]

1926년 2월, 군자금 모금 실적은 부진하고 낌새를 챈 왜
경이 사방으로 정탐하면서 추적이 심하여 더 이상 국내에 체
류하기 어렵게 되었다. 그런 와중에 먼 외척이라 칭하고 사
돈 집을 찾아가 비복들의 눈을 피하느라 새벽에야 출가한 딸
을 만날 수 있었다. 6년 만에 만난 부녀 상봉이었지만 주위의
시선 때문에 사돈 집에 오래 머물 수가 없었다.

그해 3월, 충분한 돈은 아니지만 뒷날을 기약하고 일단 북
경으로 돌아가기로 하였다. 동지들도 그러하기를 권하였다.
건강도 어느 정도 회복되었다. 각지의 연락도 단절되고 모금
희망도 사라지면서 심산은 종제 김종택을 불러 모금된 돈을
중국 봉천에까지 운반해줄 것을 부탁하고, 3월 15일 삼랑진
을 떠나 그다음 날 서울로 온 다음 16일 압록강을 건넜다.

심산은 한국을 떠나면서 동지들에게 심경을 밝혔다.

내가 이번 위험을 무릅쓰고 들어온 것은 나라 사람들
이 호응해줄 것을 진심으로 기대했던 것이오. 전후 8개월

13 조동걸, 앞의 책, 「심산 김창숙의 독립운동과 유지」, 87~88쪽.

동안 겪고 보니 육군六軍[14]이 북을 쳐도 일어나지 않을 지경이고 방금 왜경이 사방으로 깔려 수사한다니 일은 이미 낭패가 되고 말았소. 나는 실로 다시 압록강을 넘어갈 면목이 없지만 한 번 실패로 다시 일어나지 못하는 것도 혁명가의 일이 아닙니다. 나는 장차 여장을 꾸려서 밖으로 나가 해외 동지들과 함께 재기할 방법을 모색할 것이오. 지금 내가 가지고 나가는 자금으로는 황무지 개간사업을 거론하기도 만 번 어려울 것이니, 서겸을 다시 만날 면목이 없소이다. 출국하는 대로 당장 이 돈을 의열단 결사대의 손에 직접 넘겨주어 왜정 각 기관을 파괴하고 친일 부호들을 박멸하여 우리 국민들의 기운을 고무시킬 작정이오. 국내에 계신 동지 여러분이 만약 그 기회를 잡아 일제히 일어나면 누가 감히 혁명가의 호령에 응하지 않겠습니까?[15]

독립군 양성이라는 원대한 꿈을 안고 귀국하여 사선을 넘나들며 많은 사람을 만나고서도 변변한 성과를 얻지 못하고 다시 기약 없이 고국을 떠나는 발길은 무거웠다. 1925년 8월부터 1926년 3월까지 모금된 액수는 목표액에 크게 모자라는 3500여 원에 불과했다. 부호들은 하나같이 몸을 사리고 아예 돈을 내놓지 않거나 내놓더라도 소액에 불과하였다. 목표에

---

14 천자의 군대, 여기서는 많은 숫자의 군대라는 뜻.
15 『자서전』中, 297~298쪽.

미치지 못하는 군자금의 실적도 안타까운 노릇이지만 침체된 국내의 분위기와 친일파로 변신해가는 다수 유림들의 행태에는 더욱 통분을 가눌 길이 없었다. "그는 모금의 실패 원인이 민심이 죽어 있기 때문이며 그것은 또 일제의 위장된 '문화정치'에 매수된 지식층과 주구화된 관리, 지주를 포함한 부호들 때문이라고 분석했다. 또한 심산은 독립운동이 잠자고 있는 민중을 일깨우는 방향으로 새로운 전술이 실행에 옮겨져야 한다고 분석했고, 그리하여 그는 국내에서 모금해온 돈으로 청년결사대를 국내에 잠입시키기로 했다."[16]

무거운 발걸음으로 봉천을 거쳐 천진에서 해로로 상해에 도착하였다. 5월 하순이었다.

▥▥▥▥ **16** 송건호, 앞의 글, 132쪽.

●나석주 의거 주도하다

  심산은 상해에 도착하여 김두봉金枓奉의 집에서 독립운동
의 여러 지도자들을 만나 국내의 정세를 설명하고 향후 대책
을 논의하였다. 심산은 이 자리에서 가지고 온 자금으로 독
립운동 기지 건설사업을 시작하기는 어려우니 일단 뒷날을
기약하고 우선 의열투쟁을 벌여서 일제 기관과 친일 부호들
을 박멸할 것을 제안하였다. 의열투쟁을 통해 국민의 의협심
을 불러일으켜서 큰 규모의 사업을 하자는 생각이었다. 나석
주羅錫疇 의거는 이렇게 하여 거사의 계기가 되었다.

  석오, 백범, 김두봉, 유자명, 정세호 등 여러 분이 내가
국내에서 왔다는 소식을 듣고 달려와 맞이해서 위로하였
다. 김두봉 집에서 묵게 되었는데, 그는 본래 공산당원이
었지만 진작 공산당을 탈퇴하여 배척하는 사람이었다. 나
는 석오와 백범에게 조용히 국내 정세를 설명하고 "인심

이 이미 죽었으니 만약 비상수단을 써서 진작시키지 않으면 우리들 해외에 있는 사람들도 또한 장차 돌아갈 곳이 없이 궁박하게 됨을 면치 못할 것이오. 지금 내가 약간 가지고 온 자금으로 대규모 사업을 착수하기는 실로 어렵습니다. 청년 결사대들에게 자금을 주어 무기를 가지고 국내로 들어가서 왜정 기관을 파괴하고 친일 부호를 박멸하여 한번 국민의 의기를 고취시켜봅시다. 그런 연후에 다시 국내와 연락을 취하면 되겠지요" 하였더니 두 분이 모두 좋다고 하였다.

"나와 친한 결사대원으로 나석주羅錫疇, 이승춘李承春 같은 이가 지금 천진에 있고, 의열단원도 많이 그곳에 거주하고 있으니 당신은 유자명과 상의하여 먼저 무기를 구입해 가지고 천진으로 가서 기회를 보아 실행하는 것이 옳겠소."

백범이 이렇게 말하여 즉시 유자명을 오게 해서 의향을 물었더니 그도 명령대로 따르겠다고 하였다. 곧 무기를 구입할 자금을 유자명에게 주었다.[17]

심산은 6월 초 유자명柳子明과 함께 구입한 무기를 휴대하고 북경으로 갔다. 유자명에게 부탁하여 의열단원 중 국내에서 거사할 사람을 찾았다. 한봉근 등 몇 사람을 추천하여 이

---

17 『김창숙문존』, 300쪽.

들과 함께 천진으로 가서 나석주, 이승춘 등을 만나 김구의
소개 편지와 거사 계획안을 보였다. 이들은 모두 비분강개하
여 "우리들은 한번 죽기로 진작 결심하였으니 어찌 즐겨 가
지 않겠습니까?" 하면서 흔쾌히 항일 구국 결사에 나설 결의
를 밝혔다.

　　나는 드디어 가지고 온 무기와 행동 자금을 나석주 등
에게 주면서 "제군의 의에 용감함은 후일 독립사에 빛나
게 될 것이니 힘써주오" 하고 당부하였다. 이들은 즉시 위
해위威海衛를 향하여 떠났는데 대개 해로로 잠입할 계획
이었다.[18]

고국에서 마련해 온 자금과 무기를 이들에게 전달하고 북
경으로 돌아온 심산은 신채호, 장건상 등과 통일된 민족운동
단체를 만들기 위해 노력하였다. 여기에는 이동녕, 김구 등
이 적극 찬동하였다.

그해 7월 아들 환기가 병이 들어 고국으로 떠났다. 망명지
에서는 고치기 어렵기 때문이었다. 이때 귀국한 환기는 일제
의 가혹한 고문으로 젊은 나이에 숨지고 말았다. 아들을 보
내고 나서 나석주 등이 아직도 위해위에 머물고 있다는 소식
을 듣고 천진을 경유하여 위해위로 가서 동지들을 만났다.

이들은 고국으로 타고 갈 배를 구입하지 못하여 부득이 여러 날이 지연되고 있었다. 심산은 선박을 구할 때까지 수십 일 동안 이들과 같이 지내면서 격려하였다.

얼마 뒤 나석주는 단신으로 권총을 휴대하고 국내로 들어가고, 이승춘, 한봉근 등은 위해위에 남아 대기하였다. 나석주(1889~1926)는 서울에 당도하여 식민지 착취 기관인 조선총독부의 식산은행과 동양척식회사에 폭탄을 던져 파괴하고, 권총으로 척식회사 사원과 왜경 여러 명을 사살하였다. 12월 28일 추격하는 경찰과 접전 끝에 남은 탄환으로 자살하여 장렬한 최후를 마쳤다.

나석주 의사는 황해도 재령 출신으로 스물세 살 때에 만주로 건너가 4년간 신흥무관학교에서 훈련을 받고 귀국하였다. 3·1운동이 일어나자 상해 임시정부에 군자금을 거두어 보낸 뒤, 동지들을 모아 황해도 평산군 상월면 주재소의 일본 경찰과 면장을 죽이고 중국으로 건너갔다. 임시정부 경무국에서 일하다가 중국 하남성 한단군관학교를 졸업, 중국군 장교를 거쳐 의열단에 가입하여 활동하던 중 심산을 만나 거사에 나선 것이다.

장하고 열렬하도다. 단신에 총 한 자루를 가지고 많은 적을 쏘아 죽인 다음 자신은 태연히 죽음으로 돌아가는 듯이 생각했으니, 3·1운동 이래 결사대로 순국한 이가 퍽 많았지만 나군처럼 한 사람은 없었다.[19]

심산이 국내를 탈출하여 북경에 이르렀을 즈음 국내에서는 일대 검거 선풍이 벌어졌다. 심산이 유림들을 상대로 군자금을 걷어 간 사실을 알아낸 왜경이 관련 인사 600여 명을 무차별 구속한 것이다. 이른바 '제2차 유림단 사건'이 벌어졌다.

심산을 도와 군자금 모금에 앞장섰던 동지와 친인척이 모두 구속되어 혹독한 고문을 받고 옥살이를 하게 되었다.

국내에서 들어온 신문을 통해 사건의 전말을 알게 된 심산은 구속된 동지·친인척이 일제의 가혹한 고문에 시달릴 것을 가슴 아파하면서 이해 8월 다시 상해로 돌아왔다. 상해에서 이동녕, 김구 등 지도자들과 임시정부와 독립운동 진영의 모든 당파를 타파하고 통합된 단체를 결성하는 문제를 다시 논의하여 통일독립당의 결성을 이루었다.

이리하여 임시의정원을 개편하여 이동녕이 의장으로, 심산은 부의장으로 추대되었다. 임시정부를 떠난 지 6년여 만에 다시 복귀하여 의정원 부의장의 중책을 맡아 활약하였다.

심산을 연구해온 조동걸 교수는 상해에 망명하여 임시정부 의정원 부의장이 되기까지의 과정을 다음과 같이 요약·정리하였다.

• 상해에 도착한 직후에는 유림 대표라는 점이 심산의

위치를 돋보이게도 했고, 그것이 행동 반경을 규제하기도 했다. 마흔 살을 넘은 인사가 많지 않았으므로 1919년 마흔 살을 막 넘은 심산이 연령으로는 원로급에 속했다.

• 누구보다 먼저 1919년부터 손문을 비롯한 중국 국민당 요인들과 접촉하며 임시정부 또는 한국 독립운동의 위상을 높이는 데 기여하였다. 그리하여 한국 독립후원회와 중한호조사의 결성을 보았다.

• 그런 가운데 심산의 사상도 크게 변화 발전했을 것으로 짐작된다. 심산은 임시정부 수립에 관여하면서 공화주의 조국상을 확고하게 수용했을 것이고, 손문과 접촉하면서 신세계에 대한 안목을 더욱 넓혔을 것이고, 광주에 내려가 광동 정부의 국민당 요인과 교우하면서 새 시대에 대한 확신을 갖게 되었을 것이다.

• 상해에서는 박은식과 교우하면서 유교 혁신 전도前途를 구상할 기회가 되었을 것이고, 임시정부에 대해서는 이승만 독주에 대하여 강한 비판을 제기하면서 임시정부까지 소원해져갔다(이승만이 탄핵되어 물러난 후, 1926년 의정원 부의장에 선임되면서 다시 참여한다).

• 1920년 11월 북경으로 이동한 후에는 임시정부 반대 계열 인사인 신채호, 이회영과 친밀한 교류가 있었는데, 그들이 1923년 무정부주의 노선으로 좌경

할 때, 심산도 동참했을 가능성이 있으나, 『회상기』의 기록만을 보면 동참하지 않았다. 유림 대표의 의식을 고수했다. 단재의 『천고』 발행을 돕고 있었으므로 『천고』의 전질이 발견되면 거기에 실린 심산의 글을 검토할 과제가 남아 있다.

- 측근 인사들이 변절하고 심산에게도 경학원 부제학의 유혹까지 있었는데, 전향하지 않은 것은 심산의 고절孤節을 확인시켜주는 일이다.

- 1923년 국민대표회의 기사를 보건대, 정치 이론에는 관심이 없던 것 같고, 그러면서도 임시정부에 대하여는 현상 유지를 최선책으로 생각한 듯하다. 임시정부를 반대하던 우당(이회영)이나 단재와 다른 점이다.

- 임시정부를 비롯한 독립운동이 침체의 늪에 빠지자 1925년부터 내몽고 지방에 새로운 독립운동 기지 건설을 추진하였다. 여기에는 이회영, 신채호의 의견이 참작된 듯하다. 자금 조달이 여의치 않아 직접 국내에 잠입하여 8개월 동안 모금 활동을 펼쳤으나, 그래도 여의치 않자 의열투쟁으로 방략을 수정하여 나석주 의거를 주도했다.

- 1925년 8월~1926년 3월 국내에 잠입하였다가 돌아와 때마침 일어난 통일전선 민족유일당에 참여했는데, 치질이 재발하여 깊이 관여할 수 없었다. 유일당

운동을 주도한 안창호와의 관계는 밝혀져 있지 않다.
- 의정원 부의장에 당선되어 임시정부에 복귀하게 되었는데 당선된 1926년 8월에는 이동녕, 홍진, 이시영, 조소앙, 김구 등 기호학파 중심으로 임시정부를 운영할 때였다. 개인적으로는 이동녕과 친근했고, 의열투쟁으로 방략을 수정하여 추진하면서 의협청년을 거느리고 있던 김구, 유자명과 친밀해졌다.
- 중국에서 심산의 교우를 보면, 박은식, 신채호, 이회영, 이동녕, 김구, 유자명과 각별히 가까웠음.[20]

조동걸 교수는 또 심산이 1919년 상해로 망명, 독립운동에 투신하다가 1927년 상해 공제병원에서 일경에 피체되기까지의 고난에 찬 역정을 다음과 같이 연보로 작성하였다.

- 1919년 4월 : 임시정부 수립에 참여하여 임시의정원 의원(경상북도 대표)과 상임위원회의 교통위원을 맡았다.
- 1919년 7월 : 상해에서 손문孫文과 면담(중국 광동정부 중의원 의원 능월陵鉞의 중재로 손진형, 손영직을 대동).
- 1919년 8월 : 손문의 주선으로 광주로 내려가 광동정부의 국민당 요인들과 교류(한국 유림 대표, 의정원

20 조동걸, 앞의 책, 79~81쪽.

의원 자격).

- 1919년 9월 : 국민당 중심의 '한국독립후원회' 결성에 '한국 독립운동의 개략' 강연(의연금 모집원 30명, 회계원 이문치 선임).

- 1919년 10월 : 한국 유학생 50여 명, 광주로 유치(후원회 오산吳山 · 능월의 장학생).

- 1919년 : 임시정부 대통령에 이승만이 당선되니 신채호, 박은식과 함께 이승만이 위임통치 제안자이므로 부적합하다고 성토하고, 이승만에게 해명과 사과를 우편으로 요구했으나 회답이 없었으므로 임시정부 사업에 성의를 보일 수 없었다(이때 안창호, 이동휘, 이동녕, 이시영, 김구 등은 임시정부가 분열된다고 대통령 성토를 회피).

- 1920년 3월 : 광주 군정부의 내전으로 후원회원 각처로 도피, 후원금 모금액 수십만 원을 이문치가 횡령 영치하고, 오히려 심산 암살을 모의 추진.

- 1920년 4월 : 유학생과 함께 57명이 광주를 탈출하여 상해로 이동. 이문치에게 매수된 조선인 청년의 습격을 받음. 6월에 다시 광동에 잠입하여 이문치를 탐색했으나 신변이 위험하여 돌아옴.

- 1920년 8월 : 박은식과 함께 전주錢主 임복성林福成을 설득하여 『사민일보』 창간, 박은식과 편술원을 맡음(사장 임복성).

- 1920년 10월 : 국민당 정부 요인(오산·서겸)의 상해 방문을 기회로 이동휘, 안창호와 함께 중한호조회 결성.

- 1920년 11월 : 북경으로 이동, 신채호, 박숭병朴嵩秉이 경영하는 『천고』 출판을 돕다. 이기일李基一을 국내로 파견하여 군자금을 모집케 하다. 군자금 모집 관계를 협의하기 위하여 상해에 잠시 머묾. 박은식, 김구와 협의하여 박시창朴始昌 등을 국내로 파견.

- 1921년 2월 : 북경에 귀환, 이기일, 손영직, 김진우, 이호태, 정수기 등과 동거. 이 무렵부터 생활이 어려워 변절자가 생겨났다. 박용만, 신숙이 군사통일회를 개최하니, 만주에서 이상룡 일행이 당도하였는데 심산은 합류를 만류하였다.

- 1922년 봄 : 이상재李商在, 김활란金活蘭이 기독교학생청년연맹WSCF 국제대회 참석차 북경 김달하(金達河, 김활란의 형부, 서북협성학교 교감을 지냄) 집에 유숙하므로 방문하여 김달하를 알게 되었는데, 뒷날 김달하가 심산에게 경학원經學院 부제학副提學 취임을 제의했음. 김달하는 다물단多勿團에 의해 처단됨.

- 1923년 1∼5월 : 상해에서 국민대표회의(의장 김동삼, 부의장 안창호·윤해)가 개최되어 독립운동 전선의 새로운 정비를 모색하는 가운데 임시정부의 존속 여부 그리고 개조와 창조의 합의를 찾지 못해 해산할 때,

심산은 치질이 심하여 북경에 머물며 참석하지 못함. 사후에 이동녕, 이시영, 조완구, 김구 등의 임시정부 존속 측을 지원함. 남형우, 김응섭의 창조론은 물론 김동삼, 안창호의 개조론에도 반대함(『벽옹73년 회상기』, 334~335쪽에는 기억의 착오가 있음).

- 1923년 : 공산주의 · 무정부주의의 사상 논쟁이 크게 일었으나 모두 배척.

- 1923년 : 측근자 가운데 내지內地로 돌아가는 사람이 많아 심산까지 의심을 받음.

- 1924년 봄 : 북경대학 유학생 이봉노, 송영우, 김화식 등에게 『경서』를 가르침. 우당 이회영과 친밀하게 사귐. 이회영, 신채호와 협의하여 김상호를 내지에 파견(군자금 문제).

- 1925년 봄 : 아들 환기가 김상호를 따라 내지에서 왔기에 중학교에 수학케함. 이회영과 북중국(내몽고) 황무지 개간사업을 추진. 중국 정객 이몽경, 서겸을 경유하여 풍옥상馮玉祥과 교섭. 풍옥상의 작전 구역 내의 수원綏遠, 포두包頭 지방 3만 정보 개간 승락을 얻어냄. 새로운 독립운동 기지 건설의 꿈에 부풀어 개간사업에 전력을 쏟게 된다.

- 1925년 여름 : 개간 자금 모금차 송영호, 김화식(권총 2정 휴대)을 국내로 파견.

- 1925년 8월 : 북경을 떠나 하얼빈, 안동(현재 단동)을

경유 서울 적선동에 잠입.

- 1926년 3월 : 내지(국내)에서 탈출하여 5월에 상해 도착. 이동녕, 김구, 유자명, 정세호 등과 의열투쟁 숙의.

- 1926년 5월 : 북경 이동. 이봉로, 장건상, 배천혁, 신채호와 통일전선 추진.

- 1926년 7월 : 아들 환기 신병으로 환국. 고문치사.

- 1926년 8월 : 의정원 부의장 취임(의장 이동녕). 통일전선 추진(여운형 배제).

- 1926년 12월 : 치질이 심하여 공동조계 공제병원共濟病院에 입원하여 세 차례 수술(이동녕, 김구, 김두봉, 정세호, 김원봉 외에는 비밀에 부침)

- 1927년 6월 10일(음력 5월 11일) : 공제병원에서 일경에 피체됨(정세백, 박렴의 문병 직후).[21]

21 조동걸, 앞의 책, 79~81쪽.

제 6 장

앉은뱅이 되도록 고문받아

왜경에 피체되어 '환국'

조국이 없으니

무슨 낙으로 살며

집이 없으니

죽어 어디로 돌아가나

무슨 일로

주리면 밥을 찾고

무슨 마음으로

추우면 옷을 구하는가

사도 죽도 못하는 몸

웃다가 또 탄식하노라.[1]

일제는 신출귀몰하게 국내에 '잠입'하여 '순량'한 유학자

1 『김창숙문존』, 「자조自嘲」, 53쪽.

와 부자들을 '선동'하고 '불령자금'을 '탈취'해간 심산이란 존재가 보통 위협적인 인물이 아닐 수 없었다.

중국에 있는 정보망에 따르면 손문과 회담하고 중국 국민당 간부들을 설득하여 독립운동 자금을 지원받는 심산의 외교 역량에도 두려움이 따랐다. 멀리 몽고에 독립군 기지를 건설하겠다는 정보에는 간담이 서늘해졌다. 국내에 들어와서는 사냥개와 같은 왜경과 밀정을 따돌리고 600여 명의 '연루자'가 생길 정도의 대담하고도 치밀한 독립운동 자금 모금 활동을 벌였다. 그리고 적지 않은 독립운동 자금을 마련하여 유유히 망명지로 떠났다.

조선총독부는 그 보복으로 아들을 고문하여 죽이고 친지와 밀정까지 연통하여 '귀순'을 종용했지만 실패로 돌아갔다. 남은 방법은 첩보와 추적을 통해 붙잡거나 암살하는 일밖에 달리 없었다.

1926년 12월 심산은 치질로 통증이 심해 들것에 실려 영국인의 공제병원에 입원하였다. 수술을 받았지만 성과가 좋지 않았다. 해가 바뀌어 이듬해 2월 재수술을 받았으나 별로 효과가 없어서 몇 달 뒤 3차 수술을 받았다. 이 무렵 큰아들 환기가 국내에서 왜경의 심한 고문 끝에 출옥한 지 얼마 안되어 사망했다는 소식까지 겹쳐 병이 더욱 악화되었다.

3차 수술에도 상처가 아물지 않고 다른 증세가 발생하여 다시 입원하였다. 의사는 만성 맹장염이니 원기가 회복되기를 기다려 4차 수술을 해야 한다고 하였다. 처음에 입원할 때는 영국 조계에 있는 병원이어서 일본 밀정들을 염려하여 극비에 붙였다. 이동녕, 김구, 김두봉, 정세호 등 애국지사들이 문병을 오는 외에는 아무도 아는 사람이 없었다.

그러던 어느 날 유세백, 박겸이 문병을 왔다. 이들은 광주에 있을 때 장필석, 김제민 등과 함께 중국어와 영어를 강습시켰던 청년들이다. 상해에 있을 때에도 여러 달을 함께 지냈던 자들이다.

상해 교민들이 그들을 일본 밀정으로 의심하였고 심산도 그런 소문을 들었다. 하지만 실증이 없는 소문이었고, 이들에게 돈을 대주고 공부를 시킨 까닭에 크게 의심하지 않았던 터다.

그런데 두 사람이 병문안을 다녀갔다. 심산은 의심스러워 퇴원을 할까 망설였지만 병원비 300원을 청산하지 않고 떠나게 되면 외국인에게 한국인의 신뢰를 잃게 될 것을 염려하여 더 머문 것이 화근이 되었다. 새로운 고난의 역정은 이로써 다시 시작되었다.

순수하게 동포청년들을 믿었다가 곧 들이닥친 일경에 피체되고 일본 장기長崎와 하관下關을 거쳐 부산으로 들어와 대구 경찰서에 감금되었다. 피체된 날이 1927년 6월 10일이다. 동포 청년들은 소문대로 일제의 밀정으로 변신하여 심산의 행적을 뒤쫓아 공제병원에까지 찾아와서 위문하는 척하다가 곧 왜경에 제보한 것이다. 피체되어 국내로 끌려 들어오게 된 과정을 직접 들어보자.

혼자 마음속으로 "설령 저들이 분명 일본 밀정이라도 저들은 나에게 은혜를 두터이 받았다 할 것이니 어찌 감히 나를 해치겠는가? 게다가 오늘은 날도 저물었으니 내일 날이 밝기를 기다려 병원비를 갚고 퇴원해도 늦지 않을 것이다" 하고 이 생각 저 생각에 밤이 깊도록 병상에서 뒤척이며 온갖 근심이 떠올라 잠을 이루지 못했다.

다음 날 8시경 영국인 경장이 일본 총영사관 형사 6명을 데리고 나의 병실로 돌입했다. 영국 총영사가 서명한 체포장을 제시하더니 나를 끌어다가 바로 일본 영사관 내 감옥에 감금시켰다. 그때가 6월 중순, 음력으로 5월 1일이었다.

8일 동안 아무 심문도 않더니 일본 장기長崎로 압송하는 것이었다. 장기에서 다시 하관下關으로, 하관에서 다시 부산으로 압송되어 왔다. 부산 경북 경찰부 형사 최석현催錫鉉, 남학봉南學鳳, 고창덕高昌德 그리고 일본 형사 오카다岡田란 자들이 기다리고 있었다.

상해에서 부산까지는 그러지 않더니 부산서부터는 수갑을 채웠다. 그날 밤으로 대구 경찰서에 감금되어 다음 날 바로 심문을 개시하는 것이었다. 형구를 야단스레 벌려놓고 혹독한 고문을 가했다.[2]

▬▬ 2 『자서전』中, 『김창숙문존』, 307~308쪽.

심산은 1919년 3월 23일 밤 「파리장서」를 휴대하고 망명길에 올라서 1925년 8월 독립운동 자금을 마련코자 잠시 귀국하였다. 그리고 8개월여 만에 다시 망명하여 나석주 의거를 주도하는 등 치열하게 독립투쟁을 전개하다가 1927년 6월 국내로 '압송'되었다.

왜경은 심산이 회유나 타협이 안 되는 인물이란 것을 알기 때문에 처음부터 가혹한 고문에 나섰다. 일제가 한국 독립운동가를 대하는 회유·변절·매수·투항 등 여러 방법이 통하지 않을 때는 어김없이 가혹한 고문을 가했다. 고문으로 반병신이나 초주검 상태를 만들었다. 옥사를 당한 경우도 비일비재하였다.

대의와 절개를 생명같이 여기는 청고한 심산이 고문에 쓰러질 사람이 아니었다. 피체될 당시에 몸이 많이 아팠던 데다 거듭된 고문으로 건강은 더욱 악화되었다. 모진 고문과 회유가 있었으나 티끌 같은 동요도 보이지 않았다. 오히려 웃으며 "너희들이 고문을 해서 정보를 얻어내려느냐? 나는 비록 고문으로 죽는 한이 있더라고 결코 함부로 말하지 않을 것이다" 하고, 필묵을 달라 하여 자신의 심경을 써 주었다.

籌謀光復十年間
性命身家摠不關
磊落平生如白日
何須刑訊苦多端

조국의 광복을 도모한 지 십 년
가정도 생명도 돌아보지 않았노라
뇌락한 내 평생 백일하에 분명하거늘
고문을 야단스럽게 할 필요가 무엇이뇨.[3]

일본인 고등과장 나리토미 부미고成富文五란 자는 한시를 이해하지 못하여 한국인 옥리에게 풀이하여 읽게 하고는 심산에게 큰절하며 말하였다.

나는 비록 일본 사람이지만 선생의 대의에 절하지 않을 수 없습니다. 선생은 이미 생명과 가정을 돌보지 않기로 했으니 실로 고문으로는 지키는 바를 빼앗을 수 없는 줄 알겠습니다. 그러나 조사하자면 형벌을 쓰게 되는 것도 사세에 따라 간혹 면하기 어려울 것입니다.

그 뒤로 심산을 선생이라 부르고 고문도 약간 누그러뜨렸다. 한 달 남짓하여 경찰부에서 검사국으로 이송되고 검사국에서 곧 대구 형무소로 이감하여 예심으로 넘겼다.
그때 이봉노, 정수기가 전후해서 투옥되고 김한식, 김창근, 장우원, 김홍기, 이동흠 등은 또한 피체되었다가 바로 풀려났다.

3 『김창숙 문존』, 17쪽.

심산은 상해에서 피체되어 감옥에 들어와 형을 받은 이후로 병세가 더욱 중해져서 감옥의 의사가 하루 간격으로 와서 진찰을 하고 투약하였지만 효험이 없을 뿐 아니라 거의 죽었다가 겨우 깨어난 경우가 여러 번이었다.

다시 심산의 육성을 통해 일제 감옥에서 그의 강건독실剛健篤實한 모습을 살펴보자.

병감病監에 있은 지 한 해 남짓하여 예심이 비로소 끝났다. 그날 예심 판사 하세가와長谷川宏란 자가 나를 보고 말했다.

"내가 한인 독립운동자를 많이 보았지만 선생처럼 굳세고 의연하여 흔들리지 않는 사람은 보지 못하였오. 같이 한 번 조용히 정견을 논할 수 있겠오?"

"이미 예심에서 모두 진술했는데 거듭할 필요가 있겠는가?"

"선생이 독립운동을 한 것은 장하다면 장하다 하겠지만 조선이 무슨 힘이 있어 독립을 할 수 있겠습니까?"

"내가 보기에 일본 정치인은 눈구멍이 작아 천하의 대세를 바로 보지 못해 망동妄動하고 있소. 망동하는 자는 반드시 패망하는 법이오. 고로 나는 우리 한국이 반드시 독립할 수 있을 것으로 아오. 우리 한국이 무력하다고 말하지 마오."

"일본 사람의 눈구멍이 작아서 망동한다는 것은 무엇을 가리켜 하는 말이오?"

"나의 소견으로, 일본인은 섬나라에서 태어나 눈구멍이 조그마한데 국한되고 원대한 것엔 막혀서, 우리 한국을 삼키고 다시 중국을 삼키고자 하니 이는 곧 천하대세를 알지 못하고 망동하는 것이오. 일본에 오늘날 천하대세를 아는 호걸이 정국을 담당하고 있다면 응당 먼저 우리 한국의 독립을 인정하고 또한 중국을 삼키려는 야심을 뉘우쳐서 옛날 한일·중일간에 맺었던 강제 조약을 취소하고 다시 평등 최호혜의 통상 신협약을 체결할 것이오. 그러면 동양에 영원한 평화가 수립되고 일본은 그 맹주가 되고도 남겠지요. 만약 이를 도모하지 않고 무한한 욕심을 채우고자 침략과 망동을 계속한다면 우리 한국과 중국이 힘을 합하여 일본에 대항할 뿐 아니라 이를 지원하는 천하만국이 반드시 일본의 죄를 물어 군대를 동원할 것이오. 고소성姑蘇城[4]의 사슴이 일본 강호江戶의 들에서 놀지 않으리라고 어찌 믿겠소?"

"선생은 감히 일본에 대정치가가 없어서 나라가 반드시 망한다고 말하는 거요?" 하며 그 자는 버럭 화를 냈다.

"나는 곧 천하대세에 의거해서 말하는 것이오. 일본이

---

4 중국 고대 오吳 나라의 도성이고 강호는 일본 동경의 옛 이름. "고소성의 사슴이 강호에 논다"는 말은 오나라가 망해서 도성이 황폐되어 사슴이 놀고 있었던 것처럼 일본도 망하게 될 것이라는 의미.

죄를 뉘우쳐 동양이 평화롭기를 바란 것뿐인데 그대가 화를 내다니 나는 다시 말하고 싶지 않소."[5]

인물의 평가는 역경에 처하였을 때 어떻게 행동하는가를 살펴보면 어느 정도 알 수 있다고 한다. 특히 일제를 타도하고자 독립전선에 나섰다가 왜적의 감옥에서 저들과 싸우며 오히려 적에게 호통을 치는 모습이란 보통 인물이 아니고는 쉽지 않은 일이다. 심산으로 말하자면 안연顏淵의 고풍古風과 맹자의 의리지변과 대장부론·호연지기를 체득한, 조선 선비의 상징적 위엄으로 일제 옥리들을 질타했지만 어디 말귀가 통하는 족속이던가.

━━━ 5 『김창숙문존』, 309~310쪽.

생사를 뛰어넘은 옥중 투쟁

피체된 지 1년이 지난 1927년 7월에 예심이 끝났다. 예심 과정에서 일제는 심산의 입을 열기 위하여 온갖 고문을 자행하였으나 그는 일제에 대한 전면 부정으로 일관하였다.

예심이 끝난 뒤에야 처음으로 가족과 면회가 허락되어 부인과 차남 찬기燦基가 감옥으로 찾아왔다. 헤어진 지 10년 만에 만난 부인과 아들이었다. 부인은 남편이 없는 사이 혼자서 시어머니와 아들의 장례를 치르고 자식을 키웠다.

부인이 울며 "장차 집안일을 어떻게 할 것인가" 하고 물었다. 심산은 "나는 집안 잊은 지 이미 10년이오. 당신은 나에게 물을 것이 없소"[6] 하였다.

독립운동가들의 공통적인 고충은 '가사불고家事不顧'의 아픔이었다. 예나 이제나 혈연의 기초 집단인 가정이야말로

---

6 『자서전』中, 310쪽.

생존의 기본이고 터전이다. 가장이 가정을 돌보는 것은 당연한 의무이기도 하다.

그러나 심산으로서는 빼앗긴 나라를 되찾기 위해 가정을 돌볼 여지가 없었다. 10년 만에 만난 부인의 설움과 원망이 얼마나 컸을 것인가를 심산인들 어찌 몰랐을까. 하지만 그에게는 가정보다 더 큰 국가와 대의가 있었다.

변호사 김용무와 손치은 두 사람이 변론에 나서겠다면서 위임서에 승인해 달라고 요청하였다. 사람의 심리는 감옥에 갇히게 되면 지푸라기라도 움켜쥐고자 할 터인데, 그는 이를 단호히 거부하였다. 그 대신 시 한 수首를 써서 거부하는 뜻으로 삼았다. 「변호사를 사절함」이란 시였다.

「변호사를 사절함」

병든 이 몸은 구차히 살기를 구하지 않았는데
어찌 알았으리 달성達城의 옥에 갇혀 해를 넘길 줄
어머님은 돌아가시고 자식도 죽어 집이 망했으매
노처와 자부의 울음소리 꿈결에도 소스라치네
기구한 사방득謝枋得은 도피한들 즐거운 곳이 어디이며
강개한 문천상文天祥은 죽어도 영광을 얻었도다
인간의 운명은 하늘에 매였으니
병든 이 몸은 구차히 살기를 구하지 않노라

병든 이 몸은 구차히 살기를 구하지 않았는데
어찌 알았으리, 달성의 옥에 누워 신음하고 있을 줄
풍진 세상 실컷 맛보아 이가 시린데
야단법석 떠는 인심이 뼛골까지 오싹하게 하네
포로 신세의 광태狂態를 어찌 욕되다 이르리오
바른 도리를 얻어야 죽음도 영광인줄 알리라
그대들의 구구한 변호를 사양하노니
병든 이 몸은 구차히 살기를 구하지 않노라.[7]

1919년 3·1운동 당시 만해 한용운은 33인의 일원으로 서대문 감옥에 갇혀서 동지들에게 ①사식을 대지 말 것 ②변호사를 대지 말 것 ③보석을 신청하지 말 것이라는 3원칙을 제시하고 그렇게 실천하였다.

일제강점기에 수많은 한국 독립운동가들이 피체되어 왜적의 재판을 받게 되었다. 일제 법정에서 변호사 선임을 끝까지 거부한 경우도 적지 않았다. 심산은 그 대표적인 경우라 하겠다.

가족과 친지들이 매일 찾아와서 변호사를 선임할 것을 권하였지만 "내 이미 대의로 거절하였으니 남에게 움직여질 바 아니다"라고 끝내 받아들이지 않았다. 이 부문에서 다시 심산의 육성을 들어보자.

<hr>

7 『자서전』中, 311쪽.

하루는 변호사 김완섭이 면회를 와서 위임해 줄 것을 간청하기에 나는 "군은 내가 손·김 두 사람에게 써준 시를 보지 못하였는가? 다시 번거롭게 하지 마라" 하였다.

김완섭이 두 번째 왔으나 또 거절하였다. 세 번째에는 만나주지도 않고 간수를 시켜 "전에 말한 일로 다시 번거롭게 할 것이 없다"고 전했다.

간수가 돌아 와서 그가 만나 보지 않고는 가지 않겠다고 서서 기다린다는 것이었다. 나는 또 만나고 싶지 않으니 그에게 속히 가라 한다고 전하게 했다. 간수가 왔다 갔다 하기를 세 번이나 해도 그는 기어이 면회하지 않으면 가지 않겠다고 해서 나는 부득이 나가 보았다.

"군은 무엇 때문에 자꾸 와서 사람을 괴롭히는가?"

"선생께서 거절하시는 본의를 듣고자 합니다."

"이미 손과 김에게 써준 시에서 다 말하였는데 하필 또 그 밖의 본의를 알려 하는가?"

"감히 그 진의의 소재를 듣고자 하오니 듣지 못하면 물러가지 않겠습니다."

"군이 꼭 듣고 싶은가? 군을 위해 다 말하겠다. 내가 변호를 거절하는 것은 엄중한 대의다. 나는 대한 사람으로 일본 법률을 부인하는 사람이다. 일본 법률을 부인하면서 만약 일본 법률론자에게 변호를 위탁한다면 얼마나 대의에 모순되는 일인가? 군이나 손과 김은 마찬가지로 일본 법률론자다. 일본 법률로 대한인 김창숙을 변호하려면 자격이 갖추어지지 않은 것이다. 자격이 갖추어지지 않았으면서 억지로 변호하려는 것은 법률의 이론으로 또한 성립될 수 없을 것이다. 군은 무슨 말로 나를 변호하겠는가? 나는 포로다. 포로로서 구차하게 살려고 하는 것은 치욕이다. 정말 내 지조를 바꾸어 남에게 변호를 위탁하여 살기를 구하고 싶지 않다. 내 말은 다 했으니 군은 돌아가라."

김은 낙심해서 말했다.

"선생께서 이같이 격렬한 논조를 펼 줄 미처 몰랐습니다. 지금 입회한 간수의 기록이 필시 조서에 들어가 앞으로 재판에 크게 불리할 것입니다. 선생의 일이 저으기 걱정됩니다."

"나는 생사를 일찍이 염두에도 두지 않았으니 군은 걱정할 것이 없다."[8]

8 『자서전』中, 312~313쪽.

무기 구형에 14년 징역 선고

　　김완섭 변호사의 심산에 대한 변론 의지는 강했다. 법률
가의 양식으로써 또는 꺾일 줄 모르는 애국지사에 대한 흠모
에서 그랬을지 모른다. 그는 거듭되는 변론 제의 거부에도
줄기차게 찾아와 간청하였다.

　　심산의 뜻은 추호도 동요하지 않았다. 일제의 법률 자체
를 인정하지 않기 때문에, 일본 법률론자에게 결단코 변호
를 맡길 수 없다는 신념이었다. 이는 심산의 춘추대의春秋大
義이고 민족적 자존이기도 하였다. 재판은 1928년 10월 19
일 대구 지방법원 제2호 형사법정에서 변호인도 없이 개정
되었다.

　　심산은 재판장의 심문에 "그렇다" "아니다" 또는 침묵
으로 일관했다. "본적은?"이라는 심문에 심산은 "없다"고
답했다. "없다니?"라는 재판장 반문에 "나라가 없는데 본

적이 있겠느냐." 이런 식으로 재판에 임했다.

이 재판에는 일반인은 한 사람도 방청이 허용되지 않고 다만 고등계 형사 3, 4명만이 방청했다. 예심판사 하세가와는 언젠가 "나는 지금까지 조선인 독립운동자를 많이 대해 왔지만 김창숙처럼 강의불요剛毅不撓한 사람은 일찍이 보지 못했다"고 감탄한 바 있었다. 하세가와는 "그대의 꺾일 줄 모르는 투지가 장하기는 하나 조선이 무슨 힘으로 독립을 하겠다는 것인가?"고 심산에게 말한 적이 있었다. 심산은 "내가 보기에는 일본인의 안목이 지나치게 근시안적인 것 같소. 그렇게 천하대세를 모르고 망동하는 것을 보면 멀지 않은 장래에 일본은 반드시 망할 것이오"라고 대답했다.[9]

공판에서 검사의 무기형 구형에 판사는 14년의 징역형을 선고하였다. 나석주 의사의 식산은행과 동양척식회사 폭탄 투척 사건의 주동자로 인정하여 살인미수, 「치안유지법」 위반, 「폭발물 취급령」 위반 등의 죄목으로 14년형을 선고한 것이다.

가혹한 형벌이었다. 일제강점기에 항일 운동자 중에서 14년 징역형을 선고받은 이는 그렇게 많지 않았다. 3·1운동을 주도한 민족 대표들도 최고 3년 징역형이었다. 이는 일제

<hr>

9 송건호, 앞의 책, 134쪽.

가 한국인들의 감정을 자극하지 않으려는 고도의 책략에 따른 형정刑政의 결과지만, 심산의 14년형은 유례가 드문 가혹한 것이었다.

일제가 심산에게 얼마만큼 보복적이었는가를 알게 된다. 친지들이 공소할 것을 권유하였으나 받아들이지 않았다. 공소를 하게 된다면 일제의 법률과 재판체제를 인정하게 되기 때문이었다.

심산의 스승 곽종석이 유림단 사건으로 재판을 받을 때 법정에서 공소를 하겠느냐고 묻자 "내가 공소를 하고자 하면 하늘이 있을 뿐이다必欲訴之祁惟天乎"라고 한 것과 맥이 통하는 행동이었다.

예심 과정에서 당한 형언하기 어려운 고문으로 두 다리가 마비되고 하반신이 불구가 되었다. 앉은뱅이가 된 것이다. 여기에서 벽옹躄翁이라는 별명이 붙게 되었다.

예심이 종결되면서 곧 대전 형무소로 이감되었다. 인면수심의 일제는 육신이 만신창이가 된 독립운동가를 기결수 형무소로 보냈다.

징역을 집행하는 날 곧 대전 형무소로 이감되었다. 나는 고문을 받은 이래 병이 더욱 악화하여 두 다리의 마비로 진작부터 앉은뱅이가 되어 일어날 때 남의 부축을 받아야 했다. 옥의獄醫는 "이런 중환자를 이감시키기에 급급하니 너무도 가혹하다" 하였다. 즉시 병감에 넣어 흰옷으로 갈아 입혔는데 중병임을 표시한 것이라 하였다.[10]

길고 긴 감옥살이가 시작되었다. 예심 과정의 대구 감옥에서 쓴 「옥중에서」라는 시 한 편이 당시의 심사를 말해 준다.

「옥중獄中에서」

감옥의 창살 답답하여
잠 못 이루는데
때는 또 앵두꽃
난만한 계절
삼춘三春이 얼마나 남았는고
한 병病에 여러 해를 누워
어리석은 혼魂은 매양
요산遼山[11]을 넘어 가는데
돌아가는 꿈은 자주
낙수洛水가에서 놀라 깨네
우습다, 겹겹의 그물 속에

10 『자서전』中, 313쪽.
11 독립운동을 하던 중국 땅

어떻게 몸을 떨쳐
저 날아가는 배
탈 수 있으리.[12]

▬ **12** 『김창숙문존』, 15~16쪽.

대전 형무소에서 옥중 투쟁

두 다리가 마비되어 부축하는 사람이 없으면 일어서기도 어려운 육신을 이끌고 악명 높기로 유명한 대전 형무소의 기결감방에 수감되었다.

형무소 측은 규칙을 들어 일체의 독서와 집필의 자유를 허용하지 않았다. 그러나 심산은 끝까지 싸워서 이를 쟁취하였다. 문방구를 구입하고 저술과 독서를 할 수 있게 되었다. 이즈음에 『자서종요字書綜要』를 편찬하고, 『육경六經』과 『이학종요理學宗要』 등을 읽고 사색하면서 마음의 안정을 찾았다.

대전 형무소에서도 심산의 옥살이는 언제나 가중되는 겹옥살이었다. 1933년 새로 부임한 전옥이 절하기를 강요할 때에는 결단코 이를 거부하였다. "내가 옥에 들어온 지 6~7년이 되었지만 옥리를 보고 머리 한 번 까딱하여 절한 일이 없다. 나는 위협으로 내 뜻을 변할 사람이 아니다" 하며 거부하였다.

죄수들이 전옥에게 절하는 것은 예의라고 겁박하자(으르대고 협박하자), "내가 너희들에 대하여 절하지 않는 것은 곧 나의 독립운동의 정신을 고수함이다. 대저 절은 경의를 표하는 것인데, 내가 너희들에게 경의를 표해야 할 것이 무엇인가?"[13]라고 반문하면서 끝내 절하기를 거부하였다.

「옥리獄吏에게 절하기를 거절하며」

7년 세월 이미
죄수로 몸져 누웠으나
나의 본 자세를 지킴은
나쁘지 않았어라
머리를 조아리고 무릎을 꿇으라니
어찌 차마 말하랴
분통의 눈물이
창자를 찢는구나.[14]

전옥에게 절하기를 거부하자 극도로 화가 난 전옥은 간수들을 시켜 허용했던 필묵과 서적을 모두 압수하고 병동에서 끄집어 내 잡범들과 같은 좁은 감방으로 보냈다. 예나 이제

13 『국역 심산유고』, 774~775쪽.
14 『김창숙문존』, 19~20쪽.

나 양심수를 일반 잡범의 감방에 넣는 것은 보복성 가중형벌이다.

이 무렵에 대전 형무소에는 안창호와 여운형도 수감되어 있었다. 안창호와는 동지적 관계가 유지되었지만 여운형에게는 좋지 않은 감정이 있었다.

상해 시절 의정원에서는 누차 비밀회의를 열어 국내외에 연락할 방안을 모색하였다. 그때마다 웬일인지 비밀회의 내용이 상해의 일본인이 발행하는 신문에 소상히 보도되었다. 임시정부 요인들은 물론 상해 동포들까지 들고 일어나 의정원 안에 일본의 밀정이 있어 비밀을 누설시키고 있다고 흥분하고, 그 혐의가 여운형에게 집중되었다. 전부터 여운형은 일본 정부에서 특파한 밀정인 공산당원 기요기淸木라는 자와 상종하고 있었기 때문이었다.

이 문제로 의정원 특별회의까지 열어 여운형을 성토하고, 책상을 던지려는 사람까지 생길 정도로 '혐의'가 고조되었다. 나중에 여운형이 일본으로 건너가 조선 독립을 주장하는 등 독립운동을 지속하여 오해가 풀렸지만, 그에 대한 심산의 감정은 여전히 좋지 않았다. 이러한 여운형이 대전 형무소에 갇혀 있다는 소식을 듣게 되었다. 두 사람은 서대문 형무소에서 이감된 것이었다.

반갑다기보다 이렇게 독립운동에 필요한 인물들이 감옥에 갇히게 된 것을 안타까워하고 있을 때 믿기지 않는 이야기를 간수가 전해주었다.

간수가 전해주는 이야기로는 도산이나 몽양은 모두 모범수라고 했다. 그들은 다 같이 옥칙을 잘 지켜 저마다 상장을 탔다고 하며 머지않아 가출옥의 특전을 입게 될 것이라고 전했다. 과연 두 사람은 가출옥의 특전으로 얼마 뒤 출감해 나갔다는 소식이 전해졌다. 심산은 본래 병감에 있어야 할 몸으로 잡범들과 같이 있으니 가출옥이란 상상도 못했으며 또 기대하지도 않았다.[15]

두 사람의 출감을 착잡한 심경으로 지켜보면서 「앵두꽃 핀 창살 옆에 - 안창호와 여운형에게」란 시 한 편을 썼다.

「앵두꽃 핀 창살 옆에 - 안창호와 여운형에게」

앵두꽃 핀 창살 옆에
서리처럼 비치는 달빛
문득 이 광노狂奴
감상感傷을 일으키네

벽 하나 사이에 있는 친구
한 세상이 막힌 것 같으니

---

15 송건호, 앞의 책, 137쪽.

누구를 대하여

이 심회를 기울이리.[16]

    심산에게 있어서 옥살이 중에서도 가장 고통스러운 일은, 계속되는 회유책이었다. 망가질 대로 망가진 육체로서도 조국 광복에 대한 집념은 육신의 아픔에 비례하고, 그럴수록 일제 당국의 회유책은 줄기차게 전개되었다.

---

16 『김창숙문존』, 16쪽.

『일선융화론』 읽고 산산히 찢어

 어느 날 간수가 최남선이 지은 『일선융화론日鮮融和論』이란 책을 들고 와 읽고나서 감상문을 쓰라고 하였다. 책에는 최남선 근래의 이력이 화려하게 나열되어 있었다. 중추원 참의, 총독부 조선사편수위원회위원, 총독부 고적보존회위원 등 다채로왔다.

 심산은 「3·1독립선언서」를 쓴 유능한 학자가 이렇게 타락했는가, 분개하였다. 일본 민족과 조선 민족의 근본이 함께 서백리아 동부에서 발생한 같은 혈통이라는 것과, (그러므로) 문화 계통도 같이 근거한다는 황당한 내용이었다.

 노기가 극에 달한 심산이 책을 비틀어 찢어 간수에게 던지며 "민족을 배반한 반역자의 미친개 짖듯한 이 흉서를 내가 읽을 성싶으냐. 만육萬戮을 한대도 그 죄는 갚을 길이 없을 것이다"라고 호통쳤다. 심산은 이어서 "기미년 「독립선언서」가 남선南善의 손에서 나오지 않았던가? 이런 사람으로 도리어 일본에 붙어 역적으로 되었으니 비록 만 번 죽여도 오히려 죄가 남는다"[17]고 덧붙였다.

그리고 간수에게 필묵을 받아 즉흥시 한 편을 지어 그에게 전하였다.

> 기미년 독립을 선언하던 날
> 의성義聲의 외침이 육주六洲를 진동터니
> 굶주린 개 도리어 원식元植을 위해 짖는도다
> 양의사梁義士의 비수를 들 사람 어찌 다시 없으랴.

간수가 시를 보고 자기는 나이도 어리고 아는 것이 없어 시의 뜻을 모르니 가르쳐 주기를 청하였다. 심산은 매국노 민원식이 의사 양근환에게 피살된 사실을 자세히 설명해주었다. 간수가 깜짝 놀라서 "14년이란 긴 형을 받고도 이렇게 격렬한 말만 하다가 어찌 살아서 옥문을 나갈 수 있겠습니까" 하고 오히려 걱정해주었다.[18]

"군이 나를 위해 걱정해주는 것은 감사하나 나는 화를 겁내는 사람이 아니다. 군은 염려하지 말라"고 오히려 달래주었다.

간수는 심산의 시를 갖고 있다가 화를 입을까 염려하여 찢어버리려 하므로 급히 말렸으나 듣지 않았다. 그리고 아쉬

---

17 『국역 심산유고』, 776쪽.
18 송건호, 앞의 책, 137쪽.

웠던지 수첩을 꺼내 그 시를 기록하고 탄식하며 돌아갔다.

그날 오후에도 간수 서너 명이 연달아 와서 시의 뜻을 묻고, 그 다음날도 수십 명이 찾아오거나 간수의 수첩에 있는 시를 베껴서 심산의 시를 읊고 외웠다. 심산의 우국시는 일제 간수들에게도 큰 감동을 주었던 것이다.

애국의 길은 다양하다. 독립운동가들의 경우도 그랬다. '민족해방'이라는 공통의 목표에는 일치하면서도 그 방법론은 다양했다. 심산이 택한 길은 유학 정신에 바탕하는 의리정신과 행동주의였다. 법정 투쟁이나 옥중 투쟁에서도 이와 같은 정신과 행동은 일관되었다.

심산의 독립운동과 투쟁 정신의 행동주의가 그 바탕을 유학 정신, 곧 의리사상에 두고 있다고 한다면 그의 현실관은 그 앞에 마주 선 현실을 언제나 거듭 부정해 들어가는 데서 찾아볼 수 있다고 하겠다. 왜냐하면 불의와의 조건 없는 대결은 곧 현실 부정의 차원에서만 가능한 것이기 때문이다. 이것이 유학이 현실을 현실로서 용납하지 못하는 자기 한계성이거나, 심산의 경우에 있어서도 현실은 언제나 그대로 용납될 수 없는 것이었다. 이것이 심산을 끝까지 고난의 생애로 마치게 하였거니와 심산이 가지는 인간학적 가치와 의미는 오히려 그곳에 있고 유학 정신의 가치 또한 그곳에서 찾을 수 있다고 하겠다.[19]

심산의 의리사상과 행동주의는 출감 이후에도 태산 같은 기상과 추상 같은 위엄으로 이어졌고, 항일 투쟁은 계속된다.

19 송항룡, 「심산 김창숙」, 『한국인물유학사 4』, 한길사.

제 7 장

7년 만에 석방되어
시작詩作으로 울분 달래

백양사에서 수양

7년간의 옥중 투쟁을 보아도 그렇지만 1934년에 병보석으로 나온 뒤에도 웬만하면 투지가 누그러질 만도 했는데, 더구나 병약한 몸으로, 또 유가 가례를 핑계 삼아 해이해질 법도 했는데, 심산의 고절孤節은 변함이 없었다. 이러한 고고孤高한 절개는 심산 아니고서 달리 찾을 곳이 없다.[1]

투옥 7년째가 되는 1934년 9월 들어 건강이 더욱 악화되었다. 일제는 자칫 옥사하지 않을까 우려하여 형집행 정지로 석방하였다. 1929년 5월에도 병환이 심해져서 8월까지 3개월 동안 보석으로 풀어주었으나 경향 각지에서 찾아오는 사람들의 면면에 위협을 느껴 재수감하였던 터다.

---

1 조동걸, 앞의 책, 92쪽.

만신창이가 된 몸으로 옥문을 나와서 대구병원에 입원하였다. 김재명, 이호진, 김관제 등 제자들이 교대로 수발을 들어 몇 개월이 지나자 몸이 어느 정도 기력을 찾을 수 있게 되었다.

둘째 아들 찬기의 집이 대구 시내에 있어서 그 집으로 옮겨 조섭하였다. 병원비를 감당하기 어려웠기 때문이다. 1935년 봄에 부인과 가족이 함께 대구 남산동에 새 거처를 구하였다. 망명과 옥고 등 고난의 세월 16년 만에 가족이 모이게 되는 모처럼의 기회가 되었다.

하지만 안정된 생활은 여전히 허여되지 않았다. 검사국과 경찰에서 밤낮으로 감시하여 일가 친지들이 문병을 오고 싶어도 화가 두려워 찾아오지 못하였다. 1929년에 병보석으로 잠시 석방되었을 때만 해도 전국에서 지인과 선비들이 찾아왔는데 이번에는 총독정치가 더욱 가혹해지고 감시가 삼엄하여 찾는 이가 거의 없었다.

심산은 1936년 설날 새벽 대구 거처에서 이런 심경을 토로하는 시 한 편을 지었다. 「설날 새벽에」이다.

「설날 새벽에」

십 년 연루燕樓[2]에서
아홉 번 죽을 뻔한 몸이

어떻게 또 이 봄을
맞이하는가.

처는 늙어, 무슨 일로
산중에 가고
아이는 병이 들어
바닷가에 누웠구나.

옛 나라 의관衣冠은
눈물만 남았는데
풍악 소리 요란한 곳
뉘 집이란 말인가.

까막거리는 등불 아래
억지로 술잔을 드니
백 가지 감회에
잠 못 이루네.[3]

　　연금 상태가 오래 지속되면서 감시하는 자들도 힘이 겨웠
다. 그래서 차라리 어느 한적한 곳으로 들어가 정양(몸과 마음
을 안정하여 휴양)하기를 바랐다. 심산은 '창살 없는 감옥'과 같

2　중국의 망명생활을 상징적으로 표현하는 뜻.
3　『김창숙문존』, 17~18쪽.

은 대구의 거처에서 떠나기로 하였다. 1936년 3월 울산 백양사白陽寺로 옮겼다. 동지 손후익과 이재락이 가까운 곳에 있어 서로 의지할 만하기 때문에 택한 백양사 행行이었다.

백양사에서는 차대운 군이 수발을 들었다. 그는 익힌 음식과 술·육식을 하지 않고 수련술을 배우고 있는 청년이었다. 그는 심산이 눕고 일어날 때는 부축해 주고 대소변을 보면 치우기를 5년 동안이나 마다하지 않았다. 그 정성이 아들이나 아우라도 더 잘 할 수 없을 정도의 지극 정성이었다.

백양사의 요양생활은 여러 해 동안 이어졌다. 여전히 검사국 직원과 경찰서 형사들이 감시를 게을리하지 않았지만 산속의 생활은 '여유'가 있었다. 망국 이래 처음으로 갖게 된, 정신적으로 여유 있는 시간이었다.

> 백양사에서 요양을 하는 동안은 '손님을 사절하는' 「사객시謝客詩」를 적벽에 붙여놓고 찾아오는 손님들을 사절하고 정양하면서 한편으로는 틈틈이 시를 쓰게 되었고…[4]

백양사 요양 시기에 많은 시를 썼다. 100수 정도의 애국·우국시를 지었다. 심산의 시는 약 270수가 있다. 스물한 살 때 시를 쓰기 시작한 이래 여든네 살로 세상을 떠날 때까지 60여

---

4 정범진, 「심산의 애국적 저항문학」, 『심산 김창숙의 사상과 행동』, 212쪽.

년 동안 독립운동 시기의 70수, 백양사 요양 시기의 100수, 해
방 이후의 100수 등 270수에 이른다.

심산의 시는 크게 세 가지로 분류된다.

(1) 교우시交友詩 : 회인시會人詩, 증인시贈人詩, 별시別詩,
축시祝詩, 만시輓詩 등 포함.

(2) 감회시感懷詩 : 회고시懷古詩, 친족시, 차운시次韻詩, 자
성시自省詩 등 포함.

(3) 저항시 : 애국시, 우국시, 경계시, 탄세시歎世詩 등 포
함.[5]

심산의 시는 일정한 선을 그어 분류하기가 어렵다. 차운
시 중에 교우적인 것이나 저항적인 것이 있고, 교우시나 감
회시도 마찬가지다. 그의 시는 어떤 유형이든 간에 애국·우
국의 정신이 바탕이다.

심산 선생의 시 가운데는 시종 흔들리지 않는 꿋꿋한
정신적인 바탕과 단심의 애국혼이 일관되어 있음을 보는
데 이러한 정신적인 바탕은 선비 정신에다 두었고, 애국
혼은 민족의 자주독립과 조국의 평화통일을 달성하기 위
한 혁명적 저항으로 승화시키고 있다.

그런데 이 선비 정신이란 대의를 봄이 엄정하고 불의

5 정범진, 앞의 글, 212~213쪽.

와의 타협을 일체 모르며 대쪽같이 곧은 절조로 오로지 정의를 위하고 도통道統(사물의 오묘한 이치를 깨달아서 통함)을 좇아서 시종일관하는 일종의 심리작용이라 하겠는데, 이제 심산 선생의 시를 훑어보건대 초·중·만년을 나눌 것도 없이 모두가 한결같이 대의를 좇아서 이루어지고 있음을 알 수 있고, 또한 시에 담겨진 애국정열이 추호의 동요나 변화도 없다. 이것은 그의 일사분란한 선비 정신과 백절불굴의 투지 속에서 살아온 일평생과 완전히 일치하는 것으로 애국적인 저항성을 잘 견지해 온 것이라고 말할 수 있겠다.[6]

---

[6] 정범진, 앞의 글, 213쪽.

백양사 시절의 우국 시편

    백양사에서 요양하는 동안 1939년 7월에 회갑을 맞았다. 친지들이 술두루미를 차고 와서 회갑잔치를 열자고 졸랐다. 시회詩會를 갖자는 사람들도 있었다. 그러나 지금은 노래하고 즐기는 날이 아니라고 끝내 사양하였다. 가족들에게는 이미 주연을 베풀지 말도록 금해서 가족들은 감히 어기지 못하였다. 이렇게 하여 회갑 날은 허무하게 지나갔다.

    그 대신 여러 편의 시를 지었다. 백양사 시절에 쓴 대표적인 시편을 소개한다.

    「내 어찌 차마 말하랴」[7]

    내 어찌 차마 말하랴
    옛 우리 삼한三韓 나라

눈물이 뿌려질 제
간담도 떨리어라
묻노니 이천만 동포여
무슨 낯이 있기에
좋은 강산江山이라
즐겨 노는가.

눈을 들어 바라보라
거센 파도 몰아쳐
하늘에 맞닿은 것을
구멍난 배에 실려
울부짖는 소리
한창인데

어기여차
배 젓는 일
사공에게 맡기련만.

두렵구나
삿대 잡은 자들
남의 손에 넘겨줄가를.[8]

---

7 하성권이 보내온 시에 화답하는 시.

「단재丹齋를 애도하여」9

1

들으매 그대의 시신屍身을
금주金州의 불로 태웠다 하니
이 땅의 정기 그대와 함께
모두 거두어졌도다
옥루玉樓10의 수문修文11으로
그대는 잘 갔네만
항아리 속에 갇힌
하루살이같이
뒤에 죽는 사람들
이 부끄러움 어찌하랴.

2

들으매 그대 여친旅櫬12이
청주淸州로 돌아왔는데
오직 한 줌 재로
수구首邱에 묻혔도다

<hr />

8 『김창숙문존』, 16~17쪽.
9 단재 신채호가 뤼순 감옥에서 순국하여 청주 고향에 장사 지낸 소식을 듣고.
10 천상의 옥황상제가 있는 곳의 집 이름.
11 천상 옥경玉京에서 문한을 담당하는 벼슬.
12 객지에서 사망하여 고향으로 돌아오는 영구.

묻노니 그대의 혼백도

따라 돌아왔는가

그대는 아마 앞서 간

보로博老[13]를 따라 놀겠지.[14]

「꿈에 지은 시」[15]

장군의 사당

대숲 사이에

무슨 일로 서생書生이

잔 들고 통곡하는가

바다에 맹세하고

산에 맹세함이[16]

어느 곳이던고

동쪽의 고래는

날마다 하늘 높이

13 보로 이상설이 노령 연해주에서 사망할 때 동지들에게 화장을 부탁한 것을
단재의 화장에 결부시킨 것.

14 『김창숙문존』, 18~19쪽.

15 1936년 10월 밤 꿈에 김진우 군과 해변의 어느 대숲속에 이르러 옛 사당을
배알했는데, 이 충무공 사당이었다. 사당 앞에 술잔을 부어놓고 통곡하고
이 시를 읊었다.

16 충무공의 시에 "바다에 맹세하니 고기와 용이 움직이고 산에 맹세하니 풀과
나무도 안다"는 글귀가 있다.

물결을 뿜는데.[17]

「도산島山이 찾아와서」[18]

어제 단재丹齋의 혼을
통곡해 보냈더니
오늘 뜻밖에 도산이 찾아왔네
넘어질 듯 부여안고
말문을 열지 못하는데
눈물만 비 오듯
입술을 적시네
심은후沈隱候[19]의 송별시를
다시 외우며
짐짓 손을 잡고
떠나지를 못하네.[20]

17 『김창숙문존』, 22~23쪽.
18 도산 안창호가 백양사를 찾아온 것 같다. 그러나 심산의 『자서전』에는 언제
방문했는지 구체적인 기록이 없다.
19 송宋나라 사람. 늙은 친구를 이별하면서 시를 지어 회포를 말한 고사.
20 『김창숙문존』, 19쪽.

「밤에 앉아」21

높게 솟은 저 성산星山
뾰죽한 칠봉七峰
그 곳의 우리 밭은
누가 갈거나
아, 돌아가고 싶은 마음
펼 길 없어라

높게 솟은 저 성산
창창蒼蒼한 사월沙月
뽕나무와 가래나무22

누구 있어
정성껏 보살피리
아, 돌아가고 싶은 마음
미칠 듯해라.

높게 솟은 저 성산
쭈뼛한 동강東岡23

21 1937년 2월 9일 돌아가신 아버님의 제삿날 밤에 고향을 생각하며 지은 시.
22 뽕나무와 가래나무를 부조父祖가 심은 것이라 하여 공경한다는 고사.
23 산 이름, 심산의 선조 김우현의 호. 동강은 이를 취한 것이다.

그 누대樓臺
누가 살며
문을 열건가
아, 돌아가고 싶은 마음
걷잡을 수 없어라.

높게 솟은 저 성산
희맑은 청천晴川[24]

그 사당은 누구 있어
지키고 제사하리
아, 돌아가고 싶은 마음
안타까워라.

높게 솟은 저 성산
물 부딪는 하강下岡[25]

샘과 바위 누구 있어
굽어보며 올라가리
아, 돌아가고 싶은 마음
조이는 듯해라.

24 동강을 제향하는 청천서원이 있는 곳.
25 산 이름, 심산의 부친 김호림의 호. 하강은 이를 취한 것.

높게 솟은 저 성산
험준한 직현直峴
소나무와 잣나무
누구 있어 손질하리
아, 돌아가고 싶은 마음
찌르는 듯해라.[26]

「넋이여 돌아오라」

─일송一松 초혼사招魂辭

제산鯷山은 우뚝 솟고
제수鯷水는 깊어
그 정기正氣 모인 곳에
님이 나시니
아, 정기야 길이 남아
쓰러질 줄이.

넋이여 돌아오라
춤을 추면서
요동遼東이라 누런 티끌

<hr>

26 『김창숙문존』, 22~24쪽.

검은 바람에
더욱 더 청청靑靑하던
일송一松의 모습
아, 그 일송마저 이제
넘어졌나니
넋이여 돌아오라
애처럽기도.

북경北京의 루樓 차갑고
저자 어둔데
문천상文天祥[27] 가고 나니
북풍에 비릿내 풍겨
아, 하늘도 취하여서
안 깨는 기색
넋이여 돌아오라
머물지 말고.

신계神溪는 목메이고
한수韓水 슬픈데
한 치의 땅

<hr>

27 중국 송나라 말기에 몽골의 침략에 끝까지 저항하여 나라를 회복하려 하다
가 몽골에 잡혀 온갖 회유를 뿌리치고 의롭게 죽었다. 독립운동을 하다가
왜경에게 잡혀 옥사한 일송(김동삼)을 문천상에게 비유한 것임.

묻을 곳 없어
다비茶毘에 부치다니
아, 나라 찾을 그날
다가오리니
넋이여 돌아오라
주저치 말고.[28]

「그대 무덤 위에」

－정내익鄭乃益[29]을 추도하여

1

뜨건 피 끓이며
나라 일 통곡하던 날
장한 포부 대붕大鵬은
펄펄 날아
바람을 타고
요동遼東 땅 만리 하늘을
가로질러 끓었다네.

28 『김창숙문존』, 24~26쪽.
29 이름은 수기, 북경대학 재학중에 심산을 따라 독립운동에 헌신한 사람.

2

금대金坮³⁰에서 만난 때가
도리켜 생각나네
보고 또 보아도
옥玉이라 빛이 났네
늙은이는 타산석他山石
사양치 않아
마침내 그대 큰 그릇 되어감을
마냥 기뻐했다네.

3

세한송백歲寒松柏³¹ 먼 기약
마음으로 허여許與함
더욱 깊었고
오랠수록 견고하여
진실로 쇠를 끊었네³²

나는 아노라
그대의 일편단심
물과 불로도 녹일 수 없었음을.

▒▒▒ **30** 북경 조양문朝陽門 밖에 있는 대.
31 시련을 견디어 내는 절의를 뜻함.
32 두 사람 사이의 견고한 우정 관계를 뜻함.

4

달성達城[33] 감옥에

갇힌 선비

구름처럼 많아도

모두들 그대를

우러렀다네

하늘서 내려온

무양巫陽[34]의 부름은

무슨 연유로 이리도 빨라

부질없이 이 몹쓸 앉은뱅이

거친 울음 한단 말가.

5

그대 운명할 적에

눈을 감지 않았다 하니

영특한 혼魂

적막히 무덤에서 울겠네

무덤 위에 홀연히

긴 무지개 일어나니

이 바로 그대의

열렬烈烈한 정기이리.[35]

---

33 심산이 대구 감옥에 와 있을 때 정수기도 투옥되었다.
34 옛 전설속의 신의神醫의 이름.

「세한송백歲寒松柏」

－배자선裵子善 만사

관음산觀音山 바라보며
소나무 계수나무
사이를 찾아가니
산山 사람이 앞에 나와
말을 거네
이 속에 숨어 사는
선비 하나 있으니
스스로 좋아하여
칠십이 되었다오
더럽혀지지 않기
바로 처녀라
집에는 강호江戶의
책력이 없고
손에는 신시神市의
역사가 있다오.

산문山門을 두드리니
맑은 바람이 일었네

35 『김창숙문존』, 26~28쪽.

높직한 갓 쓰시고
마루를 바삐 내려
반기시던 그 어른
굳이 붙들어
당신의 거처에 묵게 하시고
닭 잡아 접대하는 정성
의리 어찌 그리 높으신가.

도망다니는 이 몸
믿을 곳 있어
정녕 기뻤네
밝게 비친 두 사람의 마음
활연히 눈을 마주하고
정녕丁寧한
세한송백의 그 기약
범상한 사람이
어찌 알까
생각하면 어제 일처럼
그 말씀 아직도
귓가에 쟁쟁한데
알 수 없는 것은 사람의 일
거룩하신 그 덕의德義
이제 볼 길이 없으니

서쪽 바람에
만萬 줄기 눈물
관천觀川 물가에 뿌려지네.[36] [37]

「하늘은 거칠고」
－이성소李聖少[38] 만사

추위를 견딘 열 길 잣나무
퇴계수退溪水 가에 높직하더니
어느 저녁 하늘
바람이 사나워
제일 윗가지를
부러뜨렸네.

어제는 일송一松[39]을 울었고
오늘 아침엔 성조聖少를 우니

<hr />

36 1925년에 고국으로 잠입해 들어와 공公의 집에 십여 일을 머물렀다. 그때
공에게 시 한마디를 지어드렸는데 그 시에 "예전에 행로난行路難을 들었더
니 지금 보니 길이 칠흙 같군요. 우연히 관음사에 올라 활연히 밝은 달을 맞
았나이다"라는 한 구절이 있었다. 그래서 그때의 사실까지 아울러 서술해
언급했다.

37 『김창숙문존』, 28~30쪽.

38 이름은 태원, 안동 사람으로 퇴계의 후손.

39 김동삼의 호.

참다운 벗
먼저 보내는 내 울음
하늘은 거칠고
땅도 늙는구나.[40]

「밤을 새우며」
－이동하李東廈와 함께

답답한 나그네 시름
스스로 눅이지 못하는데
아내와 자식들은
헛되이 한유閑遊한다
또 불평이네.

뗏목 타고 해외海外로 떠날 것[41]

아직도 생각하건만
어찌 기약했으랴
병 앓으면 구름 사이에

40 『김창숙문존』, 33~34쪽.
41 『논어』에서 공자가 "도가 행해지지 않는지라 뗏목을 타고 바다를 떠간다면
나를 따를 자는 유由일 것이다"라고 했다.

누울 줄을
해歲 저물어 간
깊은 산엔
잔나비만 홀로 우는데
바람 많은 높은 나무에
어떻게 새가 돌아왔느냐.

서로 만나 의기意氣로
밤을 새우며
깊은 술잔 정겨운 대화
낮을 한번 풀어 보세.[42]

「원단元旦」[43]

하늘가에 떨어져
죽지 못한 몸
어느덧 세 번
백양사白楊寺의 봄을 보네.

북녘 땅 서울에는

42 『김창숙문존』, 34~35쪽.
43 1938년 설날 아침.

뭇 귀신이 울고
남쪽 시골 풍습은
큰 나자儺者가 성을 내네[44]

묻노니 너 앉은뱅이여[45]

당堂에 처박혀 길이 누운
앉은뱅이여
시동尸童도 아니고 부처佛도 아닌
너는 무엇을 하는 게냐.[46]

「꿈은 심양瀋陽으로」

1

긴 밤 고적하게
잠 못이루고 앉아
지난 일 생각하니
창자가 끊어지는 것 같네.

---

44 나자는 악귀를 쫓는 구실을 하는 방상씨方相氏, 경상도 지방의 정초 민속의
하나.
45 모진 고문과 심한 옥살이 끝에 다리를 못쓰게 되자 앉은뱅이 늙은이라 자
호함.
46 『김창숙문존』, 35~36쪽.

아무리 이마 위에
쇠바퀴가 굴러도
한 숨이 붙어 있으면
어찌 나의 마음 꺾일까.

2

머리털은 모자라지기만 하는데
마음은 어찌 길어지는가
꿈은 때때로
심양瀋陽으로 가네.

씩씩하게 싸우는 여러 동지들
탈 없이 지내는가
부질없는 이 앉은뱅이
홀로 방황하기만 하네.

3

세계는 어둡고 어두워
지금 한밤중인데
짐승 울고 귀신 휘파람 불어
사람을 놀라게 하네.

옭죄고 움츠러진 하늘 땅 사이

이몸 장차 어디로 돌아갈고
귀가 있어도 귀머거리 되고
입이 있어도 벙어리 되었네.

4

나그네 등잔불 아래
애꿎은 가을비 소리
한스럽다. 이 세월
가기를 재촉하네

말 부쳐 보내노니
유유히 지내면서 스스로 그르친 사람들
일생의 값진 노력
때 놓치지 말게나.[47]

「꾀꼬리는 벙어리가 되고」
―박선경朴善卿의 방문을 받고

쓸쓸한 산방山房에
병들어 누웠는데

47 『김창숙문존』, 36~68쪽.

옛 벗을 반기는 청안靑眼⁴⁸

문득 빛이 나네.

즐겁다. 이 술잔에
나물을 씹는 낙이여
이 험난한 세상
만나기조차 어렵구나
나무 끝 잠잔 이슬에
꾀꼬리는 벙어리가 되고
하늘 끝나는 수레에
고니만 홀로 돌아오네.

십 리 송정松亭에
바람이 울리는데
해가 추우니
이제 서로 의지해 지나세.⁴⁹

48 뜻에 맞는 사람을 반갑게 대하는 눈빛.

「손덕부孫德夫[50]를 기다리며」

풍월담風月潭에 비가
이미 지나갔는데[51]

해인사海印寺에 도롱이가
어이 그리 더딘가.[52]

서쪽을 바라보매
발자취 소리 없으니
병든 사람의 눈에
눈물이 어리네.[53]

「나의 꿈이 뒤숭숭하여」[54]

나의 꿈이 뒤숭숭하여

팔방이 어두운데
두억시니夜叉 귀신의 한가지.

뿔난 개들
다투어 소리지르네
다만 보이는 건 뿌우연 먼지
하늘에 차오르고
그 가운데 칼산刀山이
눈앞에 가파르다
홀로 서서 갈팡질팡
동서東西가 어디인지
이 내 마음 짓찧이는 듯
게다가 주린 호랑이
길 가운데 버텨 있으니
범 잘 치는 풍부馮婦[55]도
대들기가 어렵구나
열 걸음에 아홉 번
넘어졌다 다시 일어나며
맵고 시고 쓰고 잔 것들
남김없이 다 겪었다.

54 곽종석의 「몽요요시夢搖搖詩」에 차운하여 금강산인에게 부치고 겸하여 종
남청년終南靑年에게도 보인다.
55 범을 잡는 사람.

숨이 하늘에 닿아
궁궐 아래 이르니
큰물이 한창
뚝을 무너뜨리고 넘쳐흐른다.
큰물을 막을 방책은 없고
내 몸을 가로놓아 뉘었네
허지만 이 작은 몸으로야
무너지는 물결을 어이 줄이리오.
한恨 되는 것은
신우神禹의 도끼로[56]

용문산龍門山[57]에 올라가
통쾌하게 산을 자르지 못한 것.
가슴을 치며 탄식하다
이어서 통곡하니
깊은 밤은 멀고멀어
정히 어둡고 캄캄하다.
이때 유래 모를 밝은 달
홀연히 품속에 들어오니
웬 사람이 크게 소리치며
달려와 손을 잡네.

---

56 우임금이 9년 홍수 때 도끼로 산을 잘라 물길을 내었다 한다.
57 우임금이 도끼로 끊어냈다는 산.

부여안고 기뻐 뛰며
내닫는 앞길에
바른 법도法道 잃지 말자
다짐하였네
함께 삿대를 잡고
어기여차 배 저어
잠깐 사이 저쪽 언덕에 닿아
큰배에서 내리니
언덕 위엔 환호와 박수
돌아보니 동쪽 난간欄干에
아침 해가 올라오네.[58]

「나의 뼈를 어디에」

나의 병은 어찌
그리 고질인가
나의 목숨은 어찌
그리 끈질긴가
살자 하니, 뗏목을 타고
떠나갈 바다도 없구나

---

58 『김창숙문존』, 31~33쪽.

죽자 하니, 묻혀질

산도 하나 없구나

내 죽거든 나의 뼈를

티끌 세상에 두지 말고

한 횃불로 태워

모진 바람에 날려

푸른 물에 부치라

내 살아서 부처와

아무 관계 없었거니

내 죽어 어찌

왜놈의 풍속 좇으랴만[59]

보재溥齋와 일송一松을 따라

표연히 두 세계 사이에

노닐고 싶어서일세.[60] [61]

59 불교에서는 화장을 하는데 왜놈의 풍속도 다 화장인 까닭에 하는 말이다.
60 보제 이상설과 일송 김동삼은 모두 화장했기에 하는 말.
61 『김창숙문존』, 39~40쪽.

「패강浿江 서풍西風」

−도산島山 안창호安昌浩 만사

한스럽다. 관서關西 오백 년
숱한 호걸들이
어둠 속에서 울었구나
풍운風雲이 때마침
기남자奇男子를 보내니
팔도八道의 아이들도
큰 이름 외고 있네.

사직社稷이 망할 즈음
왜인倭人들 교만 떨자
조각배로 하와이에 피를 토했다
나라를 건지자면
흥사興士해야 한다고
높은 단壇에서 우이牛耳를 잡고
분분한 지저귐을 진압했거니[62]

기미己未 3월에
일만 우레가 터지자

---

62 안창호가 미국으로 건너가 동지들과 함께 광복을 도모하면서 흥사단을 창
립한 것을 뜻함.

못 웅크리고 있던 사람들
자결自決 소리에 놀랐네
상해上海에서 크게 모여
영수領袖로 추대하니
일시一時의 여망輿望
님에게로 모였도다.⁶³

풍상風霜에 자빠지고
엎어진 지 십여 년
그대의 수염 나의 머리털
흰 빛이 어지러웠지
마침내 원수의 손에 떨어져
같이 남관南冠 쓰고⁶⁴
눈물이 옷깃에 가득하였네⁶⁵

지난 해 남쪽으로
나를 찾아 위로할 적에⁶⁶

손을 잡고 말 없이

63 상해에 임시정부를 수립할 때 안창호를 노동총장을 삼았다.
64 감옥에 갇힘을 말함.
65 안창호와 상해 · 북경에서 같이 고생하고 그 후 다시 대전 옥중에서 수인생
활을 한 것을 뜻함.
66 안창호가 달성 병상으로 찾아왔다.

눈물만 흘리었지
주름처럼 겹겹한 속마음을
다 내풀지 못하고
갈림길에 다달아
헤어지기 차마 어려워
아, 어려워했지
나라의 원수 갚지 못하고
대유岱遊[67]의 길 바삐 떠나니
패강浿江 서풍西風에
골목마다 울음이 슬프건만
영남의 병든 부로俘虜는
끈질겨 죽지 아니하네
몸을 백百으로 해도
속贖하기 어려운데
아, 이 회포 어이 할거나.[68]

67 사거死去를 뜻함.
68 『김창숙문존』, 40~42쪽.

「중양일重陽日에」

－한용운韓龍雲에게 전하여 보냄

우습다. 가짜 연명淵明이
국화菊花 철에 병들어 누웠구나
율리栗里[69]는 어디메냐
부질없이 술주시術酒詩[70]만 읊는구나.

우습다. 가짜 천상天祥이
절식絶食하기 몇 번인가.
시시柴市[71]가 어디메냐
부질없이 정기시正氣詩[72]만 읊는구나.

우습다. 가짜 휘원輝遠[73]이
할복割腹할 때를 멀리 기다리네
모리某里[74]가 어디메냐
부질없이 화엽시花葉詩[75]만 읊는구나.

69 도연명이 살았던 마을.
70 도연명이 지은 시.
71 문천상이 죽은 곳.
72 문천상이 지은 시.
73 동계桐溪 정온鄭蘊의 자字.
74 경남 거창에 있는 동계의 은둔지.
75 동계가 지은 시.

우습다. 가짜 여해汝諧[76]가
백면白面으로
시대를 아파하네
거북선은 어데 두고
부질없이 서해시誓海詩[77]만 읊는구나.

우습다. 가짜 열경悅卿[78]이
산방山房에 홀로 앉았네
풍악楓嶽은 어디메냐
부질없이 표염시表髥詩만 읊는구나.[79]

「자조自嘲」

조국이 없으니
무슨 낙으로 살며
집이 없으니
죽어 어디로 돌아가나
무슨 일로
주리면 밥을 찾고

---

76 이순신의 자.
77 이충무공이 지은 시.
78 김시습의 자.
79 『김창숙문존』, 43~44쪽.

무슨 마음으로
추우면 옷을 구하는가
사도 죽도 못하는 몸
웃다가 또 탄식하노라.[80]

「해후邂逅」

―이정기李定基 군에게

뽕나무 밭이
푸른 바다가 되는
세상 일 참으로 많은데
해후邂逅하여 서로 이끎이
우연은 아니구나
석 자 거문고三尺琴 속
천고千古의 뜻 깊고 깊어
다른 사람 알기를
허락치 않는다네.[81]

80 『김창숙문존』, 44쪽.
81 『김창숙문존』, 45쪽.

제 8 장

암흑기에 외롭게 지킨 고절

거대 감옥으로 변한 조선 천지

　심산이 긴 옥고를 치르고 출감하여 요양하고 있을 때에 일제의 폭압 통치는 갈수록 그 마성을 더해 가고 있었다. 지배체제는 더욱 강화되고 조선 민중에 대한 수탈과 분열책동은 더욱 교활해졌다. 영구 지배를 위한 황민화 정책도 치밀하게 진행되었다. 반면 독립운동 진영에서는 일제의 추적과 주변 정세의 변화 그리고 내부 분열 등으로 점점 쇠퇴의 기미를 보이게 되었다. 하지만 만주 지역에서는 여전히 강력한 항일 무장 투쟁이 전개되고 있었다.

　망명지에서 심산과 각별한 사이로 항일 투쟁을 전개하던 신채호가 1936년 2월 21일 뤼순 감옥에서 8년 옥고 끝에 끝내 숨을 거두었다. 같은 해 5월 만주에서는 재만 한인 광복회가 결성되어 이 지역 항일 투쟁의 불씨가 꺼지지 않음을 보여주었다. 만주 무송현에서 오성륜吳成崙, 이상준李相俊, 엄수명嚴洙明 등이 그해 2월 만주에서 열린 조선항일유격대 간부회의에서 반일 통일전선체의 결성을 결정한 데 따라 재만 한인 조국광복회를 결성하였다.

1937년 6월 4일 백두산 근처 혜산 보천보普天堡에서 동북항일연군 유격대원 80여 명이 국내 진공 작전을 벌여 경찰 주재소·면사무소를 비롯하여 일제 통치 기구를 파괴하였다. 6월 30일에는 뒤쫓아온 일본군을 장백현 간삼봉에서 크게 물리쳤다.

그해 8월 중일전쟁을 계기로 임시정부 계열의 한국국민당(김구·이동녕), 한국독립당(조소앙), 조선혁명당(이청천) 등과 미국에 있는 독립운동 5개 단체가 연합하여 한국광복진선韓國光復陣線(한국광복운동단체연합회)을 결성하였다. 효율적인 항일 투쟁을 전개하려는 의지의 결실이었다. 사회주의 계열에서는 11월 한구漢口에서 조선민족전선연맹을 결성하였다.

중국을 침략하여 중일전쟁을 일으킨 일제는 조선을 병참 기지화하면서 황민화 작업에 수단과 방법을 가리지 않았다. 조선총독부는 1937년 10월 1일을 기해 「황국신민서사皇國臣民誓詞」라는 것을 제정한 데 이어 '황국신민체조'를 만들어 시행을 강요하였다.

「황국신민서사」는 교학쇄신과 국민 정신 함양을 명분으로 학교뿐 아니라 관공서·은행·회사·공장·상점을 비롯한 모든 직장의 조회와 각종 집회 의식에서 낭송이 강요되었다. 아동용과 중등학교 이상의 학생·일반용의 두 종류가 있었다.

1938년 2월 26일에는 「조선육군특별지원병령」을 공포하여 조선의 청소년을 전쟁터의 총알받이로 끌어들이기 시작했다. 중일전쟁을 도발한 일제는 이 지원병령을 만들어 '지원'이라는 구실 아래 수십 만 명의 조선 청소년을 전쟁으로 끌어갔다. 1938년 4월 3일부터 징병제 실시 전년인 1943년까지 시행되어 이른바 '지원자'가 80만 명에 이르렀다. 어디까지나 강압과 협박에 따른 지원이었다. 총독부는 이들 중 '심사'를 거쳐 2만 3000여 명을 군대로 끌어갔다.

같은 해 3월 10일 안창호가 사망하고, 3월 31일에는 평양의 숭의·숭실학교가 신사참배를 거부하다가 폐교되었다. 4월부터 총독부는 모든 학교에서 조선어 교육을 폐지시키고 일본어를 사용토록 강요하였다. 한민족의 혼과 정신을 말살시키려는 일제의 광기는 날이 갈수록 더해 갔다. 7월에는 '국민정신총동원조선연맹'을 조직하여 중학생들에게까지 매일 여섯 시간씩 '근로보국'을 하도록 강요하고 산하 공무원과 교직원 12만 명에게 제복 착용을 지시하여 공직자들을 군국주의 첨병으로 몰아갔다.

일제는 1930년대 초부터 군수산업체 등에 값싸게 조선인을 부려먹을 목적으로 북부 공업 지대로 남부 지역 노동자의 이민을 강제하는 한편, 노동력의 해외 이동을 금지하는 등 노동력을 통제하였다. 1938년 「국가총동원법」을 공포한 데 이어 1939년 1월에는 「국민직업능력신고령」을 비롯한 노무 관계 법령을 계속 만들어 통제를 강화하였다. 1939년 10월 1일 실시한 「국민징용령」은 모집·징용·보국대·근로

동원·정신대 등의 간판 아래 행해진 노동력의 강제 수탈을 뒷받침하기 위해 만든 것이었다. 같은 해 10월 9일부터 실시한 「백미취체규칙白米取締規則」은 7분도 이하 백미의 판매를 금지하고 12월부터는 정백미의 도정搗精을 단속하였다.

총독부가 급조한 어용단체 '국민정신총동원조선연맹'은 해가 갈수록 폭압성이 더하여 최말단 행정 단위인 리里까지 하부 조직을 결성하고, 관공서·회사·학교·상점을 비롯하여 기생들까지 직능연맹을 조직케하여 종횡으로 조직망을 구축하였다. 조선연맹은 민간인 10가구 정도를 '애국반'으로 묶어 상호 감시체제를 만들었는데, 1939년 5월에는 한반도에 사는 모든 사람을 애국반원으로 묶었다. 애국반원은 날마다 한 시간씩 일을 더하고 저축을 하여 전시체제를 뒷받침하라고 몰아세우는 한편, 매월 1일을 애국일로 정하여 신사참배와 근로봉사를 강요하였다.

조선 땅은 거대한 감옥이 되고 조선인은 소수의 친일파·매국노를 제외하고는 모두 죄인이고 노예 신세로 전락하였다. 국민학생들까지 '근로동원'이라는 구실 아래 군사시설 공사장으로 몰아넣었다.

독립운동 진영은 1937년 11월 중국에서 김원봉의 조선혁명당이 조선민족해방운동자동맹·조선혁명자연맹과 함께 조선민족전선연맹을 결성하여 항일 투쟁의 전선을 확대하고, 1938년 10월 10일 민족전선연맹의 산하 군사조직으로 조선의용대를 결성하였다. 그러나 독립운동 진영의 활동은 갈수록 위축되어 갔다.

1940년 2월 11일 총독부는 창씨개명을 감행하였다. 내선일체를 이루고 조선인이 받는 불이익을 없애주기 위한다는 허무맹랑한 명분을 내걸었다. 하지만 일본인과 구별을 위해 본래의 성과 본관을 호적에 표시하고 본적지를 옮기는 것을 금지시켰다.

일제의 창씨개명 지시에도 불구하고 창씨한 사람이 소수의 친일파 외에는 거의 없었다. 다급해진 총독부는 경찰과 관공서를 동원하여 창씨를 강요하여 면사무소에서 마음대로 이름을 바꾸기도 하였다. 마감일인 1941년 8월 10일 이후에도 창씨개명은 계속되어 이해 말까지 81.5퍼센트가 창씨를 하기에 이르렀다.

창씨개명을 하지 않는 사람의 자녀는 학교에 입학할 수 없었고, 학교에 다니던 아동들도 교사로부터 학대를 받아야 했다. 취직도 할 수 없었고, 직장에 다니던 경우에는 해고 대상자가 되었다. 행정기관은 민원 사무를 취급해 주지 않았으며, 노무징용 우선 대상자가 되었다. 식량을 비롯한 배급에서 제외되는 것은 물론, 철도 수송화물도 조선인의 이름으로 쓰여진 것은 취급하지 않았다.

창씨개명을 거부하며 자결한 사람도 있었고, 이 제도를 비방하다가 구속된 사람도 많았다. 한민족의 가계와 뿌리까지 뽑고자 시행한 창씨개명은 한국인에게는 어떤 시책보다 감당하기 어려운 정신적 좌절과 황폐성을 가져왔다.

어머님 묘소 앞에서 3년 추상

1939년 4월 어느 날 한인 형사가 백양사로 찾아왔다. "이제 감시가 완화됐으니 집에 돌아가 수양해도 무방할 줄 안다"고 귀가할 것을 종용하였다. 저들 눈에도 병들고 늙어가는 심산을 풀어줘도 무방할 것으로 보였던 것이다.

5년 만에 아들의 집으로 돌아왔다. 먼저 돌아가신 어머님의 산소를 찾았다. 중국 망명 시절인 1920년 정월에 어머님의 별세 소식을 듣고도 장례식에 참석하지 못한 처지였다. 군자금을 마련하고자 고국에 잠입하였을 때는 왜경의 눈을 피하느라 산소도 찾지 못하였다. 귀국해서는 감옥살이와 외딴 사찰의 유배생활로 이제야 찾게 된 것이다.

어머님 산소 앞에 엎드려 성묘를 하고 글을 지어 올렸다. 해외에 망명하여 제때에 분상하지 못했던 연유를 고하고 바로 태복稅服을 입고 시묘생활을 통해 그립고 슬픈 정을 실천하기로 하였다.

이는 고례에 뚜렷한 근거가 없기 때문에 사람들이 더러 절도節度 없는 행동이라고 비난도 했지만 세상에 혹 나의 비정상적인 사정을 안타깝게 여겨 본 뜻을 이해하고 허물을 용서해주는 분도 있을 것인가.[1]

어머님 산소 앞에 무릎을 꿇고 통곡하였다. 어머님의 훈도를 받아 '사람'의 길을 찾게 된 심산이었다. 개명유학자의 노선을 취하였지만 유학 정신으로 성장한 유림이었다. 효제孝悌를 최고의 가치로 삼아온 심산에게 어머님 산소 앞에 선 감회와 불효는 남다를 수밖에 없었다. 그는 어머님 무덤 앞에서 심산 문학의 백미를 이루는 내용의 묘문墓文을 지어 올렸다.

「고선비묘문告先妣墓文」

아, 슬픕니다. 소자의 불효한 죄는 천지에 용납하기 어렵습니다. 어머님께서 혼령이 있으시면 자식이 있다고 말씀하시겠습니까? 처음 어머님께서 별세하셔서 반함飯含(염할 때 죽은 사람의 입속에 구슬과 쌀을 물리는 일)—장사葬事, 우제虞祭(장사를 지낸 뒤 첫 번째, 두 번째, 세 번째 지내는 제사를 아울러 이르는 말) 때에는 소자가 먼 타국에 망명하여 나중에야 들어서 알게 되었고 부제祔祭(삼년상을 마친 뒤에 신주를 그 조상의 신주 곁에 모실 때 지내는 제사), 대소상大小祥 (죽은 지 한 돌, 두 돌 만에 지내는 제사), 담사禫祀(대상을 치른 다음다음 달에 지내는 제사) 때에는 붙들릴 것을 두려워하며 달려오지 못했습니다.

필경은 포로가 되어서 모질게도 죽지 아니했아오나 죽어도 부끄러움이 사라질 수 없습니다. 무슨 면목으로 지금 와서 무덤 앞에 엎드려 감히 사정私情을 말씀드리겠습니까.

아! 참으로 슬픕니다. 기미년 근일 때 소자가 유림의 사명을 받들고 해외로 떠나려 할 때 어머님께서 심히 늙으셨고 또 모시고 봉양할 만한 형제가 없으므로 저는 여러 날을 주저했습니다. 중대한 의논은 이미 정하여졌고 촉박하므로 부득이하여 말씀드렸더니 어머님께서는 개연히 명령하셨습니다.

"내가 이미 나라일에 몸을 허락하였으니 늙은 어미를 생각하지 말고 힘쓰라" 하셨습니다. 그때 어머님께서는 문에 기대어서서 "네가 지금 천하일을 경영하면서 어찌 가정을 잊지 못하느냐"라고 단호히 꾸짖으셨습니다. 우리 어머님께서 지극히 인자하시나 사정에 구애되지 않으시고 의리로 결단하셨으니 소자가 비록 몽매하여 이룬 것이 없이 헛되이 보냈으나 감히 어머님의 교훈을 어찌 한

---

1 『자서전』 中, 『심산문존』, 320쪽.

시인들 잊겠습니까. 이른 아침부터 밤 늦게까지 힘써 소생을 더럽히지 않을 것을 항상 생각하여 왔습니다.(중략)

들자오니 어머님께서는 운명하실 즈음에 정신이 오히려 어지럽지 않으시어 조금도 죽음을 슬퍼하는 말씀이 없었고 오직 소자를 보지 못하는 지극한 한으로 "창숙아!" 세 번을 부르시고는 흐느끼며 운명하셨다 합니다. 아! 너무도 슬픕니다. 소자가 지금 피눈물로 울며 무덤 아래서 뒹굴고 있는데 어째서 어머님은 한 번도 창숙을 부르시지도, 불효한 죄를 책하시지도 않습니까? 처음에 소자가 해외로 갈 때에 어머님께서 의연히 대의로 가르치시고 기대하신 것이 과연 어떠하였는데 소자는 궤도를 잃고 낭패를 거듭하여 흰머리로 포로가 되었습니다.

나라를 구하는 데 보탬이 없고 한갓 불효의 지경에 빠지었으니 오늘 무덤 앞에 고할 말씀이 없을 뿐 아니라 죽어서 또 무슨 면목으로 뻔뻔하게 지하에 돌아가 모시겠습니까? 혹시 지하도 양계陽界와 같다면 소자가 잠깐이라도 곁을 떠나지 않고 마음껏 봉양하고 부지런히 복사服事하여 이승의 불효한 죄를 만분의 일이라도 속치할까 합니다. 아! 슬픕니다.[2]

심산은 1941년부터 어머님 묘소 앞에 묘막을 짓고 3년 상

2 「어머님 무덤 앞에 고하는 글」, 『김창숙문존』, 156~157쪽.

을 추복追服하다가 1943년 8월 고향 사월리로 돌아왔다.

원문이 「고선비묘문」인 이 글은 "심산의 사가私家에 있어서 일생의 가장 비통한 심경을 고백한 글로써 지정至情에 무문無文이라 했지만 그의 꾸밈없는 충정의 하소연은 자연히 명문으로 이루어지게 된" 글이다.[3]

━━ 3 이우성, 앞의 글, 「심산의 유학사상과 행동주의」, 16쪽.

창씨개명 거부하며 저항

1941년 12월 8일 새벽 3시 일본군은 하와이 진주만을 기습 공격하여 미국과 전쟁을 벌였다. 같은 날 미국과 영국은 즉각 대일본 선전포고를 하고 중국 국민당 정부도 일본·독일·이탈리아에 선전포고하고, 12월 11일 독일과 이탈리아가 대미국 선전포고를 하여 제2차 세계대전이 발발하였다.

중경에 있는 대한민국 임시정부도 지체 없이 12월 9일 대일 선전포고를 하고, 재미한족연합위원회는 재미한인의「전시국방복무요령」을 발표하였다. 중경의 한국독립당은「태평양대전에 임하여 동지 동포에게 고하는 격문」을 발표하여 대일전에 나설 것을 격려하였다. 또 한국광복군 총사령부는 각 지대를 편성하여 임전 태세 강화에 나섰다.

일제는 중일전쟁에 이어 태평양전쟁을 도발하여 제국주의 침략 야욕을 본격적으로 드러내었다. 조선에 대한 식민통치도 강도를 더하여 인력과 물자 수탈이 극한점에 이르고,

조선인의 성명을 일본식으로 창씨하라는 전무후무한 폭압 정책이 감행되었다.

일본 사람은 씨氏는 있지만 성이 없다. 그러므로 조선인에게 성을 버리고 씨를 짓게 하여 일본인으로 동화시키려는 것이었다. 이른바 내선일체, 황민화의 구실 아래 창씨개명이 강행되었다.

폭압 통치의 상징인 총독 미나미南太郎는 1940년 창씨개명의 명령을 내렸다. 유림의 명망 있는 인물들인 김동진, 송준필과 같은 이들이 가장 먼저 창씨개명을 하여 총독정치에 적극 협력하고 나섰다.

한때 민족운동을 했다는 이름 있는 사람들도 하나 둘 일제에 굴복, 친일 협력을 하더니 마침내는 거의 모든 지도급 인물들이 다투어 일제에 투항하는 듯이 보였다. 유림의 중망 (두터운 명망)이었던 김동진, 송준필도 솔선 창씨개명을 하였다. 불구의 몸으로 시골에 요양하고 있던 심산의 마음은 더없이 외롭고 괴로웠다. 하나 둘 변절해가는 한때의 동지들의 뒷모습을 심산은 분노와 개탄의 눈으로 지켜보고 있었다.

하루는 일본 고등계 형사가 찾아왔다. "창씨했습니까?" 그의 오만불손한 물음에 심산은 노여운 기색으로 "안 했다"고 서슴없이 대답했다. "지금 전 조선인이 다 창씨를 하는데 왜 이제껏 하지 않았소?"라는 형사의 힐문에 심산은 대답했다. "우리 한인은 본래 성과 씨를 동시에 가지고 있으나 씨보다는 성을 더 중시하고 있어 나도 누구 못지않게 중하다고 생각하고 있는 사람이므로 창씨를 결사코 반대한다"는 결연한 태도였다.

형사는 심산의 이러한 단호한 태도에도 불구하고 "누구도 이번 정책을 도외시하거나 반대할 수 없다"고 방약무인하게 협박했으나 심산은 "내가 싫다는 것을 억지로 창씨시키려고 하는 것은 강권발동(강제적으로 사법권이나 행정권을 행사하는 일)이다. 강권이라는 것이 얼마나 흉악무도한 것인지는 나도 잘 알고 있으나 내 이미 늙었고 또 병들어 죽을 날도 머지 않았으니 이제 죽어도 한이 없다. 그러므로 나는 내 주장과 양심에 따라 결단코 이 정책에 응할 수 없다"고 굽히지 않고 말했다.

심산의 이 단호한 대답에 형사는 "당신이 아무리 창씨개명을 안 하겠다고 고집 피워도 그렇게 맘대로는 되지 않을 것이오"라고 노기 띤 음성으로 겁을 주며 돌아갔다. 그 후에도 형사는 2, 3차 거듭 찾아와서 창씨개명을 독촉했으나 심산의 확고부동한 대답에 일경도 더 이상 조르지 않게 되었다. 거의 모든 사람들이 저마다 경찰 당국의 요구로 본의 아닌 창씨개명을 했으나 오직 심산 집안만이 창씨를 않고 버텼다.[4]

---

4 송건호, 앞의 글, 139~140쪽.

심산은 감옥에서 나온 뒤에도 추호도 현실 타협에 나서거나 일제 통치를 용인하지 않았다. 일제가 대륙 침략에 이어 태평양전쟁을 도발하면서 조선 천지는 병참기지가 되고 거대한 인력 수탈의 노예시장으로 변하였다.

선비의 길, 지절의 길

    심산은 시세에 편승하지 않고 의로운 길을 당당하게 걸었다. 흔히 '조선의 마지막 선비'로 불리는 대로 그는 선비로서 선비의 길을 당당하게 걸었다. 선비라는 말을 의미하는 '사 士'는 원래 지도자라는 뜻을 담고 있다. 열십 자+ 밑에 한일 자—를 썼는데, 이는 말 그대로 열 사람이 한 사람에 놓인다는 것, 곧 열 사람의 지도자라는 뜻이다.

    어원을 살펴볼 때 우리말의 선비는 '어질고 지식 있는 사람'을 뜻하는 '선비'라는 말에서 나왔다. 이에 비해 한자에서는 '벼슬한다'는 뜻인 사仕와 관련되어 일정한 지식과 기능을 갖고서 어떤 직분을 맡고 있다는 의미로 쓰인다. 다른 한편 선비라는 말이 신선의 무리라는 '선배仙輩'에서 나왔다는 설도 있다. 신선은 은둔적인 색채를 지닌다. 이로 보면 선비를 현실적 이해관계를 초월한 존재, 나아가서 현실에 비판적인 의견을 제시할 수 있는 존재로 생각한 듯하다.

선비 정신은 지조와 절개로 상징되는 의리 정신으로 나타난다. 고려 말에서 조선조로 전환하는 왕조 교체기에 고려 왕조를 지키려던 정몽주, 길재 등의 의리관이나, 세조가 단종의 왕위를 찬탈하였을 때 절의를 지켰던 사육신과 생육신의 의리, 한말 대일 항쟁에 나선 의병들이 군사를 일으킨 명분을 살펴보면, 선비 정신의 기본이 충절에 바탕을 두고 세속의 이해에 흔들리지 않는 의리 정신을 구현하는 것에 있었음을 알 수 있다.

이와 같은 의리는 사회 참여의 명분으로 이어진다. 이항로는 "선비란 한 번 이상 왕명을 받은 자는 평상시에는 마땅히 사퇴하는 것으로써 의리를 삼아야 하지만, 일단 국가에 환란이 있을 때에는 즉각 달려가 협력하는 것을 의리로 삼아야 한다"고 말했다.

조선 중기의 대표적인 유학자 퇴계 이황은 선비의 자세에 대해 이야기하면서, 보통사람으로서 천자와 벗하여도 자기 분수대로 할 것을 주장하였다. 그리하면 왕이나 벼슬하는 자가 빈곤한 선비에게 몸을 굽히더라도 욕되지 않을 것이라고 하면서, 선비가 귀하게 여겨지고 공경을 받는 까닭이 여기에서 생긴다고 하였다. 절의 또한 여기에서 생겨난다고 보았다.

이황과 같은 시기에 살았던 율곡 이이도 선비의 의리 정신을 이야기하면서, 마음으로 옛 성현의 도를 사모하고, 행실을 삼가며, 법도에 맞는 말을 하고, 공론을 지녀야만 얻을 수 있는 것이라고 역설하였다. 이와 같은 정신을 지녔는가 그렇지 않는가에 따라 진정한 선비와 가짜 선비가 가려진다고 하였다.

조선 후기의 실학자 홍대용은 선비를 분류하여 과거 시험으로 출세하는 재사才士와 글재주로 이름을 얻는 문사文士, 그리고 경전에 밝고 행동을 점잖게 꾸미는 경사經士를 열거하면서 "진정한 선비를 도덕에 깊이 젖고 예법을 따르며, 천하의 부귀로도 그 뜻을 어지럽히지 못하고, 누추한 마음의 근심으로 즐거움을 대신하지 못하고, 제후도 감히 벗으로 삼지 못하며, 높은 벼슬에 오르면 은택(은혜로운 덕택)이 온 세상에 미치고, 물러나면 도를 천 년토록 밝힌다"고 하였다.

이와 같은 논의들은 선비를, 의리로 무장하여 조정에서 아무것도 받은 것이 없을지라도 자신의 자리를 하늘이 내려 준 것으로 생각하고 마땅히 그 직분을 다해야 하는 존재로 규정하였다. 선비라는 신분은 왕권의 세속적 권력을 넘어서서 존재하는 것으로 받아들여졌던 것이다. 선비가 현실 비판적인 지식인의 역할을 담당했던 것은 이런 정신에 바탕을 두고 있기 때문이다.

왕조 시대 선비의 본질은 "얼어 죽어도 곁불은 쬐지 않는다"든지 "물에 빠져도 개헤엄은 치지 않는다"는 자존과 "천자라도 선비의 몸은 죽일 수 있지만 선비의 뜻은 빼앗을 수 없다"는 신념으로 뭉쳐 있어 유교 사회의 도덕률과 행동의 규범이 되었다.

심산은 선비의 상징적 인물이었다. 왕조 시대의 '충군忠

君'사상은 이미 벗어던졌지만 의리사상과 국가에 대한 충혼정신에는 변함이 없었다. 일제의 압박이 심해질수록 저항 정신은 더욱 고조되었다.

일제가 「창씨개명령」을 내리고 이를 강제하자 심산은 「창씨탄創氏難」을 지어 비분을 토하였다.

「창씨탄」

아름다워라
우리 무궁화 강토
백두산, 산의 조종祖宗
기상氣象도 장엄하다
땅은 비록 동쪽에 치우쳐 있으나
결곡진 생김새는
중국 산하山河에
겨룰 만하네.

신조神祖, 단군께서
나라 정하신 이래
일월日月은 화려한
기폭旗幅에 빛나고
효제孝悌는 방패

충신忠信은 보습犁

예의는 다반茶飯으로

질서가 발라

백성이 화합했네

항용 쓰는 말

공맹孔孟이요

항용 부르는 노래

영함韺咸[5]이라

태평세월 오천 년 문물

그 얼마나 빛났던고.

세상 어느덧 크게 달라져

당인黨人이 다투어

시기하더니

세도 부리는 권흉權兇

나라의 운명 손아귀에 넣고

선량한 사람들을

모조리 베어버렸구나

강상綱常은 두엄으로 돌아가고

풍교風敎는 날로 흉상스러워지는데

역적들 마침내 발호跋扈하고

나라 팔아 마음껏
배 채우는구나.
대문을 열어
도적에게 읍揖하고
항구 열어
도적배를 맞이하더니
어느덧 우리 종사宗社
담을 쌓고
원수가 통감統監으로 왔구나.

놈들의 성질, 본래 경망해
하룻강아지 날뛰듯 하고
놈들의 풍속, 본래 오랑캐라
어깨에 걸린 옷
추한 짐승 같구나.
기공萁功의 근친으로
서로 부부되어
개나 산양山羊처럼 음탕하고
수숙嫂叔이 목욕하며
희롱하는 손짓거리
사람의 윤기倫紀
이미 문란하지만
뻔뻔스럽게도 다투어

회학詼謔질하네.

성姓은 없고 씨氏만 있으니

뉘라서 돌과 옥, 분별하리

이것이 대화적大和族[6] 신성神聖하여

평범과는 다르다는 것인가.

비좁은 삼한三韓 땅

승냥이며 이리가

제멋대로 달음질치네

흉악스런 폭력으로

위협과 고문, 날마다 늘고

성姓을 갈아

신첩臣妾을 삼으니

자물쇠로 잠그고

또 자귀로 찍는구나.

성姓을 없애

말과 소를 만들고

목사슬 씌워

재갈을 물렸구나

독살스럽게도

온 세상 바꾸려는 듯

▬▬▬ **6** 일본 민족의 별칭.

민심의 흉흉함
두려워하지 않네.

오직, 죽지 못한 이 부로俘老
원한으로 사니
다리는 있으되
걸을 수 없고
입이 있으되
여전히 봉해져 버렸구나
슬프다. 원숭이가 아니라
나무에 서식할 수 없고
두더지가 아니니
땅을 뚫고 살 수도 없네
내 돌아갈 곳 없어
수부목水俘木처럼
떠돌아다니다가
우연히 바닷가 한 구석
함월산含月山 속으로 왔구나
처자妻子는 빈번한
옥바라지에 염증을 내고
친구는 편지조차
끊어버렸네
우습다. 방구석 앉은뱅이

그래도 귀신과 불여우의

참언讒言이 두렵도다

눈을 들어 바라보니

바다에 둘러싸인

우리 강토

미쳐버린 조수가

밤낮으로 철썩이는구나.

요황瑤皇[7]이 아직도

깊이 취해 있으니

어떻게 진중한 편지를

드릴 수 있으리.

부질없이 주周나라 과부와 같은

근심을 풀었으나[8]

더불어 수작할 사람은

아무도 없구나.

병든 몸 쓸개는

찢어질 듯하고

흘리는 눈물

짧은 적삼을 적시누나

---

7 옥황상제를 일컬음.
8 주나라의 한 길쌈하던 과부가 자기의 부족한 씨줄 걱정은 하지 않고 오로지
주나라가 망하여 화가 자기에게 미치게 됨을 두려워하였다는 고사가 있음.
즉 자신보다 국가를 근심한다는 뜻.

두루미에 차 있는 술을
억지로 끌어당겨
서너 잔을 스스로
따라 마시노라.[9]

───── 9 『김창숙문존』, 61~66쪽.

둘째 아들, 망명중 불귀객

1942년 8월 어머님의 묘막에서 향리로 돌아온 뒤에는 폐쇄된 생활을 하게 되었다. 시국은 갈수록 어지러워지고 찾는 이도 거의 없었다.

둘째 아들 승로承老를 결혼시켰다. 승로는 심산이 「파리장서」를 가지고 해외로 망명할 때 태어난 지 겨우 100여 일밖에 안 되었다. 그 사이에 장성하여 혼사를 치르게 된 것이다. 승로를 장가보내면서 애틋한 부정과 저간의 사연을 담은 한 편의 시를 지었다.

「승로承老를 장가보내며」

너의 첫 울음이
겨우 백 일 남짓했을 때

풍운이 졸지에 들끓어
나는 멀리 길을 떠났었지

도야지 송아지처럼
저대로 자라도록 버려두고
문득 한스럽구나
가업家業이 너무 성글어졌음이
차랑차랑한 너의 머리칼
열 살 남짓에
달성達成 비바람을 헤치고
옥獄 속의 나를 찾았을 때
문을 제치고 곧장 달려들어
나의 옷 잡아끌고
울음을 터뜨렸지
천륜天倫이 정히 성글지 않음을
비로소 믿었느니라.

너의 두각 우뚝하여
이제 약관弱冠이
넉넉한 나이
명가名家의 숙녀淑女를
맞으러 가는데
병든 아비는 함께 가지 못하고

아직도 어리석은 내 자식
예禮에 성글까 두렵기만 하구나.

너의 앞길은 멀고 멀어
만 리萬里가 넘는데
법도대로 따라가
앞수레의 뒤집힘을
경계할지라
공업功業을 성취한 날
장차 보리라
너희들의 복된 모습을.[10]

　심산의 셋째 아들 승로가 결혼한 지 얼마 뒤 차남 찬기가
아버지의 뜻에 따라 임시정부가 있는 중경으로 밀파되었다.
1943년 겨울이었다. 찬기는 열일곱 살 때부터 독립사상을 품
어 몇 차례 투옥되었고 일경이 늘 미행하여 감시가 심했다.
찬기는 일경의 눈을 피하여 용케 국내 탈출에 성공하였다.
그러나 그것이 마지막 길이었다. 망명 도중에 사망하여 불귀
의 객이 되고 만 것이다.
　큰아들 환기가 일경의 고문을 받고 출옥한 지 얼마 안 되
어 사망한 데 이어 둘째 아들 찬기도 독립 전선에서 사망하

---

10 『김창숙문존』, 46~48쪽.

였다. 심산은 두 아들을 독립전쟁에 바쳤다.

하루 가운데 여명 전이 가장 어둡다고 한다. 식민지 한국의 상황도 그랬다. 칠흑 같은 어둠이 삼천리 강토를 뒤덮고 민중은 숨도 크게 쉬기 어려운 압제에 시달렸다. 심산은 아들을 중경으로 보내 임시정부와 연락을 취하도록 기대하면서, 대외적으로는 여전히 시를 지으면서 '새벽'이 오기를 기다리고 있었다.

「천도天道는 밝고 밝아」
−이숭경李崇卿에게

우습다 뜬 인생이
스스로 한가롭지 못해
흰 머리로 공연히
옛 젊음만
꿈속에서 생각했더니
깊은 술잔 우연히
첩첩산중에 나누네
돌아가는 기러기는 무심히
해 아래서 우는데
놀란 삽사리는 무슨 일로
바위 사이에서 짖는가

손바닥 뒤쳐 구름 만들고
손바닥 엎어 비 만드는 것覆雨[11]

괴이적게 여기지 말라
천도天道는 밝고 밝아
갔다가 다시 돌아오는 것.[12]

「유의사劉義士[13]에게」

잠깐 사이 세상이
흔들려 뒤집히니
허둥지둥 무릎 꿇는
경박한 꼴들
비분강개 흰 머리
끊어진대도
헌신짝 같은 황금에
칼을 들었네.

11 변태 무상함을 뜻함.
12 『김창숙문존』, 50~51쪽.
13 경북 안동 출신으로 일제의 은사금을 거절하고 납세를 거절하여 왜경에 잡
    혀 감옥에 갇혔으나 굴하지 않았다. 출감 후 금오산에 들어가 은거하였다.

큰물을 혼자 막을
힘이 없어서
망국의 한恨 노래하며
홀로 우신 님이여.

금오산金烏山엔
가을에도 세금 없거니
그 마을은 판도版圖 밖의
성성城이라 하리.[14]

「잠 안 오는 밤에」

나그네 회포
울울鬱鬱한데
누굴 향해서 펼쳐 볼고
책상 위에 책을 잡고
펼쳤다 덮었다 한다.

아내는 천 리 밖에서
유리流離에 시달리고

---

14 『김창숙문존』, 50~51쪽.

아들놈은 두 해가 넘도록
고문拷問에 울부짖네.

어지러운 시대에
이 한 몸 편안함이
급하다 하겠는가
곤궁한 길에
의리 그르칠까
오히려 두렵구나.

한밤에 등잔 불 돋우고
누웠다 일어났다 하며
떨어지는 눈물
금할 수 없네.[15]

「아구탄餓狗歎」

잔상스럽다
주린 개여
무얼 하자고

▨▨▨▨ **15** 『김창숙문존』, 52쪽.

꼬리를 흔드느냐
먹고 남은 뼈다귀
던져준다 기뻐하지만
살이 찌면 반드시
때려서 죽이리라.[16]

「또 한 해를 보내며」[17]

깊고 깊은 사슴들의 놀이터
이 동천洞天에
옛 친구 찾아와
불등佛燈 앞에 누웠네.

도소屠蘇[18]가 어찌
산가山家의 물건이냐
정삭正朔은 또한
하씨의 해夏氏年[19]가 아닌 것을.

상전벽해桑田碧海의 우리 인생

---

16 『김창숙문존』, 54쪽.
17 섣달 그믐밤에 윤무석 군이 찾아와서 읊은 시.
18 연초에 마시는 약술.
19 우리나라에서 전통적으로 써 온 음력.

남은 것은 모자라진 머리털뿐
바람에 떠도는 부평초의
오늘 저녁은
어느 해에 빌었던가.

그대에게 청하노니
금릉金陵을 향해 가지는 말게
호사豪士가 어찌
줄줄 눈물이나 흘릴 건가.[20]

「홍벽초洪碧初[21]에게」
  –벽초가 시를 보내왔기에 화답해 부친다

1
동쪽 조수潮水와 서쪽 태풍이
건곤乾坤을 흔드는데
긴 밤 뿔난 개
창귀倀들이
잡답雜遝하여 소란스럽구나
아침 해 맑고 밝을

---

20 『김창숙문존』, 54~55쪽.
 21 벽초는 홍명희의 호.

때를 기다리면서
그대여
한수漢水 울타리 밖에서
깊이 누워 있으라.

2

파해가는 도박판에
마지막 승부
칠치漆齒의 뭇 아이들
정히 시끄럽구나
신골神鶻이 그때를 즈음하여
바야흐로 분발해, 치리니
쌍날개를 어찌 오래도록
장안에 거두고 있으리오.

3

나는 아노라
그대의 밝고 빛나는 마음
천 근이나 무거운 짐을
양 어깨에 짊어지고
칼 같은 봉우리
험난한 벼랑길에
백 번을 넘어져도

다시 설 것을.

4

한 세상에 같이 나서
마음도 같아
천 리에 그대를 생각하여
이 정회情懷
어이 하리
원커니, 요괴한 기운
말끔히 걷히는 날
자주 자주 손을 이끌고
좋이 서로 찾으세.[22]

「문득 떠오르는 생각」

병든 사람 깊숙이
백운白雲 숲에 누웠지만
기다리고 있노라
좋은 세상 기쁜 소식을

---

22 『김창숙문존』, 56~57쪽.

살아서 순하고 죽어서 편할진대
어찌 죽고 삶을 한탄하랴
깊숙이 묻힌 채
상제上帝의 굽어보심
잊지 않으리

외로운 소나무
곧게 솟아
하늘에 닿을 기색
푸르른 개울 물
멀리 흘러
바다에 이를 듯

다행히도 산송장이
구경하는 곳엔
맑은 바람, 개인 달빛이
가슴속을 찾아주네.[23]

23 『김창숙문존』, 58쪽.

「빛나는 눈동자」

― 이봉노李鳳魯[24] 만사

구름에 치솟아
훨훨 나는 고니
피땀 흘리며
힘차게 달리는 총마驄馬
웅혼한 그의 포부
조금도 펼치지 못했으니
조국의 운명을 통곡하노라.

두터운 정의감
무릎 굽히지 않았고
무서운 용기
눈 돌린 적 없었다
원수들의 고문 두려워하랴
담소하는 큰소리
감옥을 흔들었네
황하黃河 맑으리라는
소식은 없고
영박嬴博[25]에는

―――― **24** 이름은 만수萬壽, 북경대학 재학생으로 심산을 도와 독립운동에 헌신하였다.

늙은이만 남았도다
그대는 저승에 가서도
빛나는 눈동자
분루憤淚로 부릅떴으리
속세에서 잠꼬대하는 이 몸
하늘 세계로 간
그대가 부럽구려.

눈물을 씻고
가슴속을 헤쳐 보이던 밤
어깨를 나란히
목에 칼을 썼을 때
생사를 같이 하자
맹세하였지
이 세상 참된 벗 잃고 나니
나의 인생 겉달린
혹처럼 되었네
그대의 영혼은
밝게 있으리니
나의 이 슬픔을 아시는지 모르시는지.

---

25 중국 춘추시대 제나라에 있던 지명, 오나라 사신이 제나라에 갔다가 그의
장남이 죽어 이 부근에 매장함.

장송가 부르며

한바탕 통곡하니

미어지는 이 가슴

미칠 것만 같구나

병든 이 몸 죽을 날

멀지 않았으니

저승에서나 우리 서로

반가이 만나보세.[26]

「그대 마음 내 마음」

－다시 홍벽초에게

벽초의 얼굴

본 적 없으되

벽초의 마음

잘 알고 있네

만나보지 못함이

무슨 한 되리오

그대의 마음 곧

내 마음인 것을.[27]

---

26 『김창숙문존』, 58~59쪽.
27 『김창숙문존』, 50~51쪽.

「파계승破戒僧을 조롱함」

우습도다
공문空門의 설법승說法僧
자비慈悲로운 중생 구제
너희 언제 했더냐
복 비는 여인네
음흉하게 속이고
온몸에 감싼 비단
사치도 유난해라.

손에는 도살屠殺의 칼을 쥔 채
부처님을 일컫고
눈은 고무레정丁 자를 모르면서
화엄華嚴 능엄稜嚴을 외네
지금 만일 영산회靈山會[28]를 베푼다면
조달調達[29]이 활개치며
상좌上座로 올라갈 걸.[30]

28 석가모니가 영가산에 있으면서 설법하던 모임.
29 석가의 사촌 아우로 욕심과 시기심이 많아 석가를 없애고 자신이 부처가 되려고 한 제파달다提婆達多.
30 『김창숙문존』, 67~68쪽.

「서화담徐花潭의 시에 차운次韻함」

구름과 천둥처럼
본래의 뜻
경륜에 있었건만
병도 많은데다 어찌하여
가난마저 겹쳤는고.

해외에 나간 일은 오로지
나라에 보답하려던 것
감옥에 오래 갇힘도
몸을 닦기에
어찌 해로울손가.

말을 삼가하지 않아
세사에 어울리기 어렵지만
배움엔 의혹이 없어야 하니
신神에게까지 묻고자 한다
세상이 바야흐로
한밤중에 묻혔으니
이제 누구를 좇아
옛 도리를 말하리.[31]

「죽은 아내를 생각하며」

도망쳐 고향으로 돌아오니
낯선 나그네인 양 쓸쓸하기만
무너진 창가에 쓰러져 누웠으니
집안에는 남은 양식이 없구나.

당신은 나를 버리고 떠나갔으니
병든 이 몸 그 누가 살펴주리
당신이 옆에 있는 것 같아 불러보았지만
눈을 들어보니 홀연 간 곳이 없구려.[32]

31 『김창숙문존』, 68~69쪽.
32 『김창숙문존』, 30쪽.

제 9 장

해방은 되었지만 새 압제는 시작되고

암흑천지에 새날이 오다

아이도 뛰며 만세
어른도 뛰며 만세
개 짖는 소리 닭 우는 소리까지
만세 만세
산천도 빛이 나고
해까지도 새 빛이 난 듯
유난히 명랑하다.[33]

심산과 뜻을 나누었던 홍명희는 해방을 맞아 환호하는 시를 썼다. 해방의 환희는 이날을 맞이한 생자生者들만의 그것이 아니었다. 1930년 3월 1일 '그날이 오면'을 애타게 외쳤

33 홍명희, 「눈물 섞인 노래」.

고, '그날'을 기다리다가 1936년에 먼저 간 심훈도 지하에서나마 목 메이게 "대한독립 만세!"를 외쳤을 것이다. 어찌 심훈뿐이겠는가. 순국선열 모두가 그러했을 것이다.

> 그날이 오면 그날이 오며는
> 삼각산이 일어나 더덩실 춤이라도 추고
> 한강물이 뒤집혀 용솟음칠 그날이,
> 이 목숨 끊어지기 전에 와 주기만 하량이면,
> 나는 밤하늘에 나는 까마귀와 같이
> 종로의 인경을 머리로 들이받아 울리오리다.
> 두개골은 깨어져 산산조각이 나도
> 기뻐서 죽사오매 오히려 무슨 한이 남으오리까…[34]

그렇게 기다리던 '그날'이 왔다. 1945년 8월 15일, 조선은 세계 식민지 역사상 유례를 찾기 어려운 가혹한 일제 식민통치로부터 해방되었다. 1910년 8월 29일 국치일로부터 치면 정확히 34년 11개월 보름 만의 해방이다. 사실상 국권을 빼앗긴 1905년 11월 18일 을사늑약으로부터 치면 40년이다.

이 기간은 한민족이 유사 이래 최초로 영토와 주권을 포함한 모든 것을 상실한 통한의 망국기였다. 말과 글과 역사를 빼앗기고, 성씨를 비롯해 전통과 문화를 박탈당하고, 인

---

34 심훈, 「그날이 오면」.

력과 물산·자원을 수탈당하는, 민족말살 바로 그것이었다.

8·15 해방은 우리 민족에게 광명이었고 부활이었다.

포악한 이민족에서 벗어난 해방의 과제는 오랫동안 짓밟혀온 한민족의 기상을 되찾아 자유와 평등을 이념으로 하는 새로운 민족국가를 건설하는 일이었다. 해방은 바로 우리 민족의 새 탄생이고 신생의 길이었다.

따라서 해방의 일차적 과제는 민족자주 독립국가를 건설하는 데 있었다. 해방된 조국에 어떠한 외세도 간섭하지 못하도록 하고, 당당한 주권국가로서 국제 사회의 일원이 되는 것이었다. 봉건군주체제에서 곧바로 식민 지배를 겪었기 때문에 민족자주 독립국가의 건설이 무엇보다 중요했던 것이다.

두번째 과제는 자유민주 정치체제의 확립이었다. 국민주권을 본질로 하는 자유민주주의 정치제도를 수립하여 근대적인 시민 사회를 건설하는 일이 시급했다. 일제와 대항하여 독립운동을 전개한 국내외 독립운동단체 460개 가운데서 광복 후의 정치체제에 대해 민주공화제 국가의 건설을 추구하는 민주지향형이 244개로 53퍼센트, 계급투쟁형 34퍼센트, 왕정복고형 8퍼센트, 군정추구형 5퍼센트(중앙대 이달순 교수 조사)일 정도로 해방 조국의 정치 형태는 자유민주체제의 수립에 있었다.

세번째는 자주적인 시장경제체제를 통해 근대화를 이룩

하는 일이었다. 식민지 종속경제를 탈피하여 반봉건적 지주소작제를 철폐함으로써 경자유전耕者有田의 원칙에 따라 농토를 농민에게 분배하고, 식민지 독점자본을 환수하여 민족자본을 창출하는 일이었다.

마지막으로 일제에 동조·협력한 친일파, 부일 매국 세력을 척결하여 민족정기를 바로잡고 정의로운 사회를 건설하는 일이었다. 민족을 배반한 친일파의 청산 작업이 무엇보다 시급한 과제였다.

그러나 이러한 과제는 자력으로 해방을 쟁취하지 못한데다 해방정국을 이끈 주도 세력의 분열 등으로 대부분이 미해결의 과제로 넘겨지게 되었다.

2^때 '그들'은 어디에 있었나?

8·15 광복이 민족해방으로 승화되지 못한 채 분단으로 이어지고 해방의 과제들이 미해결의 장으로 넘겨지게 된 것은 해방을 스스로 쟁취하지 못한 때문임은 앞서 지적한 대로다.

우리의 해방은 드골 휘하의 '자유 프랑스'처럼 스스로 쟁취한 것이 아니고 상당 부분 연합국의 전승으로 얻어진 것이었다. 그래서 해방 정국을 이끌 주체 세력이 없었다.

중경의 임시정부는 1941년 12월 대일 선전포고를 한 데 이어 미국 OSS와 합동으로 전투공작을 계획하고 광복군이 연합국의 일원으로 항일전에 참가할 것을 서두르며, 김구 주석과 이청천 광복군총사령관 등이 서안으로 가서 국내 정진군의 특수 훈련을 시찰하기도 했다. 그런데 일본이 예상보다 일찍 항복하는 바람에 국내로 진공할 천재일우의 기회를 놓치고 말았다.

당시 우리 임시정부의 힘이 미약하고, 광복군의 전투력 또한 취약하기 이를 데 없었다. 그래서 1941년 12월 임정이 대일·대독 선전포고까지 했는데도 임정은 전승국의 대열에 끼기는커녕 해방 뒤 귀국 과정에서 개인 자격으로 환국하게 되는 수모를 겪어야만 했다.

물론 이렇게 된 데에는 미국이 종전 뒤 한반도에 대한 영향력 행사를 극대화하기 위한 '임정 부인' 정책이 작용한 때문이다. 미국은 민족주의적인 임정의 김구 세력보다 친미 성향인 이승만을 선택하면서 임정의 존재를 철저히 배척했던 것이다.

일제의 혹독한 탄압으로 임정 이외에는 국내에서 건국을 주도할 정치 세력이 없었던 것은 우리에게 큰 불행이었다. 일제 말기 소수를 제외하고는 국내 거주 지도급 인사 대부분이 친일 부역자로 변신하여 항일 민족 세력의 결집이 불가능하였다.

시인 서정주의 변명처럼 "일본의 지배가 100~200년은 더 갈 듯해서" 민족 진영의 지도급 인사 대부분이 '대동아공영권 건설'과 일본군 강제 정신대·징병·징용에 젊은이들을 끌어내는 침략전쟁의 앞잡이로 전락하였다.

해방의 날 최남선은 중추원참의를 지내면서 경기도 사능리에서 전원생활을 즐기고 있었고, 이광수는 서재에 일장기를 걸어놓고 아침저녁으로 목례를 하며 남대문을 지날 때는 두 손을 합장하며 조선 신궁을 향해 묵도를 하면서 친일배족에 넋을 잃고 있었다.

정비석, 유진오, 조용만, 모윤숙, 김용제, 최정희, 장덕조, 노천명, 오영진, 곽종원, 조연현, 양명문, 김동인, 주요한, 박종화, 김팔봉, 김소운, 백철, 유치진, 최재서 등 내로라하는 문인들은 줄줄이 친일 매족의 글을 쓰거나 침략전쟁을 찬양하는 연설을 하느라 혼을 잃고 있었다.

배정자, 이각종, 박춘금, 이종형, 전봉덕, 김석원, 박흥식, 김연수, 진학문, 장덕수, 서춘, 신태악, 김활란, 고화경, 황신덕, 이능화, 최린, 이종욱, 권상로, 홍난파, 김은호, 김기창, 정춘수 등 각계 지도급 인사들은 일제의 승전을 위해 온갖 방법으로 친일에 앞장서고 있었다.

최규하는 만주국 관리, 이재형은 금융조합 이사, 백두진은 조선은행 간부, 윤치영은 미·영 타도 좌담회에 이재학, 윤길중, 한희석 등은 일제 군수로 재직하면서 민족을 배반하였다.

옥중에서 맞은 해방의 소식

일제 말기에 2만여 명의 애국 인사들이 '정치범'으로 감옥에 갇혀 있었다. 그리고 중경 임시정부에는 김구를 중심으로 김규식, 조소앙, 김원봉, 신익희 등 소수나마 독립운동가들이 포진하고 있었다.

국내에서도 김창숙은 왜관 경찰서에 갇힌 몸이었고, 조만식은 평양에 칩거하면서 독립의 꿈을 버리지 않고 있었다. 홍명희는 충북 괴산에 은신하고, 김병로는 경기도 가평으로 내려가고, 김준연은 금곡의 전야에, 이영은 북촌의 한촌에, 정백은 광산업을 핑계로 심산유곡을, 김약수는 하숙집을 전전하며, 이인은 병을 이유로, 최용달, 백남운은 대화숙의 일을 돕는다고, 원세훈은 서울과 농촌을 오가면서 각각 일제의 위협과 유혹을 피해 민족이 대의와 지절을 지키고 있었다.

심산이 해방을 맞은 것은 왜관 경찰서 감방에서였다. 1945년 8월 7일 왜관 경찰서에 구속되어 옥중에서 해방을 맞게 되었다. "건국동맹은 은밀한 지하운동 단체였으나 이것이 탄로되어 서울에서 많은 사람이 구속되었고 이것에 연루되어 심산도 마침내 구속된 것이다."[35]

지금까지 심산의 『자서전』을 포함하여 심산이 '건국동맹의 남한 책임자'로서 활동한 것으로 되어 있다. 그 때문에 예비 검속으로 구속되었다는 것이다.

1945년 8월 7일 밤에 돌연히 성주 경찰서에 잡혀가서 왜관서倭館署로 옮겨 갔었다. 그 전에 국내의 혁명 동지들이 비밀운동 기관으로 건국동맹建國同盟을 결성하고 나를 남한 책임자로 추대하였는데 이 사실이 발각되어 여러 동지들이 선후하여 검거되었으며 나 역시 면치 못한 것이었다.[36]

그러나 조동걸 교수의 주장은 다르다.

경찰의 취조자가 심산이 건국동맹의 남한 책임자이고 조만식이 북한 책임자라고 말했다고 했는데, 건국동맹은 여운형이 주도한 비밀결사였다. 그런데 건국동맹에 각 도 책임자는 있어도(경상북도 책임자 이상훈, 김관제, 정운해) 남한이나 북한 책임자는 없었다. 조만식이 북한 책임자라는

35 송건호, 앞의 글 140쪽.
36 『자서전』下, 앞의 책, 323쪽.

근거 자료도 없다. 아마도 경찰이 건국동맹의 내막을 탐지하기 위하여 그러한 부서를 넘겨짚어 말한 것이 아닌가 한다.

그것이 와전인 줄 모르고 후세에 건국동맹을 말할 때 이종률의 『민족혁명론』(들샘, 1989) 119쪽 경우처럼, 남한 또는 북한 책임자라는 기록을 남기게 된 것이 아닌가 한다(정병준, 「조선건국동맹의 조직과 활동」, 『한국사연구 80』, 한국사학연구회, 1993, 110쪽).

여운형의 건국동맹 계획을 심산이 사전에 알았거나 사후라도 두 사람이 연락했을 가능성은 희박하다. 심산의 『벽옹 73년 회상기』를 통독하면 몽양 여운형이 비록 연락했다고 해도(연락한 흔적이 없지만), 1926년 유일당운동을 둘러싼 두 사람의 관계로 보거나(『심산유고』, 347쪽), 옥중에서 몽양을 보는 심산의 시각으로 보거나(『심산유고』, 354쪽), 심산이 몽양의 사업에 가담하지 않았다고 보는 것이 자연스러운 이해일 것이다. 몽양의 연락이 있었다면, 『회상기』에 연락 사실에 대한 언급이 없을 수 없다.[37]

패전이 임박해진 일제는 심산을 비롯하여 끝까지 일제에 협력을 거부한 이른바 '불령선인'들을 예비 검속하였다. 심산의 경우도 아마 이런 케이스였을 것이다. 어쨌든 그는 광

---

[37] 조동걸, 앞의 글, 주49, 91~92쪽.

복의 소식을 감옥에서 들었다. 15일, 간수를 통해 일제의 패망을 알게 되었다. 심산은 감옥에서 해방의 소식을 듣게 된 과정과 다시 구금되었다가 풀려난 전말을 다음과 같이 썼다.

15일 정오경 한 한인 경관이 와서 "오늘 돌연히 정전되었다는 소문이 있다"고 한다. 나는 곧 큰소리로 함께 갇혀 있던 사람들에게 "이는 필시 일본이 패망한 소식이다"라고 하니 모두들 "어떻게 압니까?"라고 묻는다. "정전을 자청한 것은 패망한 것이 아니고 무엇인가?"라고 했더니 이에 여러 사람들이 일본이 패망했다고 왁자지껄하였다. 한인 경찰은 금지하지도 않았다. 그래서 옆방에 갇혀 있던 사람들도 같이 떠들어서 감옥 안은 크게 술렁거렸다. 일본인 경찰이 몰려와서 제지하였지만 위세가 별로 대단치 않았다. 그날 밤 8시 경에 문득 옥문이 활짝 열리고 정치범이 석방되었다. 비로소 그날 정오에 일본 천황 유인裕仁이란 자가 라디오 방송으로 연합군에 항복한 것을 밝힌 것과 조선이 독립국이 되고 만주와 대만은 모두 중국에 반환될 것이라는 것을 알았다.

이에 나는 함께 갇힌 사람들과 서로 손을 잡고 옥문을 나섰다. 남녀노소 할 것 없이 모두 부르짖어 만세 소리가 천지를 진동했다. 통쾌하고 통쾌하였다.

여관에 들어가니 사람들이 운집해서 술을 마시며 놀았다. 일제히 만세를 부르고 기뻐 잠을 자지 못하였다. 닭이

세 홰를 울 무렵 왜경 몇이 나와서 서장이 긴급히 만나 상의할 일이 있으니 모두 잠깐 경찰서로 들어오라고 하였다. 나만 혼자 끼지 않고 모두 왜경을 따라갔다. 한 시간 넘어 기다려도 돌아오지 않아 사람을 시켜 알아봤더니 다시 구금되었다는 것이었다. 나는 곧 한 소년의 등에 업혀서 경찰서로 찾아가 대노하여 꾸짖었다.

"너희들이 어찌 감히 우리를 다시 구금하느냐. 곧 석방하라." 저들이 "상사의 명령에 따른 일이오. 우리는 모른다" 하므로 나는 더욱 화를 냈다.

"너희들의 이른바 상사는 이미 한인을 통치할 권리가 없어졌는데 어찌 감히 이럴 수가 있는가."

"선생은 제발로 들어왔으니 구금하지 않을 수 없다" 하고 나 역시 붙들어 가두는 것이었다. 대체 우리가 기회를 봐서 폭동을 일으킬까 두려워했던 것이다.

다음 날 아침 8시에 다시 옥문을 나섰다. 곧장 집으로 돌아가니 일가친지들이 길에서 만세를 부르며 환영하는데 근 천여 명이나 되었다. 그다음 날이 음력으로 7월 10일 나의 생일날이다. 일가친지들이 많이 모여서 잔치를 열어 술잔을 들고 만세를 부르며 즐겼다. 내가 세상에 나와 67년 만에 처음 맞는 거룩한 일이었다.[38]

▬▬ **38** 『자서전』下, 앞의 책, 324~325쪽.

일본 경찰의 올가미에서 풀려난 심산은 청년들의 부축을 받아 집으로 돌아왔다. 다음날 고향에 치안 유지에 필요한 치안유지회를 조직하고 독립 문제를 논의하고자 주민 수만 명의 전송을 받으며 상경길에 올랐다. 다시 심산의 육성을 들어본다.

나는 집에 돌아온 즉시 글을 지어 잘 걷는 사람 10여 명을 시켜 전군의 동·서·남·북 각 면, 각 리에 돌렸다. 군민을 모두 사월리 청천서당晴川書堂에 모이게 하니 이날 밤에 모인 사람이 거의 천여 명이 되었다. 나는 그 석상에서 말하였다.

"일본이 패망했으니 우리나라는 완전 독립이 된 것입니다. 다만 창졸간에 일어난 일이라 정식 정부가 설립되는 것은 당장 시일을 기약하기 어렵습니다. 지방의 치안이 매우 우려되니 임시 치안유지회를 조직해서 정부가 창립될 때까지 치안을 책임지는 것이 좋겠습니다."

모두들 찬성해서 바로 임시 치안유지회를 조직했다. 장진영張鎭永을 회장으로 추대하고 정세호鄭世鎬, 도재림 都在琳을 부회장으로 삼았다. 그리고 따로 각 면 책임자를 정하여 상호 연락하고 회장의 지휘를 받도록 하였다.

그 다음날 상경하려고 집을 떠나 성주 군청 앞에서 잠시 쉬었다. 군내의 남녀노소 수만 명이 나의 행차를 전송하느라 큰길 양쪽에 도열해서 있었다. 내가 차에 오르자

일제히 만세를 불러 떠나보내는데 혹 감격해서 눈물을 흘리는 사람도 있었다.[39]

___ **39** 『자서전』下, 325쪽.

행정권 이양받은 여운형 만나

상경 길에 대구에 도착하여 치안 상태를 알아보고 오랜만에 지인들을 만났다. 치안은 심히 어지러운 상태였지만 대구에서도 여운형의 건국준비위원회 지부가 조직되고 있었다.

건준 지부는 김관제金觀濟와 서상일徐相日 등의 주도권 다툼으로 분열되고 있다는 소식이었다. 심산은 두 사람을 불러 타일러 보았으나 허사였다.

서울에 있는 동지들이 여러 차례 사람을 보내어 상경을 재촉하였다. 셋째 아들 형기와 손후익, 배승환, 김기남, 이세호 등 여러 사람의 등에 업히거나 때로는 차량을 이용하여 며칠 만에 서울에 도착하였다.

상경한 사실이 알려지면서 여운형이 찾아와 건준의 진행 과정을 알려주었다. 그때는 이미 건준뿐 아니라 각 파별로 정당이 60여 개가 난립하는 등 혼란의 조짐을 보이고 있었다. 공산당의 박헌영, 이관술, 이영, 최익한 등도 두 파로 분열되어 싸우고 있다는 소식이었다.

영·호남에서 먼저 상경한 동지들이 민중당民衆黨이란 정당을 조직하여 당수로 추대하고 취임할 것을 재촉하였다. 심산은 이들을 크게 질책하였다.

나는 그들에게 이 정당을 만들어서 장차 무엇 하려느냐고 물었더니 장차 정권을 장악해서 국책을 정하겠다는 것이었다.

"정당이 60여 개나 된다니, 도대체 웬 정당이 이렇게 많이 생겼소? 국가와 강토는 아직 수복되지 못하고 정식 정부 성립을 보지 못한 이때에 정당의 난투가 이처럼 치열하니 저 60여 개의 당이 만약 정권을 다투고 정책을 다툰다면 신흥 대한민국이 필경 저들 손에서 다시 망하고 말 것이오. 지금 여러분이 나를 당수로 추대하나 나는 허영에 움직여서 당수의 자리에 앉아 여러 정당과 싸움질을 하여 마침내 몸을 망치고 나라를 저버리는 사람이 되고 싶지는 않소."

나와 평소에 친교가 깊은 너덧 사람이 성을 내어 공박하였다.

"자네는 정당을 혐오하여 손잡기를 싫어하는데 그렇다면 무엇 하러 서울에 있는가? 고향으로 돌아가서 문을 닫고 누워 있는 것이 좋겠다."

"내가 가고 머무는 일은 실로 그대들의 권고나 만류에 관계치 않는다. 일시 소견이 서로 맞지 않는다 하여 돌연 노기를 띠는 것은 좋지 못하다."

이에 그들은 더욱 성을 냈다.

"우리와 자네 사이에 정이 두터운 것은 세상이 모두 아는 일인데 자네가 지금 우리를 외면하고 저버린다면, 장차 어떻게 두터운 정의를 보존할 수 있겠는가?"

나는 다시 웃으며 말했다.

"자네들은 정이 두텁다고 억지로 나더러 일을 같이 하자고 조르지만 정과 일은 본래 서로 혼동할 성질이 아닐세. 정에 끌리어 일을 그르친다면 의가 용납 못할 것이다. 자네들이 아무리 나를 원망해서 절교한데도 나는 자네들과 그 일은 같이 할 수 없네. 그러나 정으로 말하면 전과 다를 것이 무엇인가."

그들은 벌컥 성을 내어 "자네가 말하는 의는 대체 무슨 의인가. 우리들은 알지 못하겠다" 하고 가버렸다.

그리고 내 집 문 앞을 지나면서도 들리지 않는 것이 달 포가 되었다. 나는 사람을 시켜 "그대들이 내 집 문 앞을 지나면서도 들리지 않는다니 나와 절교하려는가? 그러나 나는 그 일 때문에 절교하지 않겠다"고 말을 전하였다.

그 후 얼마 지나서 그 친구들도 정당을 탈퇴했다. 그리고 나를 찾아와 정말 내 말이 맞다고 실토하는 것이었다.

이때 우리 강토 안에 있던 일인들이 아직껏 무장하고

설쳐서 그 위세는 실로 가공할 만하였다.[40]

해방 공간의 정황은 혼란스럽게 진행되었다. 갑자기 닥친 해방의 소식에 국민들은 환호하였으나 이를 주도할 세력을 갖지 못한 것이었다. 다만 여운형의 건국동맹이 재빨리 조직을 확대하면서 해방 공간의 주역으로 등장하고 있었지만, 그것도 여러 가지 시행착오와 내부 분열을 일으켰다.

여운형은 국내 거주 대부분의 민족주의자들이 일제에 협력하거나 칩거하고 있을 때 일제의 패망을 내다보면서 건국동맹을 조직하였다. 1944년 8월 1일 조동우, 현우현, 황운, 이석구, 김진우 등 독립운동가들과 서울 시내 경운동 삼광의원에 모여 조국 해방에 대비할 목적으로 건국동맹을 결성한 것이다.

건준은 일체의 조직활동을 비밀리에 하고 불언不言·불문不文·불명不名의 3대 원칙 아래 지방의 세포조직까지 준비하였다.

국내에서 유일하게 비밀결사체를 갖고 있었던 여운형은 1945년 8월 14일 니시히로 총독부 경무국장으로부터 일본의 패전 소식과 함께 과도기의 치안을 맡아달라는 요청을 받았다. 여운형은 8월 15일 아침, 엔도 정무총감으로부터 "일본

━━ **40**　『자서전』下, 앞의 책, 326~327쪽.

은 패배하였소. 금명일 중에 이것이 공식으로 발표될 것이오. 이제부터는 우리의 생명이 당신에게 달려 있소"라면서 행정권 이양 교섭을 제의받았다.

여운형은 정치범과 경제범의 석방, 3개월간의 식량 확보, 조선인의 정치활동과 청년·학생·노동자·농민의 조직활동에 대한 불간섭 등을 조건으로 내세워 이를 확약받고 그날 밤 건국준비위원회를 발족시켰다. 이미 결성된 건국동맹의 조직에다 반일 인사들과 출옥한 독립지사들을 참여시켰다.

건준은 여운형을 위원장으로, 안재홍을 부위원장으로 하여 중앙 부서로 총무부(부장 최근우), 재무부(이규갑), 조직부(정백), 선전부(조동우), 무경부(권태석)로 좌우익 인사를 고루 배치했다. 그리고 2000여 명의 청년·학생으로 건국치안대를 조직하여 치안을 담당케 하고, 또한 식량문제위원회를 구성하여 식량 확보에 전념토록 하였다.

건준은 3대 강령을 내세웠는데, 첫째 완전한 독립국가의 건설, 둘째 전체 민족의 정치적·사회적 기본 요구를 실현할 수 있는 민주주의 정권의 수립, 셋째 일시적 과도기에 있어서 국내 질서를 자주적으로 유지하여 대중생활의 확보를 기한다는 내용이었다.

에드거 스노가 지적한 대로 아무런 준비 없이 점령한 미군이 여운형과 건준을 활용했더라면 한국의 해방 정국은 크게 방향을 달리했을 것이다. 그러나 미군정은 건준의 창립자인 여운형을 비난하면서 건준의 존재를 인정하지 않았다.

건준에는 송진우 등 우익 세력 다수가 불참했다. 그러나 여운형·안재홍을 비롯해 김병로, 이인, 허헌 등 우익과 중간 노선의 인물과 박헌영 계열의 좌익 세력, 정백 중심의 장안파 공산당 계열 등도 참가하여 좌우합작 단체의 성격을 띠고 있었다. 지방 조직도 확대되어 8월 말 현재 145개의 지부가 설치되었다. 중앙위원회에도 김준연, 이용설, 김약수, 이동화, 이강국, 최용달 등을 임명하여 각 계열의 인사를 고루 포섭하였다.

그러나 송진우, 장덕수 등 우파는 끝까지 참여를 거부했다. 이들은 임시정부의 환국을 기다린다는 명분을 내세웠지만, 대부분이 일제 강점기 자신들의 행적 때문에 새로운 권력의 실체로 등장한 미군정의 눈치를 살피면서 건준 참여를 주저하게 되었던 것이다.

이 틈에 좌익 계열이 재빨리 조직을 확대하여 건준을 장악하고 미군이 진주하기 이틀 전인 9월 6일 전격적으로 인민공화국을 선언하기에 이르렀다. 결국 건준은 20일 만에 '인민공화국'으로 바뀌고 여운형은 '20일 천하'로 내리막길에 들어섰다. 민족주의 세력과 사회주의·공산주의 세력의 연합을 통해서 해방정국을 주도하고자 했던 여운형은 미군정과 우파 세력으로부터 극심한 불신과 시기를 받아 몇 차례의 테러 끝에 1947년 7월 극우 청년 한지근에 의해 암살되었다.

해방 직후 『여운형론』을 쓴 이강국은 "일본 제국주의의 포악한 위협과 교묘한 회유 속에서도 권위와 절도를 지키면서 지하의 투사, 지상의 신사로서의 전술을 겸비한 사람"이라고 평가하였다.

이런 평가가 아니더라도 여운형의 인품과 능력 그리고 일제 강점기 항일 투쟁 기록은 만만치 않았다. 1918년 신한청년단을 조직하여 당수로 취임하고, 1919년에는 상해 임정의 외무총장, 의정원 의장을 지냈다. 1920년에는 상해의 고려공산당에 입당하여 국제적인 연대 속에서 민족 해방의 길을 추구하였다.

그의 인품과 능력의 진면목을 국제적으로 과시한 것은 1919년 10월 일본 도쿄에서 열린 조선 독립에 관한 연설이다. 제국호텔에서 500여 명의 언론인과 각계 인사들 앞에서 "조선 독립운동은 나의 사명이며 필생의 과업"이라고 전제, 조선 독립의 당위성과 필요성을 한 시간 반에 걸쳐 개진하여 일본 정계에 태풍을 몰고 왔다.

또 동경제국대학 요시노 교수가 지도하는 학생 서클의 초청 연설에서는 청중들이 "조선 독립 만세!"를 부르는 '이변'이 일어날 만큼 명연설을 하여 일본의 지식층에 강렬한 인상을 심어주었다.

그는 젊어서 노비 문서를 불살라 집안 노비를 해방시키고 민족 해방 투쟁에 나서 수차례 걸쳐 투옥되는 시련을 겪으면서 건국 준비를 해오다가, 해방 공간에서 주도권을 빼앗겨 '건준'이 '인공'으로 변질되고 결국 공산주의자들에게 업히는 결과가 된 것은 그 개인은 물론 해방 정국의 전도에 암운을 드리우게 한 비극이라 하지 않을 수 없다. 그러나 심산과는 그렇게 가까운 사이가 되지 못하였다.

심산은 여운형을 만난 심회를 다음과 같이 기술하였다.

여운형의 말을 듣기 전에는 그래도 새나라 건설이란 부푼 가슴을 안고 마음껏 푸른 설계를 꾸며 보았는데 막상 이러한 실태와 접하게 되자 온갖 희망이 와르르 무너지며 일종의 환멸을 느끼게 되었다. 차라리 이런 이야기를 들려주는 여운형의 말을 막고 싶을 정도로 안타까운 마음 이를 데 없었다.[41]

▬▬ **41** 『벽옹일대기』, 태얼출판사, 242쪽, 심산기념사업회 엮음.

남한의 군정 수립과 신탁통치안

    미군은 일본이 항복한 뒤 20여 일이 지난 1945년 9월 8일 인천을 통해 남한에 상륙하였다. 연합군총사령부는 이보다 앞서 9월 2일 「일반명령 제1호」를 발령했다.

    연합군 최고사령부가 발령한 「일반명령 제1호」의 내용은 다음과 같다.

> 1945년 9월 2일 일본 천황과 정부 그리고 대본영의 대표자에 의해 서명된 항복 문서의 규정에 따라 별첨 일반명령 제1호 육·해군과 이것을 부여할 필요가 있는 훈령을 일본 군대와 그 지배 하에 있는 군대 그리고 관계 비군사 기관에 대하여 지체 없이 시달하고 그것을 충분히 또한 완전히 지키도록 할 것.
>
>   - 연합군 최고사령관에 의해 참모장 미육군 중장 서덜런드

「일반명령 제1호」에는 '첨부서'로 「일반사명 제1호」도 따
랐다.

1) 일본국 대본영은 자玆에 칙령에 의하고 또한 칙령에
기하여 일체의 일본 군대가 연합국 최고사령관에게
항복한 결과로서 일본 군대와 일본 지배 하의 군대
로 하여금 적대 행위를 즉각 정지케 하고 그 무기를
놓고 현 위치에 정지케 하며 다음에 지시하는 또는
연합국 최고사령관이 추후 지시할 수 있는 미·영·
소·중의 이름으로 행동하는 각 지휘관에 무조건 항
복하게 할 것을 명함. …

2) 만주, 북위 38도 이북의 한국, 화태와 천도열도에
있는 일본의 선임 지휘관과 모든 육상·해상·항공
그리고 보조 부대는 소비에트 극동군 최고사령관에
게 항복할 것. …

3) 일본 대본영, 일본 본토에 인접한 제소도, 북위 38
도 이남의 한국, 류구제도, 필리핀제도에 있는 일
본 선임 지휘관과 모든 육상·해상·항공 그리고
보조 부대는 미국 태평양 육군총사령관에게 항복
할 것. …

「일반명령 제1호」에 명시한 38도는 일본군의 무장해제를
위한 군사적인 성격의 분계선이었으나 이것이 결국 국토 분

단의 경계선으로 고착되고 말았다.

9월 8일 남한에 상륙한 미 제7사단은 제1단계로 서울·경기 지역을 점령하고 9월 12일부터 23일까지 개성·수원·춘천 등을 점령하였다. 제2단계는 제40사단이 경남북 지역을 점령하고 7사단의 점령 지역이 확대되어 10월 10일까지 경기·강원의 모든 지역을 점령하였다. 제3단계는 6사단에 의해 전남북 점령으로 남한 전 지역을 점령하게 되었다.

점령군 사령관 하지 중장은 9월 2일 「미군 상륙에 제한 재조선 미군사령관 포고 1」을 발표, "…이기주의로 날뛴다든가 혹은 일본인과 미상륙군에 대한 반란 행위, 재산과 기설 기관의 파괴 등의 경거망동을 하는 행동은 피할 것이며…"라고 새로운 '점령군'의 시책을 공표하였다.

우익 측에서는 미군을 환영하기 위해 연합군환영준비위원회를 대표해서 조병옥, 정일형 등이 인천까지 출영하고, 건국준비위원회에서는 여운홍·박상규 등이 여운형 위원장의 메시지를 갖고 환영을 나갔다.

한국에 상륙한 미군은 9월 9일 38선 이남 지역에 대한 군정을 포고한 데 이어 12일 아놀드 소장이 군정 장관에 취임함으로써 본격적인 군정체제를 갖추어 나갔다.

미군정 당국은 남한에서 군정을 실시하면서 중경 임시정부는 물론 인민공화국 등 미군정 이외의 어떠한 권력기관도 인정치 않았다. 따라서 해방 후 전국 각지에서 자발적으로 생겨난 인민위원회·치안대 등 각종 자치기구들을 강제로 해체시키고 일본의 식민지 통치기구를 그대로 존속시키면서 조선인 행정관리들을 인계받아 통치체제를 유지하였다.

미군정은 영어를 잘하는 지주 출신의 보수적 인사들을 행정고문으로 임명했는데, 이는 사실상 과거의 친일 관료·경찰·지주 등 반민족적 인사들의 재등장 과정이 되었으며, 사회주의자들은 물론 김구와 임시정부 인사들도 여기서 배제되었다. 심산도 배제된 것은 물론이었다. 미군정은 「치안유지법」 「사상범 예방구금법」 등 일제가 만든 악법들을 폐지했으나 「신문지법」 「보안법」 등은 존속시켜서 남한 점령 통치에 활용하였다.

미군정은 또한 1946년 2월 한국 지도자 38명으로 민주의원을 구성하여 군정의 자문에 응하게 한 데 이어, 같은 해 12월에는 관선·민선의원 90명으로 남조선 과도입법의원을 발족시켰으며, 1947년 2월 말에는 미국인 군정 장관 밑에 민정 장관의 직을 두어 안재홍을 임명하고, 그해 6월에는 군정부의 명칭을 '남조선 과도정부'라고 바꾸었다.

신탁통치란 본래 국제연합 감시 아래 특정 국가가 특성지역에 대해 실시하는 특수 통치 제도를 일컫는다. 통치국은 이 제도의 기본 목적에 따라 평화 증진, 주민 보호, 인권 존중, 자치 또는 독립 원조를 하도록 되어 있다.

한반도에 대한 신탁통치 문제가 공식적인 외교석상에서 처음으로 제기된 것은 1943년 영국 수상 이든과 미국 대통령 루스벨트의 워싱턴 회담에서였다. 그 후 카이로·테헤란·얄타·포츠담 회담을 거치면서 구체화되었다. 원래 한반도 「신탁통치안」은 제2차 세계대전 중에 루스벨트에 의해 구상되었다. 루스벨트 대통령은 1942년 이래 전후 식민지에 신탁통치라는 새로운 제도를 적용시킬 것을 구상한 것이다. 식민지 국민은 자치 능력이 부족하므로 일정 기간의 교육을 통한 준비기, 즉 국가의 신탁통치를 거친 후 독립시킨다는 구상이었다.

1943년 11월 말 테헤란에서 열린 미·소 양국 회담에서 루스벨트는 스탈린에게 한국의 「신탁통치안」을 제시하여 스탈린이 이에 수동적으로 동의하자 미·소 간의 한반도 신탁통치가 구두로 합의되었다. 이후 1945년 2월 얄타 회담에서 미국은 소련이 한반도에 지배적인 영향을 미치는 것을 막기 위해 「신탁통치안」을 구체화하려 하였다.

그러나 일본의 패망이 예상 외로 빨리 다가오자 한반도를 미·소 양국이 분할 점령하게 되었고, 그 상태에서 한반도 문제를 매듭짓기 위해 모스크바 3상회의가 열렸다. 여기서 미국이 제시한 탁치안에 소련이 수정안을 내어 채택되었다.

1945년 12월 미국의 번즈 국무상, 영국의 베번 외상, 소련의 몰로토프 외상이 모스크바에 모여 결정한 한반도의 「신탁통치안」의 요지는 다음과 같다.

① 한국을 독립국가로 재건하기 위해 임시적인 한국 민주정부를 수립한다. ② 한국 임시정부 수립을 돕기 위해

미·소 공동위원회를 설치한다. ③ 미·영·소·중의 4개국이 공동관리하는 최고 5년 기한의 신탁통치를 실시한다는 내용이었다.

이 같은 모스크바 3상회의의 내용이 국내에 알려지자 국내 정치 세력은 찬반 양론으로 분열되었고, 격렬한 찬반 투쟁이 전개되었다.

모스크바 3상회의의 내용이 국내에 처음으로 알려진 것은 1945년 12월 27일이었다. 미국발 보도로 알려진 이 소식은 "미국은 즉시 독립을 주장하며, 소련은 신탁통치를 주장한다"는 내용이었는데, 이는 사실과 정반대될 뿐 아니라, 탁치와 독립을 은연중 대치시키는 내용이었다.

이에 김구와 임시정부 계열은 반탁과 즉각 독립을 내걸고 반탁운동의 선두에 나섰다. 김구는 "임시정부를 중심으로 하는 과도정부 수립"을 천명하면서 미군정에 대응하고 나섰다. 이러한 반탁운동은 광범위한 대중적 지지를 받았다. 초기에는 반탁 입장을 취했던 좌익 세력은 통일정부 수립을 위해 통일위원회 설치를 제의했으나, 임정이 비상정치회의 소집을 통해 통일공작을 추진하자고 하여 결렬되었다. 그러자 이른바 '인민공화국'과 조선공산당은 46년 1월 2일 3상회의 지지를 공식적으로 밝혔으며, 2월 15일 민주주의민족전선(민전)을 결성, 좌익만의 통일전선을 이루었다.

한편 우익은 임정을 중심으로 비상정치회의 준비회를 열고, 이승만의 독립촉성중앙협의회가 이에 합세, 좌익이 불참

한 가운데 비상국민회의를 개최하였다. 이로써 좌우 분열은
극에 달했다.

다시 만난 이승만에 실망

 실제로 모스크바 3상회의 결정은 '신탁통치와 임시정부 수립, 그를 통한 독립'이라는 내용이었으나, 이를 둘러싸고 반민족 친일 세력과 민족 세력 간의 대립 구도가 좌·우익 간의 대립 구도로 바뀌고, 김구 등의 통일 정부 수립 노력이 이승만의 남한 단독 정부 수립 노선에 의해 좌절됨으로써, 결국「신탁통치안」은 친일 분자와 우익 세력에게 도덕적 명분을 부여하는 계기가 되고 말았다.

 그리고 찬·반 투쟁 과정에서 각 정파 간의 격렬한 대립을 벌이게 되어 민족 분열의 계기를 만들었다.

 모스크바 3상회의 결정에는 한반도의 분단보다도 통일 정부 수립을 가능케 할 구상이 많이 포함되어 있었음에도 불구하고, 그 당시 한국 정치인들은 신탁통치 측면만을 부각시키며 미·소의 타협을 유도하려는 노력을 적극적으로 수행하지 못했다는 평가를 받고 있다. 4개국 신탁안의 내용 중에는 한반도를 어느 1개 강대국의 지배에 놓지 않으려는 한반도 중립화적 구상이 다소 포함되어 있었는데, 이상하게도 신탁통치를 제안한 미국 혹은 소련 어느 쪽도 모스크바 3상회담 협의 과정에서나 미·소공동위원회에서도 이 점을 전혀 부각시키지 않았던 것이다.

신탁통치 문제에 대한 각 정파의 입장은 다음의 〈도표〉와 같다.

〈도표〉 신탁통치 문제에 대한 각 정파의 입장[42]

정파·인물	입장	비고
박헌영 (조선노동당)	반탁에서 찬탁	• 1944. 10. 23 반탁 • 1946. 1. 2 찬탁
여운형	'제3의 길' 노선에서 지지 노선으로 선회	• 1945. 10월 이래 공식 태도 유보 • 1946. 2월 지지 표명 • 공산당처럼 '총체적으로 지지' 한다는 표현을 쓰지 않고 '3상 회담을 수락 실천' 하자고 주장
김규식	중간파 노선, 좌우 합작 주도	1946. 1월까지 우익과 함께 입장 표명. 1946. 3월부터 좌우합작 주도
김구(임정)	일관된 반탁 노선	처음부터 끝까지 반탁 주장
이승만(독촉)	소극적 반탁 노선	소극적인 반탁 표명에서 공산당이 방향 전환 이후에는 명백한 반탁 표명
한민당	기회주의 노선	'소련 탁치 주장설' 때 반발, 송진우 암살 후 반탁 노선을 명백히 함.
송진우	미국 우선권 확보 전제 탁치 찬성	처음부터 소련의 참여가 배제되고 미국의 우선권이 확보되면 탁치를 찬성한다는 입장
인민당	중간 노선	반탁도 지지도 아닌 중간 노선에서 소극적인 좌우 통합 기도

42 김삼웅, 『해방후 정치사 100장면』, 31쪽, 가람기획.

미군이 상륙하고 신탁통치 문제가 제기되는 등 해방 정국이 자주 독립 노선이 되지 못하고 새로운 외세가 지배하게 되면서 심산은 그대로 앉아 있을 수가 없었다. 그 무렵 이승만이 미국에서 귀국하여 신탁통치 문제의 중심에 서게 되었다. 주위 사람들이 이승만을 만나보도록 권유하였다. 이승만은 만나려는 사람이 너무 많아지자 단체의 대표에게만 면회하겠다고 공고하였다. 이승만을 만나기 위해 5~6인이 단체를 만드는가 하면 급조 정당이 생겨났다. 이 무렵 정당 사회단체가 무려 430여 개나 생겨났다.

심산은 주위의 권유에 따라 이승만을 직접 만나 그의 의중을 알아보기로 하였다.

나는 곧 이 박사가 거처하는 집으로 가서 명함을 내밀고 만나기를 청했다. 문 밖에서 두 시간 남짓 기다리니 변영태卞榮泰가 나와서 안내했다. 이 박사와 만나 인사를 끝마치고 나서 미주통신의 신탁통치 기사에 대해 물었다.

그는 웃으며 "내가 미주에 있을 때 이미 그런 말이 있었지요. 그러나 그것은 미국 정부의 확정한 정책이 아니니 깊이 우려할 것은 못됩니다"고 말했다.

나는 재삼 캐어물었으나 우스개로 받아 넘기더니 딴말을 꺼냈다.

"지금 건국 사업에 가장 긴요한 것은 재정이오. 당신은 필요할 때 재력을 동원할 수 있습니까?"

"나는 본래 집이 가난해서 그럴 능력이 없소."

"자신은 재력이 없더라도 유력한 자를 움직일 수는 있지 않겠소? 내가 미주에 있을 적에 이미 큰돈을 준비해 둔 것이 있어 틀림없이 곧 부쳐올 것이오. 당신도 친한 사람들과 의논하여 두루 모금을 해서 대비하도록 하십시오."

"지금 수많은 정당이 난립하여 서로 다투고 있는 실정입니다. 현재 시급한 일은 전 민족의 단결이요. 소위 자금의 마련은 제2에 속한 문제입니다."

"금력만 있다면 단결되지 않는 것이야 무어 걱정할 것이 있겠소."

"단결하지 않고 한갓 금력에만 의지한다면 싸움을 더하게 만들어 결국 건국 사업에 도움이 없을 것으로 봅니다."

나는 돌아와 여러 사람들에게 신탁 문제에 대해서만 대화한 내용을 전했을 뿐, 자금에 대한 논란은 덮어두고 말하지 않았다. 대개 당시 민중들이 이 박사에 대한 바람이 워낙 컸기 때문이었다.[43]

심산과 이승만의 관계는 새삼 설명이 필요하지 않을 것이다. 상해 임시정부 시절 위임통치론을 제기할 때부터 이승만에 대한 인식은 지극히 부정적이었다. 게다가 귀국해서는 미국에 기대면서 군림하려는 태도는 여간 거북한 모습이 아니

▨▨▨ **43** 『자서전』, 328~329쪽.

었다. 심산을 만나서는 유림 계통의 재력 문제부터 거론한 것을 지켜보면서 실망과 불신감이 증폭되었다.

해방 뒤 심산과 이승만의 관계는 첫 만남에서부터 이렇게 벌어지기 시작하였다. 아니다. 처음부터 두 사람은 철학적으로나 정신적으로 가까울 수 없는 사이였다. 오연하고 결백한 성격의 심산과 마키아벨리즘적인 이승만은 한 배에 탈 수가 없는 관계였다. 이렇게 하여 심산의 고난은 다시 계속되었다.

제 10 장

찬반탁의 격랑 속에서

임정 요인 위문받고 임정의 건국 노선 지지

물론 나는 알고 있다
오직 운이 좋았던 덕택에
나는 그 많은 친구들보다
오래 살아남았다
그러나 지난밤 꿈속에서
이 친구들이 나에 대하여
이야기하는 것이 들려왔다
"강한 자는 살아남는다."
그러나 나는 자신이 미워졌다.

  -베르톨트 브레히트, 「살아남은 자의 슬픔」

  해방 정국의 혼란과 갈등의 상당 부문은 미국이 중경에 있는 대한민국 임시정부의 존재를 인정하지 않고 '개인 자격'으로 격하시켜 귀국하도록 한 데서 비롯되었다. 1919년

4월 13일 상해에서 출범한 이래 27년 동안 한민족의 대표 기관으로 일제와 싸워온 임시정부를 부인한 것은 미국이 처음부터 한국에 통일 정부를 세우는 것보다 분단을 통해 영향력을 행세하려는 의도가 깔려 있었기 때문이다.

임시정부 요인들은 해방이 되고도 석 달이 더 지난 11월 23일 김구, 김규식, 이시영 등 제1진 15명이 개인 자격으로 귀국하였다. 얼마 뒤 2진도 귀국하였다. 심산은 임시정부의 환영 절차를 준비하는 환영회 부회장으로 피선되었지만 미군정 당국이 귀국 날짜를 정확히 알려 주지 않아서 요인들이 귀국할 때에는 까맣게 모르고 있었다. 반면 10월 16일 미국에서 귀국한 이승만은 미군정 고위 인사가 동경에까지 '영접' 나가는 등 요란한 환영을 받았다.

김구, 김규식, 이시영, 조성환, 장건상, 황학수, 조소앙, 조완구, 신익희, 김원봉, 유림, 조경한, 홍진, 유동열, 김상덕 등 임시정부 요인들은 귀국 이튿날 심산의 거처로 찾아와 문병을 하면서 중경에서 병사한 둘째 아들 찬기에 대한 조위弔慰의 뜻을 표했다. 임정 요인들이 집단으로 생존 독립운동 인사를 방문한 일은 전무후무한 일이었다. 해방 정국에서 심산의 위상을 보여 주는 대목이다.

심산은 그때까지도 아들이 병사한 사실을 알지 못하고 있었다. 심산은 이때 병석이어서 답방을 하지 못하고 셋째 아들 형기를 보내 김구, 이회영 등 임정 요인들에게 문안을 드리게 하였다.

심산은 둘째 아들 찬기를 중경 임시정부에 밀파하여 국내 정세를 전하고 중경의 임시정부를 지원하도록 하였으나 아들은 끝내 불귀의 객이 되고 말았다. 심산은 옛 동지들을 만나는 기쁨과 아들의 사망이라는 비보를 함께 들어야 했다. 그러나 사적인 슬픔은 『자서전』에서 극히 소략하게 적었다.

> 임정 인사들이 중경에서 서울로 돌아왔다. 나는 그때 병석에 있어 셋째 형기를 보내 백범, 성재 등 여러분에게 문안드리도록 했다. 그때 둘째 아들 찬기가 지난 10월 11일 중경에서 병사하여 화장을 해서 유골이 머지않아 도착한다는 소식을 들었다. 살아 돌아올 것을 고대한 끝에 이런 흉보를 들으니 비통한 마음을 가눌 수 없었다.[1]

심산은 해방 공간에서 우후죽순처럼 생겨나는 정당과 각종 사회 단체에 크게 실망하고 있었다. 임시정부를 봉대奉戴하는 것만이 정통성을 갖는 건국 방략이라 굳게 믿었다.

그래서 영호남 지인들이 민중당을 조직하여 당수직 취임을 재촉하자 다음과 같이 타일렀다. "내가 듣기에 60여 정당이 조직되어 있다 하니 어찌 정당들이 이렇게 많은가. 나라와 강토는 완전히 수복되지 못하였고, 정식 정부 역시 수립되지 못한 이때에 정당의 어지러운 싸움이 이와 같이 심한

---

1 『자서전』下, 330~331쪽.

지경에 이르러서 저 60여 당이 만약 정권과 정책을 서로 다
툰다면, 새로 일어날 대한민국이 필연 자네들의 손에서 다시
망하게 되지 않을까 두렵도다. 지금 여러분이 비록 나를 당
수로 추대하였으나 나는 허영에 이끌리어 그 당수의 자리에
나아가 여러 정당과 더불어 싸움질하며 마침내 몸을 버리고
나라를 저버리는 사람이 되고 싶지 않다"[2]고 질책하며 당수
직을 거부하였다.

여운형, 박헌영, 허헌 등이 9월 7일 '조선인민공화국'을
조직하고 대통령과 조각을 결정하였다는 소식을 듣고는 이
렇게 개탄하였다. "아! 슬프다. 나라를 새로 일으켜 정식 정
부를 세움이 이 얼마나 중대한 일이건대, 저 여(여운형), 박(박
헌영) 등 몇 사람이 하룻밤 사이 창졸간에 비밀히 모여서 상
의하고 상호 추천하여 그 부서를 정하고 무지한 시민으로
1000명도 못되는 자를 끌어다 놓고 이르기를, 이는 '조선인
민공화국의 정식 정부'라고 선포했다 하니, 그들은 정권을
잡으려고 국민을 기만하고 있구나. 일이 이에 이르니 그 죄
는 죽어도 남음이 있을 것이다"[3]라고 탄식하였다.

임정 인사들이 환국한 뒤에 좌우익뿐 아니라 각계 인사들
이 매일 심산의 거처로 몰려왔다. 이들은 심산의 정견을 묻
고 자파로 영입하고자 하였다. 그럴 때마다 "아들의 상을 당
해서 정계의 일을 들어본 경황이 없다"고 완곡하게 거절하였

2 『국역 심산유고』, 785~786쪽.
3 『국역 심산유고』, 785~786쪽.

327

다. 그는 정파에 가담하는 것을 극히 꺼려하였다. 정당인이 되기에는 신념과 의리관이 너무 강했던 것이다.

심산이 자신의 이름을 허용한 것은 9월 7일 국민대회준비회에서 임시정부 지지를 채택하고 '연합국에 대한 감사 표시'를 하기 위해 송진우, 장택상, 윤치영, 최윤동, 백상규와 함께 6인으로 선출된 일이었다.

정파에 초연하면서 반탁운동에 앞장서다

임시정부가 환국하면서 심산은 당연히 임정 요인들과 더불어 행동을 같이 하였다. 신탁통치 반대 투쟁에 나선 것이다. 신탁통치는, 임시정부나 심산은 물론 한국인이면 누구나 민족적 감정으로 받아들이기 어려운, 충격적인 일이었다.

개인 자격으로 환국한 중경 임시정부는 1946년 초에 비상정치회의를 소집하여 특별위원 여덟 명을 추대하였다. 여기에는 이승만, 김구, 김규식, 권동진, 오세창, 조만식, 홍명희 등과 함께 심산도 포함되었다. 이들은 정당·사회단체·종교단체 대표자 270명을 선정하여 비상국민회의 대회를 개최하고, 이 대회에서 "정부를 수립하는 일은 극히 중대하니 마땅히 먼저 정부를 수립하기 위한 모체기관이 필요하다"는 인식 아래 정부 수립을 위한 모체 기관으로서 최고 정무위원 28명의 선출권을 이승만과 김구에게 위임하였다. 심산도 최고정무위원으로 선출되었다.

최고정무위원에 여운형, 박헌영, 허헌 등 좌익 진영은 참가하지 않았다. 당시 김창숙이 수립하려 했던 정부는 물론 남북 통일 정부였다. 소련군이 현실적으로 38도선 이북 지역을 점령하고 있는 상황에서 임시정부가 비상정치회의를 소집하여 우익 진영 중심으로 조직한 최고 정무위원회가 통일 정부 수립을 위한 모체 기관이 될 수 있다고 생각했는지는 의문이다. 그러나 확실한 것은 해방 후 김창숙은 38도선이 확정되고 미·소 양군이 분할 점령하는 상황에서도 귀국한 임시정부를 중심으로 남북 통일 국가를 수립해야 한다고 생각했다는 점이다.[4]

심산의 일관된 주장은 귀국한 임시정부를 법통으로 하는 남북 통일 정부의 수립이었다. 그래서 대표적인 독립운동가들과 28명의 최고정무위원으로 선출된 뒤 활동에 나서게 되었다.

그런데 28명으로 구성된 최고정무위원회는 하지에 의해 민주의원으로 바뀌었다. 민주의원은 주한미군사령관 하지의 자문기관이었다. 하지로서는 한국인의 의견을 반영할 기구가 필요했고, 2월 8일 북에 임시인민위원회가 설립되었는데, 곧 본회담이 열릴 미·소공동위원회에서 논의될 임시정부 수립의 모체도 감안한 것이었다.

---

4 강만길, 「심산 김창숙의 해방 후 정치활동」, 『역사는 이상의 현실화 과정이다』, 251쪽, 창작과비평사.

최고정무위원회가 민주의원으로 바뀐 것에 대해 김구 측은 불만이 컸다. 김창숙은 특히 이것에 대해 민감한 반응을 보였다. 민주의원결성대회는 민전결성대회 하루 전인 2월 14일 열렸다. 28명 중 민주의원 의원직을 거부한 여운형과 함태영, 김창숙, 정인보, 조소앙 등 5명이 참석하지 않았다. 『국역 심산유고』에 따르면 김창숙은 14일 이른 아침 신문에서 하지 장군 자문기관으로 민주의원이 미군정청 제1회의실에서 소집되었다는 보도를 읽고 "이승만, 김구 두 사람이 이제 민족을 파는 반역이 되었구나"라고 말했다고 한다. 그러나 그는 민주의원회를 라디오를 통해 듣고 이승만과 김규식이 특히 문제가 있고 김구는 그와 다르다고 판단하였다. 비상국민회와 관계를 인정하느냐에 따른 판단이었는데, 그것은 중경 임정 법통과 연결되는 문제였다.[5]

해방과 함께 즉각 통일 민주 정부의 수립을 기대했던 심산에게 미군정의 수립과 일부 인사들의 분열 형태는 보통 고까운 문제가 아닐 수 없었다. 특히 이승만의 태도는 참고 견디기가 어려웠다.

환국한 중경 임시정부 측은 1945년 12월 28일 긴급 국무

5 서중석, 「김창숙의 반 이승만 투쟁과 정치문화」, 『이승만의 정치 이데올로기』, 362~363쪽, 역사비평사.

회의를 열어 각 정당·종교단체·언론기관 대표를 초청하여
비상대책위원회를 열어 신탁통치반대행동위원회를 조직하
였다. 이 위원회는 12월 31일 제1차위원회를 열어 중앙위원
76명과 상임위원 21명을 선임하여 본격적인 활동에 들어갔
다. 심산은 중앙위원으로 선임되었다.

해방 정국은 날이 갈수록 정파가 난립하고 대립하여 갈피
를 잡기 어려웠다. 그러던 어느 날 심산은 한민당 당수 송진
우를 집으로 초대하였다.

전에 난립하여 서로 다투던 정당들이 혹은 공산당에
흡수되고 혹은 한민당에 흡수되었다. 그 중 악질 친일 부
호親日富豪들이 한민당에 많이 따라 붙어서 한민당은 좌
우익 모두 미워하는 바가 되었다. 송진우가 그 당수인데
그는 식견과 역량으로 명성이 높아 나도 평소 그 인물을
중히 여겼다. 어느 날 그를 서신으로 집에 초대했다. 서로
술잔을 권하며 정당 난투의 폐단과 시국 수습의 책임에
대해 토론하였다. 송은 무릎을 꿇고 앉아 탄식하더니, "선
생은 무슨 방안이 있으십니까? 하고 물어 나 역시 탄식하
고 말했다.

"옛사람이 이르기를 사귐이 얕은데 말을 깊이 하면 잘
못이라 하였는데 그대는 나의 말이 깊다고 책하지 않겠는
가. 그대는 한민당 당수로 있는데 그대의 권위가 전 당을
통솔하고 국민을 이끌어 나갈 수 있겠는가? 그대의 뜻은

장하지만 국민들이 호응하지 않는 것은 무엇 때문인가?
내 듣건대 국민이 한민당을 공격하는 것은 날로 더해 간
다는데 그대는 공격의 표적이 되어 장차 어떻게 막아낼
것인가. 이 늙은이는 적이 그대의 일이 걱정이 되노라."

"외람되어 당수가 되었으니 본래 영도력도 모자라 당
내에 멋대로 떠드는 말이 분분하고 국민들의 누적된 비방
이 그치지 않습니다. 선생이 저를 버리지 않고 진로를 제
시해 주신다면 삼가 받들어 시행하겠습니다."

"이 늙은이는 귀당에 상관이 없지만 그대가 허심탄회
하게 물으니 나 역시 충심으로 대하지 않을 수 없다. 그대
가 오늘날 취할 길은 적극적 방법과 소극적 방법의 두 가
지 길이 있다고 생각된다. 당내의 악질 친일 분자를 숙청
하려면 반드시 당의 해산을 선언한 다음 개조해야 할 것
이니 이는 그 적극적인 방법이요. 해산하여 개조할 힘이
없으면 탈퇴를 선언하고 당분간 물러나 그대 자신의 위신
을 세울 것이니 이는 소극적인 방법이다. 그대는 이 두 방
법 중에서 하나를 택해서 결정해야 할 것이다."

그는 일어나 절을 하고 "이처럼 좋은 가르침을 주시니
감사하옵니다. 마땅히 동지들과 방침을 결정해서 국민들
에게 태도를 밝히겠습니다" 하고 돌아갔다.[6]

---

6 『김창숙문존』下, 332~333쪽.

송진우는 그 뒤 얼마 안 되어 암살당했다.

정국은 탁치 문제를 둘러싸고 자중지란의 소용돌이에 휘말려 들었다. 중경 임시정부가 주도하는 탁치 반대 중앙위원에 선임된 심산은 좌익 계열이 탁치를 지지한다는 성명서를 내자 크게 분통을 터뜨렸다. 공산당에 경고하는 격렬한 성명서를 초하여 젊은이들에게 각 신문사에 돌리도록 하였다.

내용을 읽어 본 젊은이들이 깜짝 놀라 성명서 배포를 중지할 것을 권하였다. 심산은 젊은이들을 질책하였다.

"너희들은 내가 화를 겁내는 줄 아느냐?"

그래도 젊은이들은 굳이 중지하려고 한다.

"너희들은 이처럼 비겁해 가지고 어떻게 세상에 자립할 것인가?"

"이 경고문이 한번 나가면 저들은 필시 선생을 해치려 들 것이니 적이 걱정됩니다."

나는 성을 내어 "너희들이 기어코 옮겨 쓰지 않으려느냐?"고 호통하고 지팡이로 때리려 하니 젊은이들은 공손히 사과하며 "명을 따르겠습니다. 그러나 꼭 이 글을 발표하려면 어디 비밀 처소를 예비해서 화를 피할 도리를 차리는 것이 옳습니다"라고 말했다. 나는 소리를 질렀다.

"나는 구차히 탁치 아래서 숨어 살기를 바라지 않으니 화가 두려워 숨는 일은 나는 않겠다."

그제서야 젊은이들은 옮겨 써서 각 신문사에 나누어
주었다.

그날 저녁 신문을 사서 보니 어느 신문에도 그 경고문
이 실리지 않았다. 4~5일이 지나도 역시 마찬가지였다.
6일 후에 나는 젊은이 3~4명을 각 신문사로 보내서 그
글을 싣지 않은 이유를 따졌다. 각 신문사는 모두 화가 두
려워 감히 싣지 못했다는 뜻으로 답변했고,『동아일보』
사의 편집인은 애초에 원고도 보지 못했다는 것이었다.
대개 기자 중에 붉은 물이 든 자가 숨겨 버렸던 것이다.
그래서 직접 가지고 간 원고를 주었더니 그 이튿날 특별
히 전문全文을 게재하여 전국에 전파되었다. 많은 사람들
이 나를 위험하다 생각하여 숨으라고 권했다.

"나는 화를 겁내서 피해 숨을 사람이 아니다. 장차 공
산당 지도자들을 불러 직접 죄를 따지겠다."[7]

7 『자서전』下, 335~336쪽.

공산당 질타와 반탁 담화 발표

심산의 공산당 성토 원고는 신문사 기자 중에 '붉은 물이 든 자'가 숨겨 버린 것을 직접 방문하여 항의한 결과 며칠 뒤 싣게 되었다. 심산은 찬탁으로 돌아선 공산당 간부들을 거소로 불러 이들을 크게 질책하였다.

하루는 젊은이 몇을 시켜 박헌영, 이관술, 이영, 최익한, 이승엽, 홍남표, 이우적 등 여러 사람을 불렀다. 박·최·홍과 양 이는 오지 않았고, 오직 공산당 조직부장 이승엽과 『해방일보解放日報』 주필主筆 이우적 두 사람만 같이 왔다. 내가 두 사람만 부른 것이 아닌데 다른 사람은 어찌 오지 않았는가 물으니, 다른 사람들은 모두 급한 일로 움직이기 어려워 자기들 둘이 대표로 왔다는 것이었다.

"군 등은 나의 경고문을 본 감상이 어떤가?"

"선생은 우리 공산당을 나라를 파는 반역으로 배척하

다니 너무 과격한 말이 아니겠습니까. 우리들은 결단코 용납할 수 없습니다."

"사국四國의 탁치를 환영한다니 나라를 파는 반역이 아니고 무엇인가?"

"지금 우리나라의 정세를 본다면 최고 5개년의 탁치를 불가불 받아야 합니다. 오늘날의 정세를 알지 못하고 공연히 반탁만 외치는 것은 실로 국가의 앞날에 해로운 일이지요. 또한 신탁통치 운운한 것도 각국 말의 해석이 달라서 소련·일본 말로 해석하면 곧 후견後見의 뜻이 됩니다. 우리나라 현 정세가 실로 자립할 힘이 없으니 최고 5개년의 후견은 받지 않을 수 없습니다."

"군 등이 소위 후견이라 함은 일본 민법의 술어에서 나온 것이 아닌가?"

"그렇습니다."

"소위 후견이라 하는 것은 미성년자와 정신이상자에게 적용되는 것이 아닌가?"

"그렇습니다."

나는 이에 크게 화를 내어 꾸짖었다.

"군 등이 탁치를 후견으로 해석하는 것은 탁치보다 더 위험한 것이다. 저 미·영·소·중 4국이 우리 한국을 서너 살의 어린애로 보아 후견한다면 16,7년은 걸릴 것이요. 우리 한국을 정신이상자로 본다면, 정신이상은 종신 불치의 병이니 후견은 필시 무기한이 될 것이다. 그대들

이 후견을 달게 받고 싶어 하는 것은 나라를 파는 반역이
아니고 무엇이냐?"

　그들은 말이 막히고 달려서 답변이 궤변과 거짓으로
전혀 조리에 맞지 아니했다.

　"군 등은 황잡 부당한 말로 나를 속이고 꺾으려 하나,
나는 나대로 주견이 있어 군 등에게 움직여질 바 아니다.
내 이미 글을 지어 경고한 바 있거니와 다시 군들을 불러
말하는 것은 군 등의 반성할 길을 열어 주려는 뜻이다. 내
듣건대 공산당의 이번 행동은 최고 간부 몇 사람이 북한
주둔 소련군 사령관의 지시를 받아 태도를 돌변해서 찬탁
하게 된 것이라니 통곡할 노릇이다. 내가 그대들에게 바
라는 바는 모름지기 지금부터 찬탁이 국가 민족에게 대죄
를 짓는 것임을 깨달아 급히 당 전체 대회를 개최해서 찬
탁을 부르짖는 자들의 매국 행위를 성토하고 모든 간부들
을 교체해서 새 출발을 하여 함께 반탁 진영으로 돌아온
다면 국가 민족을 위해 이 얼마나 다행한 일이겠는가."

　그들은 그래도 '후견'을 역설하고 반탁이 잘못이라고
배척하는 것이었다. 내가 다시 '후견'을 주장하는 죄는 찬
탁하는 죄보다 더 크다고 하지 않을 것이니 나는 미·소간
의 틈이 반드시 이로 인해 벌어질 것을 걱정한다. 우리 한
국은 필시 미·소의 각축장이 되어 나라는 독립할 날이 없
어질 것이나, 군 등의 매국의 죄는 이에 더욱 더 클 것이다.

　"미국이 바로 이리지요. 저 이리를 견제하려면 소련

이 아니면 불가능하기 때문에 우리들을 소련군이 오래 주둔할 것을 바라는 것입니다" 하고 관술이 응수하는 것이었다.

"군의 말을 빌릴 것 같으면 저도 역시 이리요. 이도 역시 이리다. 군 등은 한 이리를 견제하려고 다른 한 이리를 끌어들이는 격이니, 나는 우리 한인이 두 이리의 이빨에 종자도 없어질 것을 두려워한다. 그 마당에 이르면 군들은 반드시 매국의 죄를 변명할 도리가 없을 것이 아닌가."

이관수는 성이 난 기색이었으나 변명할 말이 없어 벌떡 일어나서 가버렸다. 얼마 후에 또 최익한이 왔기에 그의 견해를 타진해 보니 역시 이승엽, 이관술과 대체로 별 차이가 없었다.[8]

심산은 해방된 조국에서 어떤 형태의 외세 지배도 용납할 수 없었다. 그리고 공산주의 사상에 대해서도 철저하게 배격하였다. 이것은 그가 살아온 원칙이고 신념이었다. 공산당 간부들에 대한 실망은 저들을 '매국의 죄'로 질타하였다.

심산은 1946년 1월 2일 독자적으로 반탁 담화를 발표하였다. 다음은 담화의 요지다.

---

8 『자서전』下, 336~339쪽.

나는 신탁통치란 흉보를 접하고 병상에 누웠다가 대곡
大哭하였다. 우리가 왜놈의 감옥에서 나온 지 몇 달이 못
되어 또 다시 미·소의 감옥에서 썩을 것을 각오하고 싸우
지 아니하면 안 되겠다. 삼천만 민족이여! 이족의 통치 밑
에서 노예·우마가 되어 살기 보담은 차라리 자유를 위하
여 죽음으로써 싸워 순국선열의 뒤를 좇는 것이 우리 민
족의 유일한 의무다.

이 정신을 철두철미 이행함에는 오로지 백전백기의 일
로一路가 있을 뿐이다. 강토를 찾지 못하고 이족의 탁치를
받게 된 금일에 있어 정당이 정책을 논하면 무엇에 쓰며
상인의 영업은 무엇 할 것이며 학생의 수업은 무엇 할 것
이며 관리의 구직은 더욱 추태가 아닌가. 일시라도 빨리
정당은 해체하고 상인은 폐업하고 학생은 파업하고 관리
는 기직하는 동시에 일제히 우리 임시정부(이하 11자 판독
불명) 조국기를 높이 날려 시위 행진에 참가하여 우리 삼
천만 민중의 절대 반대하는 총의를 세계 만방에 선양하
자. 그러면 피 연합 4국도 반드시 국제 신의에 배치되는
그 모욕적 통치를 감히 우리에게 가加하지 못하리라.

삼천만 형제자매시여! 앞날의 쓸데없는 파벌적 투쟁을
깨끗이 청산하고 모조리 한 뭉치가 되어서 탁치가 취소되
고 군정이 철거하는 날까지 의혈로서 싸우기를 굳게 맹세
하자.[9]

우국충정이 담긴 호소문이었다. 찬반탁에 대한 가치 평가는 시국관에 따라 얼마든지 달라질 수 있다. 또 오늘의 관점에서 생각할 때 꼭 반탁만이 최선의 방안이었는지, 논란의 여지는 적지 않다. 하지만 탁치 취소와 군정 철거 그리고 임시정부 중심의 건국 추진이라는 신념의 일관성을 평가하게 된다.

　　좌익 세력은 이해 12월 30, 31일에 민족통일전선의 결성을 강조하면서 우익 측의 반탁 투쟁을 심하게 비판하였다. 1946년 1월 2일에는 조선공산당이 모스크바 3상 결의와 5년 신탁통치 기간은 필요하다면서 임시정부 측의 반탁 투쟁을 비난하였다.

　　심산은 이에 분노하여 1월 6일에 조선공산당에 「경고문」을 발표하였다. 대부분의 신문들이 이 경고문을 싣지 않았는데『동아일보』만이 전문을 실었다. 당시『동아일보』는 한민당의 노선을 적극 지지하면서 신탁통치 반대에 가장 적극적이었다. 다음은 「경고문」의 요지다.

　　공산당 중앙위원 제군, 금번 신탁통치에 관하여 군群 등이 지난 2일에 발표한 성명서를 읽고 나는 방성통곡하였다.

　　우리 삼천만 민중이 탁치 반대를 동성 절규하는 금일

▰▰▰ **9** 권기훈,『심산 김창숙의 민족운동연구』, 122~123쪽, 재인용.

에 있어 오직 공산당에 속한 군 등 일부만이 이러한 매국
적 행동을 감위함은 이야말로 참된 민족반역자라 아니 할
수 없다. 군 등이 처음 인민공화국이란 것을 창조할 때에
그 정권 표취의 야심발로를 알았으나 그러나 어찌 금일의
이족 통치를 구가하는 반역자가 될 것까지를 뜻하였으랴.

군 등이 매양 민족 분열의 책임을 타인에게 전가하려
하였지마는 금일 이러한 매국의 대악大惡을 감행하고도
오히려 전국 민중을 기만하여 군 등의 솔하로 몰아넣으려
하느냐. 현명한 민중은 절대로 군 등의 매국적 간책에 맹
종하지는 아니하리라.

매국적 행위에 참가치 아니한 공산당원은 일시라도 빨
리 탈당을 설명하고 참다운 애국자인 공산주의자가 되라.
만일 그것을 애미曖昧에 돌린다면 우리 민중은 절대로 그
반역 죄악을 용서치 아니하리라.[10]

▨▨▨ 10 권기훈, 앞의 책, 124쪽, 재인용.

이승만과 갈등 관계 심화

심산은 날이 갈수록 정국이 찬반탁 투쟁으로 혼미를 거듭해 지자 중경 임시정부 측 인사들과 노선을 같이 하면서 반탁운동의 중심에 섰다. 1946년 2월에 임시정부 비상국민회의 최고 정무위원에 선임되고, 1947년 3월 3일에는 임정 확대 강화 조치로 취해진 국무위원에 보선되었다. 이해 9월 2일 개최된 국민의회 제43차 임시대회에서 국무위원으로 연임되었다.

심산의 「경고문」이 보도되면서 공산당 계열에서는 더 한층 성토하고 적대로 나왔다. 심산은 탁치를 지지하느냐 배격하느냐에 따라서 명백히 계선界線이 그어진다고 강조하였다. 그러면서도 좌우 분열과 당파 분열을 우려하였다. 1946년 초부터 정국은 찬반탁을 둘러싸고 더욱 격렬하게 대립하고 있었다.

김창숙이 말한 대로 1946년 초의 정국은 반탁이냐 모스크바 3상회의 결의 지지냐에 따라 우익과 좌익으로 분립되었다. 따라서 친일파들도 반탁을 하면 우익에서는 애국자가 되었다. 서로가 상대방이 왜 그러한 주장을 하는지를 이해하려는 노력 없이 상대방을 '민족반역자' '파쇼도당' 등으로 몰아붙여 공격하는 데만 주안점을 두었다. 당파적 계급적 이해 관계에 따른 집착 때문이었다.

그런데 김창숙은 이것과 다른 점도 있었다. 그는 좌우 분열에 대해 다른 시각을 지니고 있었다. 그는 해방 정국이 조선 시대처럼 또 다시 당파 분열, 정권 쟁탈의 갖가지 추태를 연출함을 우려하였다. 그가 보기에 좌와 우는 다만 무용無用 허기虛器인 최고 의자를 노리는 데에 구경究竟 목적이 있었다. 또한 그는 강토를 찾지 못한 상황에서 정당은 무용지물이라고 생각하였다. 당파적 또는 계급적 대립이나 갈등은 그의 시야에 들어오지 않았다. 이런 점은 그의 반탁론이 일면적일 수 있다는 것을 시사한다.

당을 만들어서 서로 싸우는 것은 국가의 장래에 큰 화근이 될 것이라는 주장은 김구가 한독당 입당을 권유할 때도 나왔다. 1946년 3월 김구는 임시정부 수립의 임무를 맡은 미소공위가 열리는 것에 대응하여 우익 대단결을 표방하면서 한민당·국민당 등을 한독당에 통합시키려고 하였다. 그렇지만 김구의 입당 권유를 거절하면서 김창숙이 말한 바와 같이 한민당은 미군정·이승만과 연결되어

막강한 세력을 형성하고 있어서 한독당이 능히 움직일 수 있는 위치에 있지 않았다. 그리하여 4월에 국민당과 신한민족당 일부가 한독당에 통합되는 선에서 끝났다.

김창숙은 한민당과의 통합이 불가함은 잘 지적하였지만, 1947년에 국민당과 신한민족당 계열이 한독당에서 탈퇴한 것에 대해서 "주도권이 그 손에 돌아오지 아니함으로써 모두 각각 이탈하였다"고 설명한 것은 일면적인 주장이었다. 국민당계와 신한민족당계가 한독당에서 나온 것은 미소공위에 협력하여 임시정부를 수립하는 길만이 통일 독립 정부를 수립할 수 있는 길이라고 판단하였기 때문이다.[11]

앞에서 기술한 대로 심산은 광복 뒤 김구의 중경 임시정부 측과 노선을 함께 하면서 통일 정부 수립을 위하여 불편한 몸을 이끌고 동분서주하였다. 그러나 이승만과는 처음부터 시국 인식과 노선이 맞지 않았다. 이승만 귀국 후 처음 만났을 때, 위임통치론 문제의 질문에는 어물쩍대고 건국사업에 재정이 급하니 응해달라고 요구할 때부터 심기가 더욱 뒤틀리게 되었다.

심산이 이승만과 부딪히게 된 것은 민주의원 정무회의 석상에서였다. 모스크바 3상회의에서 「신탁통치안」이 결정되자

▨▨▨ 11 서중석, 앞의 책, 368~369쪽.

김구 등 임시정부 측은 즉시 반탁운동을 전개하여, 2월 1일 비상국민회의를 열었다. 좌익 측이 민주주의민족전선 결성을 추진하자 미군정은 비상국민회의 최고 정무위원을 남조선민주의원(민주의원)으로 개편하여 주한 미군사령관(하지)의 자문기관으로 삼았다.

'민주의원'은 의장 이승만, 부의장 김구, 김규식이 선출되고 좌익계를 제외한 인사들이 총망라되었다. 심산은 민주의원으로 선임되었지만 비상국민회의가 하지의 자문기관인 '민주의원'으로 전락하자 크게 반발하였다. 제1차 회의에는 참석하지도 않았다. 2월 18일 덕수궁에서 열린 두 번째 회의에서 이승만과 심한 언쟁이 벌어졌다.

먼저 김구 측인 조완구가 민주의원 설립 과정과 관련하여 민주의원 의장 이승만을 공박하였다. 이어서 제2차 회의에 끌려오다시피 하여 참석한 김창숙이 이승만이 민주의원을 하지 장군의 자문기관이라고 한 것은 김구의 식사式辭 내용과 어긋나는데, 이 일은 당신의 수중에서 농간되어 일어난 것이다. 이렇게 기만하여 민족을 팔았으니 어찌 국가를 팔지 아니한다고 보장하겠느냐고 책상을 치며 호통을 쳤다. 이승만은 조완구에게도 응답을 아니하였으니 당신에게도 결단코 응답하지 않겠다고 말했다.

이승만은 김창숙의 고성이 더 오고간 뒤 퇴장하였다. 김창숙과 이승만은 물과 불의 관계가 될 수밖에 없었다.[12]

'민주의원'의 성립과 관련하여 심산은 김구에게도 분노의 감정을 삭이지 않았다. 그러나 김구의 본심을 알게 되면서 감정을 풀었다. 제2차 민주의원에서 이승만을 성토한 심산의 육성을 들어보자.

그날 이승만이 의장으로 임석했다. 조완구가 맨 먼저 발언권을 얻어서 민주의원 조직의 경위를 질문하는데 자못 조리가 있고 절절이 내가 질문하려는 바와 서로 부합하였다. 나는 연방 잘한다고 박수를 쳤다.

이승만은 이 공격의 화살을 감당치 못하고, 질문을 중지할 것을 청하며 회의 사항이 극히 많은 것을 빙자해서 답변할 겨를이 없다고 했다. 조완구의 질문은 더욱 거세게 나오고 이승만은 기어이 중지시키려 든다. 조완구가 더욱 급히 몰아붙이자 이승만은 시간이 없다고 완강히 답변을 거부했다.

나는 이에 큰 소리로 의장을 서너 번 부르고 조완구를 돌아보며 "그대는 잠깐 중지하시오. 내가 이어 하리다" 하니 조완구도 허락해서 드디어 이승만을 크게 불러 질문을 시작했다.

"내가 오늘 이 회의장에 나온 것은 결코 외국에 붙은 기관인 민주의원을 승인해서가 아니고, 다만 이 박사를

▰▰▰ **12** 서중석, 앞의 책, 363~364쪽.

대해서 나라를 저버린 죄를 한번 성토코자 함이오. 아까 조완구가 질의한 대강은 내가 말하려는 바와 서로 부합되니, 천하 사람이 의를 인식함이 대략 같음을 알 수 있는 것이오. 당신은 지난 2월 1일 비상 국민대회의 석상에서 김구와 함께 최고 정무위원 선출을 위임받아 놓고 당신 마음대로 민주의원을 조직해서 발표하고 이는 하지 장군의 자문기관이라 했지요. 또한 김구의 식사와 당신의 개회사가 일체 서로 상반되니 이 일은 전적으로 당신 한 사람 수중의 농간으로 이루어진 것임을 알 수 있소. 당신은 국민대회의가 위임한 일은 어디에 두고 감히 이처럼 기만해서 나라를 저버리는 행위를 한단 말이오. 당신의 속을 나라 사람이 환히 보고 있거늘 당신은 무슨 면목으로 국민 앞에 민주의원 의장을 자칭하고 감히 국사를 논하는가! 당신은 오늘 이미 민족을 팔았거니와 어찌 다른 날에 국가를 팔지 않는다 보장하겠소?"

이때 나의 책상을 치고 호통하는 소리가 회의 장소를 진동하였다. 이승만은 급히 제지하여 말하기를 "아까 이미 조완구에게도 답변하지 않았으니 당신이 아무리 강요해도 결단코 응답하지 않겠소" 했다.

나는 회의석상의 사람들을 돌아보며 "오늘 이승만의 답변을 듣지 않고는 나는 해가 질 때까지 질문을 멈추지 않겠다" 했다.

이승만은 이내 성내어 부르짖으며 일어나서 "나는

결코 당신의 질문에 응하지 않겠소" 하며 퇴장을 선언하
였다.

　나 역시 책상을 치며 "당신이 내 질문에 응하지 않고
퇴장한다니 어찌 그리 비겁한가!" 하고 꾸짖었다.

　이승만은 그 비서와 함께 허겁지겁 퇴장하고, 나 역시
그 자리에 오래 있고 싶지 않아 곧 자리를 떴다. 그 후로
다시는 민주의원 일을 묻지 아니했다.[13]

▨▨▨▨ **13**　『자서전』下, 350~351쪽.

미 · 소공위 관련 외로운 투쟁

　　해방 정국에 또 한 차례 회오리바람과 같은 격랑을 몰아
온 것은 미 · 소 공동위원회였다. 모스크바 3상회의 결정에
따라 설치된 한반도 문제 해결을 위해 미 · 소 양군의 대표자
회의가 1946년 1월 16일 덕수궁 석조전에서 예비 회담을 갖
는 데 이어 3월 20일 제1차 회의가 열렸다.

　　미군 대표는 아놀드 소장이고, 소련군 대표는 스티코프
중장이었다. 탁치를 둘러싸고 좌우익의 대립이 심화되고 있
는 가운데 열린 미 · 소공위는 △조선의 정당 · 사회단체와 협
의에 의한 임시정부 수립 △ 임시정부 참여 아래서 4개국
「신탁통치협약」 작성이었다.

　　그러나 함께 협의할 정당 · 사회단체를 선택하는 과정에
서부터 난관에 부딪혔다. 미 · 소의 이해가 크게 대립된 것이
다. 양측의 의견 대립으로 5월 6일 제1차 미 · 소공동위원회
는 결렬되고, 이듬해 5월 21일 제2차 공동위원회가 개최되었

으나 역시 임시정부의 참여 세력 문제를 두고 의견 차이가 좁혀지지 않았다. 남북 각각에 입법기관을 설치하여 그 대표로 하여금 임시정부를 구성하자는 미국의 제안을 남북 분열을 조장하는 일이라 하여 소련이 거부하자, 10월 29일 제2차 회의도 결렬되었다.

심산은 김구와 함께 반탁을 일관되게 주장하면서 민주의원이 미·소공위의 협상 대상으로 참여하는 것을 완강히 반대하였다. 민주의원 중에 김규식, 여운형, 김병로 등은 미·소공위에 적극 참여하여 임시정부를 세우고 그 다음에 신탁통치는 받지 않기로 하자는 입장이었다.

민주의원은 이 문제를 논의하고자 몇 차례 회의를 열었지만 결론을 내지 못하였다. 김구는 미·소공위에 협력하여 정부를 수립하는 것은 신탁통치에 굴복하는 것이고, 탁치에 굴복하여 정권을 잡고자 하는 것은 나라를 파는 것이라고 논박하였다.

이와 같은 김구의 주장은 소수의 지원을 받을 뿐이었다. 김구는 미·소공위 참여를 거부하면서 심산에게 함께 정의, 명도明道에 나아갈 것을 요청하였다. 이에 따라 심산은 불편한 몸을 이끌고 회의에 나갔다. 분위기는 이미 공위 참여 쪽으로 기울어가고 있었다. 심산은 목소리를 높여 일장의 반대 연설을 하였다.

여러분은 하지의 성명을 좋은 점패나 얻은 듯이 믿고

따르려는데 소련 사령관 스티코프의 선언은 오직 찬탁하는 자에게만 공위에 참여하도록 할 방침이라 했으니 만약 그가 자기 말을 고집해서 하지의 성명을 배격한다면 미·소공위는 반드시 결렬되고 말 것이오. 여러분은 하지에게 붙어서 정부를 수립하려 하나 하지 혼자서 마음대로 될 일이 아니오. 여러분이 만약 정부 수립에 급급하여 공위에 협력한다면 스티코프는 필시 천하의 우익 전체가 찬탁 산하에 투항의 깃발을 내밀었다고 소리칠 것이오. 그렇게 되면 국민들은 여러분을 나라 팔아먹은 자들이라고 욕할 것이니, 여러분은 장차 어떻게 국민 앞에 나서서 스티코프에게 항복하지 않았다고 변명할 것입니까.[14]

심산의 발언이 끝나자 김구가 발언에 나섰다. "우리들이 만약 하지의 성명만 믿고 공위에 나갔다가 나중에 스티코프의 반대를 받는다면 우리들의 진퇴는 낭패가 안 되겠소? 결국 자승자박이 될 것이오. 애초부터 공위에 들어가지 않음으로써 영구히 대의에 떳떳한 기록을 남기는 것이 옳지 않겠습니까."

심산과 김구의 발언에 민주의원들은 한 목소리로 두 사람을 공박하였다. 김규식의 제의로 미·소공위 참가 여부를 놓고 표결에 붙였으나 출석 의원 23명 중 오직 심산 한 사람만

▨▨▨▨ **14** 송건호, 앞의 책, 144쪽, 재인용.

부표를 던지고 김구까지 포함해 전원이 공위 참가를 찬성하였다. 이때의 심경을 다음과 같이 밝혔다.

슬프다! 내가 민주의원에 마지 못해 나간 것은 오직 백범과 협조함에 있었는데 지금 백범도 시속의 논조로 기울어졌으니 말해 무엇 하겠는가. 나는 드디어 개연히 여러 사람들에게 말했다. "내가 홀로 부표를 던진 것은 단지 나의 심경을 밝히고자 할 따름이었소. 바라건대 여러분은 오늘 생사를 걸어 맹세한 말을 잊지 말고 잘들 분투해 주시오.[15]

김구와 심산은 공위 참석 문제에서 보인 다소 이견에도 불구하고 여전히 동지적 관계를 유지하면서 통일 정부 수립을 위하여 함께 노력하였다. 심산은 김구에 대해 비교적 좋은 인식을 갖고 있었다. 『자서전』을 통해 김구와 이승만 그리고 당시 지도자들에 대한 인식과 정황을 살펴보자.

백범 김구는 환국한 후로 우남 이승만 박사와 정부를 수립할 방안을 강구하였다. 국민은 대부분 백범에게 마음이 돌아갔는데, 오직 한민당 일파가 이 박사의 심복이 되어서 뚜렷이 백범과 각축의 행세를 이루고 있었다. 고하

15 송건호, 앞의 책, 145쪽, 재인용.

송진우가 죽은 후로 인촌 김성수가 한민당 당수가 되고, 백남훈, 장덕수, 김준연 등이 보좌하여 미군사령관, 군정 장관과 서로 깊이 결탁, 정계를 농락하였는데, 실은 이 박사가 모든 것을 조종했던 것이다.

국민당의 안재홍이나 신한민족당의 오세창 등은 모두 관망하면서 백범과 우남 사이를 왕래하며 기회를 타서 진취할 의도였고, 기타 군소 정당들은 틈을 엿보아 어부지리를 얻으려고 서로 아옹다옹 추태가 갖가지였다. 따로 공산당은 북에 주둔한 소련군 사령관의 사주를 받아 매국의 흉계를 꾸몄는데 김일성, 김두봉 등은 평양에서 북조선 노동당을 조직했고, 박헌영, 허헌 등은 서울에서 남조선 노동당을 조직하였다. 그리고 여운형 등은 스스로 일파를 이루어 근로인민당이라 일컫고 김일성·박헌영 등과 더불어 음으로 양으로 화합하여 그 기세가 치열해서 곧 전국을 휩쓸 지경이었다. 나라의 덕망과 식견이 있는 이들은 누구나 건국의 앞길을 깊이 우려했다.

한독당은 임정 요인인 백범, 성재, 청사, 조소앙, 조완구, 엄항섭 등이 중경에 있을 적에 조직한 것으로 백범이 당수이고 조소앙이 부당수였다. 이때 와서 양 趙와 엄嚴 등이 백범을 종용해서 당세를 확장하여 각 정당을 하나로 통합하고 정계를 호령하려 했다. 백범도 이 계획을 옳게 여겨서 조·엄 등 여러 사람에게 부탁해서 각 정당에 교섭하여 통합 문제를 의논케 했다. 하루는 백범이 나를 초대해서 같이 술을 들었다. 백범이 나에게 함께 손잡고 일하자고 청하기에 나는 이렇게 말했다.

"선생은 해외에 30여 년 있다가 귀국한 지 얼마 되지 않아서 국내 정세를 잘 모르고 이런 일을 도모하는 듯합니다. 저 잘났다고 서로 다투는 많은 정당들이 머리를 숙이고 선생의 영향권 밑으로 들어오려 하겠습니까? 설사 한때 합쳐진다 하더라도 저들은 오직 이익만 쫓는 정객이므로 아침에 합했다가 저녁에 흩어지지 않으리라 어떻게 보장하겠소? 항차 한민당은 지금 이 박사의 심복이 되어 군정과 결탁해서 형세를 확장하고 있으니 결코 한독당에 의해 움직여지지 않을 것이오. 한민당을 끌어들이지 못할 뿐 아니라, 우남과의 사이가 이 때문에 벌어질 것이니 걱정됩니다. 설사 당세를 확대해서 전국의 제1당이 되어 정계에 군림하더라도 한 정당의 영도자가 되는 것과 전국 삼천만이 추대하는 대 영도자가 되는 것과 어떻습니까? 내 비록 어리석고 식견이 없지만 지난 8·15 직후 상경하던 날 여러 친구들이 정당을 조직하고 나에게 당수로 취임할 것을 권유했으나 당을 세워 서로 다투는 것을 필시 나라의 전도에 큰 화근이 될까 우려해서 맹세코 그 와중에 들지 않으려고 완강히 거부했습니다. 선생의 식견으로 이를 살피지 못하십니까? 나는 선생을 위해 찬동하지 못하겠습니다."

백범은 탄식하며 나의 말이 실로 이치가 있으니 다시

숙고해서 처리하겠노라 했다. 그 후 필경 조·엄의 말에
기울어져 각 당의 통합 공작을 진행했으나 과연 한민당은
그 보루를 고수하고 움직이지 않았고, 국민당과 신한민족
당도 잠깐 합류했으나 주도권이 손에 돌아오지 않자 모두
이탈해 버렸다. 얼마 후에 조소앙도 백범에게 등을 돌려
따로 기치를 세워 사회당이라 하고 자신이 당수가 되어서
한독당과 맞섰다. 이에 이르러 백범은 비로소 당세 확장
이 잘못된 계획이었음을 깨닫고 나의 선견先見을 인정하
였다.[16]

16 『자서전』下, 341~343쪽.

제 11 장

성균관대학을 설립하다

유림의 친일·부패 세력 숙정

  심산은 해방 정국의 격동 속에서도 민족의 미래를 내다보
면서 유림을 결속시켜 유도회儒道會를 조직하고 1946년 봄
전국유림대회를 개최하여 유도회 총본부 위원장에 선출되었
다. 성균관장도 겸임하게 되었다.

  유도회를 결성한 것은 유림 대학을 설립하려는 데 목적이
있었다. 국가의 완전 독립과 민족의 번영을 도모하기 위해서
는 청년학도들에게 윤리와 도의를 생활의 지표로 하고 덕행
을 표본으로 하는, 인간의 완성을 목표로 하는 대학을 설립
하려는 뜻이었다.

  이와 같은 목적으로 성립한 것이 성균관대학이었다.

  선생은 유교 대학의 설립에 필요한 재단 구성에 비상
한 역량을 발휘하여 우선 성균관대학 기성회의 결성을 보
게 되었고, 마침내 독지가 이석구를 맞아들여 재단법인

학린회의 소유였던 거대한 토지 재산을 희사받았다.

그 밖에 재단법인 선린회 등의 희사와 함께 재단법인 명륜전문학교를 병합하여 재단법인 성균관대학 구성에 성공, 1946년 9월 25일 문교부로부터 성균관대학 설립을 정식으로 인가받게 되었다.[1]

성균관대학은 이렇게 하여 심산의 노력으로 설립되었다. 성균관대학을 설립하기까지에는 힘겨운 일이 많았다. 심산은 유도회 총본부 총회에서 성균관의 숙정 문제를 제기하였다. 성균관은 원래 국가가 경영하는 국학國學이었던 것이 일제 강점기 때에 경학원으로 개칭되어 대제학·부제학·사성 등 직책을 두고 친일파 중에서 임명하였다.

중국 망명 중에 심산도 밀정으로부터 성균관 대제학 자리가 마련되었으니 투항할 것을 권유받은 일이 있었다. 심산이 성균관에 똬리를 튼 친일파와 썩은 유생들을 몰아내고 '민족대학'으로 탈바꿈하게 된 과정을 직접 들어보자.

8·15 이후 미군정청에서 신앙의 자유를 선언하여, 경학원은 마땅히 유교인의 자치기관이요 군정이 상관할 바 아니라 하였다. 친일파들은 이에 성균관을 자기들 소굴로 만들어 날뛰었다. 나는 회의에서 이렇게 말하였다.

1 『성균관대학교 교사』, 202쪽.

"성균관은 오랫동안 친일 유림이 발호하는 곳이었는데 지금 미군정청에서는 신앙의 자유가 있으니 상관할 바 아니라고 선언하였습니다. 이제 숙정 방안과 유지 방법을 강구하는 것이 시급한 문제가 되어 있습니다. 숙정을 하려면 마땅히 먼저 경학원이란 이름을 고쳐 다시 성균관으로 칭하고, 유림 중에서 최고 영도자를 뽑아 기구를 정비하도록 해야겠습니다. 유지를 위해서는 마땅히 먼저 재정을 확충해서 재단법인을 설치 운영해야 할 것입니다."

모두들 좋다고 찬성하며 "그 일은 유도회 총본부가 책임져야 할 일인데 그대가 위원장의 직에 있으니 맡아서 추진해 보라"고 했다. 나는 "내 비록 부족한 사람이나 어찌 힘을 다하지 않으리오. 여러분들도 다 함께 힘써봅시다"고 했다.

다른 하나는 향교 재산을 되찾는 문제였다. 대개 향교 소속 재산은 일제 때 유림 탄압 정책으로 향교 재산 관리 규정을 특설하여 부윤이나 군수에게 그 처리권을 주고 유림들은 관여하지 못하게 했다. 이제 일제가 망했으나 아직 군정청의 문교부에서 관리하고 각 향교에 반환되지 않아 유림들의 부끄러운 바였다.

나는 회의에서 "유림 부흥의 기회를 맞아 마땅히 교육·문화 등 제반 사업에 진력해야 할 터인데 향교 재산을 도로 찾는 일은 시급하여 늦출 수 없으니, 여러분들은 그 방법을 잘 강구해 보시오"라고 말했다.

모두들 "이는 유림 전체의 중대 문제니 반드시 학덕과 신망이 있는 인사를 뽑아 책임지워, 군정 당국을 움직이도록 해야 할 것이오. 그대가 위원장으로 있고, 그대가 아니고는 교섭을 맡을 사람이 없으니 다른 이에게 밀지 마시오"라고 했다.[2]

　심산은 이 자리에서 성균관대학 설립의 필요성을 제기하여 찬동을 받았다.

<hr />

2　『자서전』下, 362~363쪽.

유림계 설득하여 유학대학 설립

"성균관은 곧 우리나라의 유학을 숭상 장려하던 곳이
오. 유교가 쇠퇴하면 나라도 따라서 망하고, 나라가 망하
면 국학 역시 폐지될 것이오. 지금 몇몇 학생이 강개해서
유학을 부흥할 뜻을 가지고 명륜전문학원을 저희들끼리
세웠으나, 재정이 곤란하여 지탱할 방법이 없어 길에서
호소하다가 곧 해산될 지경이니 어찌 우리 유교인의 치욕
이 아니겠소? 대범 우리 유교인이 건국의 대업에 헌신하
고자 하면 마땅히 우리 유교 문화의 확장부터 시작해야
할 것인데, 우리 유교 문화를 확장하려면 마땅히 성균관
대학 창립을 급무로 생각해야 할 것이며 성균관대학의 창
립은 마땅히 우리 전국 유교인의 합력으로 이루어 나가야
할 것입니다. 장차 전국 유교인이 합력하느냐 못하느냐의
여부는 성균관대학이 서느냐 못 서느냐를 점칠 수 있는
것이요, 장차 성균관대학이 서느냐 못 서느냐의 여부는

건국 대업이 빨리 이루어지느냐 늦느냐를 점칠 수 있는
것입니다."

모두들 "전국 유교인이 합력하느냐 못하느냐의 여부
로 성균관대학이 서느냐 못 서느냐를 점칠 수 있다는 그
대의 말은 실로 정확한 말이다. 저 기독교나 불교인들은
진작 대학을 설립하였는데, 모두 합력해서 이루어진 일이
다. 우리 유교인으로서는 저들에게 부끄럽지 않은가. 합
력해서 세울 방도를 생각하지 않으리오" 하였다.[3]

심산이 성균관에서 친일파와 부패한 유림들을 숙청하고
새로운 성균관대학으로 설립한 데는 김구의 지원도 적지 않
았다. 다음과 같은 김구의 '농담'에서 저간의 사정을 짐작할
수 있겠다.

백범 역시 유(억겸)의 안이 묘하다면서 나에게 농담으
로 말하기를 "내가 보기에 유교인들은 나약儒한 기운이
많은데, 혹시 선비 유儒 자가 나약할 유儒 자와 비슷하게
생겨서 그런 것이 아닐지? 오늘은 유교 부흥의 좋은 기회
이니 그대는 유교인의 나약한 기운을 진작시켜 용진하기
바랍니다" 하여서 서로 유쾌히 놀다 파했다.[4]

3 『자서전』下, 364~365쪽.
4 『자서전』下, 368쪽.

심산은 이 무렵 '성균관과 명륜당이 친일파 민족 반역자에게 점거된 것을 한탄하여'라는 부제가 붙은 「태학太學은 수선首善인데」라는 시 한 편을 썼다.

「태학은 수선인데」

1

태학은 원래
수선의 곳이라
양주楊朱·묵적墨翟 물리치는
성스런 마당
성인의 덕 만세토록
면면히 흘러
인의仁義를 앞세우고
지금껏 나아 갔도다

2

성균成均은 원래
육영의 터전
의젓하고 엄숙해라
성현의 후예들
사서四書 육경六經

바른 길 열려 있는데
이단자 끌어다
앞장서게 하다니

3

국자감國子監 바뀌어
도깨비 굴 되고 보니
날뛰는 반민도배反民徒輩
구름처럼 모였어라
늙은이의 굳은 뜻
굽히지 않았거늘
올빼미 개구리를
어찌 좇고 따르랴.[5]

▬▬ 5 『김창숙문존』, 94~95쪽.

젊어서 싹튼 교육사상

    심산의 교육에 대한 열정은 젊은 시절부터 싹트고 있었다. 1907년 국채보상운동이 일어났을 때 심산은 향리에서 이에 적극 참여하고, 1910년 서울에서 이 기금의 처리 문제가 제기되자, "능히 국채를 상환하지 못할 바에는 교육기관에 투자해서 인재를 양성하는 것만 같지 못하다. 내가 시골에 돌아가면 본부에서 모금해 둔 전액을 사립학교 기금에다 충당하겠다"고 선언하고, 귀향하여 사립 성명학교星明學校를 설립하였다.

    망명 시절인 1920년에는 중국 국민당 동지들의 후원으로 50여 명의 학생이 숙식 제공과 함께 영어와 중국어의 강습을 받게 하였다. 1924년 만몽 국경 지대에 100만 평을 조차하여 교포들의 생활 터전을 마련하고 군관학교를 설립하여 청년들을 교육시켜 독립운동의 기지로 삼고자 한 것도 원대한 민족교육운동의 일환이었다.

성균관대학을 설립하면서 "성균관은 곧 우리나라의 유학을 높이 장려하던 곳이다. 유교가 쇠퇴하면서 국가도 따라서 망하고 나라가 망하면 국학도 역시 폐한다"고 유학의 중요성을 제시하였다.

성균관대학의 육성과 발전에 심혈을 기울일 수가 있었던 그 정열은 구한말 조국과 민족의 위기를 당하여 위정척사하던 의리 정신의 계승과 항일 투쟁의 애국 충정이 어리어 여기에 발로된 것이라고 하겠다.

그리고 8·15 광복 뒤 정계에서 일체 손을 떼고 오직 유학의 근대적 새로운 발전과 육영에만 뜻을 두고 매진해온 선생이 대통령 이승만의 독선과 전횡으로 부정부패가 날로 극심해져 나라와 겨레의 장래가 크게 염려스럽게 되자 1951년 이승만에게 「하야 경고문」을 보냄으로써 투옥을 당하게 된 쾌거는 그가 평소에 간직해온 선비의 기골을 후진들에게 하나의 귀감으로 보여 준 산교훈이라고 하겠다.[6]

심산은 오늘의 성균관대학을 설립하고 지킨 장본인이다. 그는 교육 이념을 좀더 확대하여 성균관대학을 종합대학으로 승격시키고자 하여 이를 실현하였다.

<hr />

6 이우구, 「심산의 교육이념과 대학 설립」, 『심산 김창숙의 사상과 행동』, 206~207쪽.

전국에 흩어져 있는 향교재단을 규합하고 새로운 재산의 기부를 받아 재단법인 성균관대학을 강화시켜 문교부에 종합대학 승격을 신청하여 전란중인 1953년 2월 인가를 받게 되었다.

심산은 초대 총장에 취임하여 성균관대학 발전과 유학사상 진흥의 기틀을 마련하였다. 그러나 이승만의 탄압으로 1956년 2월 총장직에서 물러나야 했다.

심산의 교육사상은 선대 김우옹의 교육개혁사상에서 '유전' 되었다면 억측일까. 김우옹의 교육개혁에 대한 기본 입장은 다음의 글에서 잘 나타난다.

국가의 치란은 인재에서 말미암고 인재의 성쇠는 학교에 달려 있다. 학교란 선비가 보이고 교화가 나오는 곳이다. 선비가 의리를 알고 행실을 숭상한다면 교화가 행하고 풍속이 아름다워 어진 인재가 많아 치효가 이루어지지만 선비가 이익을 추구하고 선행을 잊는다면 기풍이 엷어지고 시속이 경박하여 행실에 흥가하지 못하므로 화란의 조짐이 되는 것이다.

그러한 즉 천하국가의 주인이 된 이가 급선무를 알지 않을 수 있겠는가. 후세에는 그 본분을 따르지 않고 한갓 그 말단만 다스려 인재를 구할 줄만 알고 선비를 양성할 줄은 알지 못하며 악을 규탄할 줄만 알고 선으로 인도할 줄은 알지 못한다. 그리하여 흔히 학교 보기를 등한히 하

여 힘쓸 바를 알지 못하니 이것이 바로 인재가 날로 떨어지고 세도가 날로 낮아지는 까닭이다.[7]

삼봉 정도전은 『삼봉집』에서 진짜 유학자와 가짜 유학자를 분류하면서 '진유眞儒'에 대해 다섯 가지를 제시하였다.

    1) 유자는 음양오행에 입각한 천문·역학·지리학 등
       자연과 학문적 지식에 소양이 깊어야 한다.
    2) 역사가여야 한다.
    3) 윤리 도덕의 실천가여야 한다.
    4) 계몽적 성리철학자여야 한다.
    5) 교육자·문필가여야 한다.
    6) 순도자여야 한다.

심산은 '진유'의 상징적 인물이었다. 성균관대학을 설립한 것은 '진유'의 덕목의 하나인 교육자로서의 역할이었다.

한 연구가는 남명 조식의 기질 또는 성격을 다음과 같이 정리했는데, 이를 심산에 대입하면 영락없이 심산의 '기질 또는 성격'이 된다.

---

7 『동강집東岡集』,「성균관학 제7조계」, 계미(1583년).

① 매우 활달하고 기개가 넘치는 동적動的인 기질의 소
유자다. 그러면서도 함부로 대할 수 없는 위엄을 지
니고 있다.

② 과단성이 있어서 어떤 사안에 대해 시시비비를 분
명히 가리는 데 조금도 주저함이 없다.

③ 자기의 주견이 뚜렷하여 자기와 다른 견해를 지닌
사람에 대해서도 그의 주장을 굽히지 않음으로써
남과 쉽게 타협하지 않는다. 한마디로 강한 자존심
과 오기의 소유자다.

④ 조금도 사심 없고 매우 공정하면서도 대의멸친大義
滅親(큰 도리를 위해서는 어버이나 형제도 돌아보지 않음)
할 수 있는 기질을 지니고 있다. 특히 사적인 이해
의 문제에 무관심하고 둔감할 뿐 아니라, 권세를 이
용하여 세력을 부식하거나 강한 자에 빌붙어 아부
를 일삼으면서 은밀히 이익을 도모하는 자들에 대
하여 거부감과 혐오를 지니고 있었다.

⑤ 현실 정치에 대해서는 항상 비판적이며, 비록 상대
가 임금이나 권세가라도 그들의 잘못을 변척하는
데는 조금도 거리낌이 없었다.

⑥ 현실의 모순을 직시하여 이를 비판하고 타개하려는
개혁 지향적인 성격을 지니고 있다.

⑦ 동료와 사귐에 쉽게 마음을 허여하지 않았지만,
한번 사귀게 되면 깊은 정을 주는 스타일이라고 하

겠다.

⑧ 제자와 아랫사람에 대해서는 엄격 일변도로 흐르지 않고 매우 엄하면서도 한편으로는 자상한 일면을 지니고 있었다. 한 마디로 억강부약하는 기질의 소유자라고 하겠다.

⑨ 학문적으로도 기존의 권위에 추종하기보다는 그것이 비록 당시의 학문 노선과는 어긋나는 것이라고 해도, 해 볼 만한 가치가 있고 자기에게 맞다고 여겨지면 남들의 여론에 구애받지 않고 과감하게 채택·수용하여 자기화시키는 개방적이고 자주적이면서 창의적인 성향을 지녔다. 예컨대 그가 고문古文인 좌류문左柳文을 좋아하였다든지, 주자학 일변도의 학문에서 탈피했다든지, 형이상학적이고 이론 위주의 학문 경향을 비판하여 구체적인 실천을 중시했다는 데서 이러한 기질의 일단을 읽을 수 있다.[8]

---

8 손병욱, 「수양과 실천의 통일/남명학파」, 『조선유학의 학파들』, 174~175쪽, 예문서원.

제 12 장

분단과 단정체제 굳어지고

이승만 단정 수립 충격 발언

외국의 군대가 철수하지 않으면
우리 한국엔 평화 없으리라
아아, 슬프다 일성日成과 승만承晚
같은 겨레요 형제간이로다
형과 아우란 본시 원수 아닌데
어이해 콩깍지로 콩을 삶는다더냐
아아, 슬프다 미국과 소련
너희 군대는 본래 이름 없었다
너희들이 만약 일찍 철거한다면
우리 천하에는 환호성 진동하리.

—심산 김창숙(『국역 심산유고』)

　　김구와 심산 등 남북 통일 정부 수립론자들의 뜻과는 상
관없이 대세는 분단과 단정체제를 향해 치닫고 있었다. 한반

도 문제가 당시 미국 세력이 절대적으로 우세하게 지배하던 유엔으로 이관되면서 통일 정부 수립은 더욱 어렵게 되었다. 소련이 38도선 이북 지역에서 유엔의 활동을 허용하지 않을 것이 분명했기 때문이다.

1946년 초 우익 세력의 반탁운동이 고조되고 좌익 세력은 민주주의 민족 전선을 결성하여 모스크바 3상회의 결정을 지지하면서 찬·반탁을 중심으로 좌우 세력이 첨예하게 갈라서게 되었다.

이해 6월 3일 이승만이 전라도 정읍에서 남한만의 단독 정부 수립을 공식적으로 주장하고 나서면서 파문은 증폭되었다. 모스크바 3상회의 결정에 따라 개최된 미·소공동위원회가 결렬되고 좌우합작 운동이 전개될 무렵, 미군정이 남한만의 단독 정부 수립을 계획하고 있다는 소식이 국내에 보도되기 시작하였다.

이 무렵 지방 여행에 나선 이승만은 정읍에서 "무기 휴회된 공위가 재개될 기색도 보이지 않으니, 남한만이라도 임시 정부 혹은 위원회 같은 것을 조직하여 38선 이북에서 소련이 철퇴하도록 세계 공론에 호소해야 할 것이다"라는 충격적인 발언을 하였다.

해방 정국에서 한국의 지도자들은 힘을 합쳐 통일 독립 정부를 세우기보다는 자신, 자파의 이익을 위해 극단적인 대립상을 보였다. 이 무렵 각 정파 계열의 노선을 살펴보면 심산이 참여한 김구의 임시정부 계열은 신탁통치 반대와 통일

정부 수립을, 이승만과 한민당 계열은 신탁통치 반대와 남한 단독 정부 수립을, 허헌·박헌영의 좌익 계열은 신탁통치 찬성과 남북 통일 정부 수립을, 여운형·김규식의 중도 세력은 신탁통치 문제 일단 보류와 우선 통일된 임시정부 수립을 각각 주장하였다. 그야말로 사분오열이었다.

1946년 5월 제1차 미·소공위가 휴회로 들어가고, 좌익계의 「합작 5원칙」과 우익계의 「합작 8원칙」이 팽팽하게 대립·격화되는 가운데 이승만의 정읍 발언에 이어 일부 우익 세력의 단독 정부 수립 계획이 본격화되었다. 이를 저지하기 위해 여운형·김규식 등이 좌우합작위원회를 발족하여 합작 운동에 나섰다.

좌우합작운동은 한때 일반 민중과 정치지도자들의 상당한 관심을 모으며 진행되었다. 그러나 합작 원칙 중 신탁통치 문제·토지 개혁과 주요 산업 처리 등 경제 정책 문제, 친일파 처리 문제를 둘러싸고 좌익계의 민주주의 민족 전선과 우익계의 한민당 측이 강경하게 대립하였다.

그러나 좌우합작위원회가 발족하여 「좌우합작 7원칙」을 제시하였으나 한민당은 토지의 무상 분배에 반대하여 운동 자체를 외면하였고, 좌익 측은 애매한 중간 노선임을 들어 반대함으로써 좌우합작운동은 정체 상태에 빠지게 되었다.

이런 와중에 임시정부 계열에서 남한만의 단선·단정을 반대하고 통일 정부 수립을 위한 남북협상론을 제기하였다. 심산의 역할도 컸다. 그러나 정파간의 대립이 더욱 심화되면

서 심산은 정치지도자들의 행위에 심한 불신과 회의를 갖게
되었다.

심산은 1946년 10월 30일 민주의원 등 모든 공직에서 사
퇴한다고 성명을 발표하였다. 정파적 대립과 좌우익의 갈등
을 더 이상 지켜보기 어려웠던 것이다.

여余가 민주의원 회의석상에서 그「합작 7원칙」중 몇
조항을 반대한 것은 소위 3상회담 결정 운운이 절대 독립
을 주장하는 우리의 반탁 정신에 위배됨으로써 이며, 입
법기구 운운은 군정이 조종하는 그 기관이 우리의 자주독
립을 지연시킬 우려가 있음으로써 이며, 친일파·민족반
역자 징치 운운도 반드시 우리의 정부에서 우리 민족 자
체에서 처리할 문제를 군정에 예속한 입법기구에 위양함
이 부당함으로써 이며, 특히 토지 문제에 있어서는 토지
국유제도에 큰 모순이 없음으로써 이를 찬동하였다.

그러나 그때 여의 입론이 채택되지 못함은 다만 여 자
신의 인경언천人輕言淺함을 개탄하였을 뿐이다.

그런데 여가 당초 비상국의非常國議와 민의民議에 종사
함은 결코 어떠한 희두심希頭心에서 출出함이 아니오, 다
만 초창 다난한 건설기에 있어 응분의 미력을 공헌하려
함이었으나 이미 극도 혼란한 금일에 임하여 아무 규란반
정揆亂反正의 공헌이 없으며 한껏 시현時賢의 후後를 화부
和附함은 일종 무치한 천천賤 장부의 소위이므로 오로지 최

후 독립운동의 정로를 찾기 위하여 자에 비국非國 민의民議 등 모든 공직에서 인퇴함을 성명한다.[1]

임시정부 중심의 즉시 독립과 절대 독립의 일관된 주장과 신념에는 변함이 없었다. 이 같은 정견에서 볼 때 좌우합작위원회가 제시한 「7원칙」 중 몇 가지 내용을 도저히 수용할 수 없었던 것이다. 의리와 명분을 최상의 가치관으로 삼아온 그에게 어떤 이유로도 즉시 독립과 절대 독립에 저해되는 방안은 인정할 수 없었다.

동강 김우옹이 남명 조식의 제자였던 까닭도 있겠지만, 심산은 여러 가지 면에서 남명을 닮은 데가 많았다. 다음은 심산을 연상해도 손상이 없는 남명의 글 한 대목이다.

용을 죽이는 커다란 재주를 지니고 있는 사람은
세속의 짐승을 잡는 푸줏간에 들어가지 않고
천하를 다스릴 만한 능력을 지니고 있는 사람은
패도가 횡행하는 도읍의 땅을 밟지 않는다.[2]

조국 광복을 위해 고난의 세월을 개결한 자세로 살아온 심산에게 해방 정국의 혼탁과 지도자라는 사람들의 행위에는 실망과 분노가 뒤엉키게 되고 불편한 몸은 지탱하기도 쉽

1 『서울신문』, 1946. 10. 31, 권기훈, 앞의 책, 132쪽 재인용.
2 『남명집南冥集』, 「엄광론嚴光論」.

지 않았다. 나이는 어느덧 70세 가까운 연치가 되었다.

1947년 이후 이승만의 '단정수립운동'과 김구의 임정 법통 고수 노력이 뚜렷하게 분화되는 가운데 정국은 점차 이승만이 추진하는 단정 노선으로 옮아갔다. 김창숙은 1947년을 통하여 계속적으로 임시정부 국무위원의 직함을 가지고 있으면서도 이렇다 할 활동은 하지 않았다. 이것은 이미 김창숙 자신이 성명을 통하여 일체의 '공직'에서 사퇴한 데다 심신이 지쳐 있었고, 그의 개인적인 노력을 통해서는 어찌할 수 없는 한계도 작용한 것으로 보인다. 이때 그의 나이 예순아홉 살이었다.[3]

---
3 권기훈, 앞의 책, 134쪽.

남북협상론 제기와 한국전쟁 예언

1947년 7월 미·소공위가 결렬되고 11월 14일에는 한국 문제가 유엔에 상정되었다. 미국은 모스크바 3상회의 결정을 포기한 채 한반도 문제를 유엔에 넘기면서 "유엔 한국임시위원단을 설치하여 그 감시 하에 1948년 3월 말까지 자유선거를 실시, 국회와 정부 수립 후 미·소 양군이 철수한다"는 결의안을 제출하였다.

소련은 즉각 모스크바 3상회의 결정을 위반하는 것이며, 한국 문제는 미·소 양 군이 철수한 후 조선인 스스로 해결하게 하는 것이 가장 바람직하다고 이를 반대하고 나섰다. 그러나(당시 미국의 절대적 영향력 하에 있던) 유엔은 미국의 뜻에 따라 "유엔 한국임시위원단 설치, 신탁통치를 거치지 않는 독립, 유엔 감시 하의 남북 총선거"를 의결하기에 이르렀다.

소련이 38도선 이북 지역 입국을 거부하자 유엔은 소총회를 열어 '가능한 지역만의 총선거'를 결정하였다. 이에 따라

38도선 이남에서만 선거를 실시하게 되었다.

심산이 일찍이 우려하던 일이 현실로 나타나고 있었다. 심산은 1948년 2월 5일 "유엔 한국위원단의 내한과 위원 제 씨가 짊어진 사명은 내정간섭이 아니라 남북 통일 총선거로 통일 정부 수립에 관하여 외력外力의 부당한 간섭을 거절함에 있다고 믿는다"는 내용의 성명을 발표하였다.

모든 공직을 떠난 상태였지만 우려하던 분단 정부 수립이 현실로 나타나자 더 이상 침묵하고 있을 수가 없었던 것이다. 「성명서」 내용은 다음과 같다.

1) 유엔조선위원단 내조와 위원 제 씨가 부하한 사명은 내정간섭이 아니라 남북 통일 총선거로 통일 정부 수립에 관하여 외력의 부당한 간섭을 감시함에 있다고 믿는다.

2) 단선·단정에 대하여 이것은 국토 양단과 민족분열을 조장함에 불과하니 북조선 지방을 소련에 허여하려는 것이다.

3) 외군의 주둔 밑에서 자유로운 선거가 있을 수 없고 이에서 수립되는 정부는 괴뢰 정권일 것이다.

4) 남북 정치요인 회담으로 통일 정부를 수립하여야 할 것이다.[4]

---

4 『서울신문』, 1948. 2. 10.

심산은 이 「성명서」를 낼 때까지도 통일 정부가 수립될 수 있으리라는 기대를 버리지 않았다. "통일 정부 수립 방안으로 남북 정치요인 회담을 제의하고 있는 것은 장차 김구, 김규식이 남북 협상에서 북쪽 요인들과 합의한 방법과 같은 것이다. 김창숙의 현실 파악과 분단 방지 대안 제시가 시의에 적절한 것임을 말해 주고 있다."[5]

남쪽의 김구, 김규식과 북쪽의 김일성, 김두봉의 4자회담이 평양에서 열리기까지 남북협상론의 창시자는 심산이었다는 것이다.

1948년 3월 12일 심산은 김구, 김규식, 홍명희, 조소앙, 조성환, 조완구 등과 이른바 「7인 지도자 공동 성명」을 발표하였다. 남북협상에 관한 의견을 표시하였다. 다음은 성명 요지다.

통일 독립은 우리 전민족의 갈망하는 바다. 미·소 양국이 군사상 필요로 임시 발정發程한 소위 38선을 국경선으로 고정시키고 양 정부 또는 양 국가를 형성케 되면 남북의 우리 형제 자매가 미·소전쟁의 전초전을 개시하여 총검으로 서로 대하게 될 것이 명약관화한 일이니 우리 민족의 참화가 이에 더할 것이 없다.

5 강만길, 「심산 김창숙의 해방 후 정치활동」, 『역사는 이상의 현실화 과정이다』, 255~256쪽.

우리의 보는 바로는 남북의 분열 각입各立할 계획이 우리 민족에 백해百害 있고 일리一利 없다고 단정하지 않을 수 없다. 반쪽이나마 먼저 수립하고 그 다음이 반쪽에서 통일한다는 말은 일리가 있는 듯하되 실상은 반쪽 독립과 나머지 반쪽 통일이다. 가능성이 없고 오직 동족상잔의 참화를 격성할 뿐일 것이다.

우리 몇 사람은 정치의 기변성, 진동進動의 굴신성, 기타 여러 가지 구실로 부득이한 채 현정세에 추은追隱하는 것이 우리들 개인의 이익됨을 모르지 아니하나 개인의 이익을 도모하랴고 민족의 참화를 촉진하는 것은 민족적 양심이 허락치 아니하야 반쪽 강토에 중앙 정부 수립하랴는 가능한 지역 선거에는 참가하지 아니한다. 그리고 통일 독립을 달성하기 위하여 여생을 바칠 것을 동포 앞에 굳게 맹서한다.[6]

성명은 38선을 국경선으로 고정시키고 두 국가가 형성되면 남북 형제가 미·소전쟁의 전초전을 개시하여 총검으로 대하게 될 것으로 민족의 참화가 예상된다고, 정확히 한국전쟁을 예언하고 있다.

이「성명서」가 나온 뒤 김구·김규식은 많은 반대를 무릅

6 『벽옹일대기翁一代記』, 301~303쪽, 태을출판사.

쓰고 남북협상을 위해 평양으로 가고 조소앙, 홍명희 등 이른바 남북협상파들도 그 뒤를 이었지만 김창숙만은 평양에 가지 않았다. 운신이 자유롭지 못하여 남북협상에 참가하지 않았을 수도 있겠으나 그 이유만은 아닌 것 같다.

김창숙은 김구에게 "남한에서 이승만의 협조도 못 받으며 이북에 가서 김일성과 어떻게 무슨 타협을 볼 것인가"라고 말했다. 마치 김구, 김규식의 남북협상이 별 성과가 없으리라는 것을 미리 알았던 것 같은 말인데, 그런 점에서는 김창숙이 오히려 김구보다 더 현실주의자였다고 할 수도 있을 것이다.

요컨대 심산은 김구, 김규식과 같은 반탁 진영의 반분단 주의자였다. 민족의 해방이 민족해방운동 세력의 독자 투쟁으로 쟁취하지 못하고 연합국의 승리와 함께 얻은 현실 속에서, 38도선이 획정되고 미·소 양군이 분할 점령하기에 이르렀다. 민족해방운동 세력에는 좌익 진영도 있고 우익 진영도 있는 상황이었다. 연합국이 결정한 5년간 신탁통치를 반대하면서 남북 통일 국가를 수립하려는 반탁 통일 정부 수립 노선에 심산은 임시정부 세력과 함께 서게 되었다.

북행길 김구 만나 평양회담 조언

　'해방 공간'의 통일 민족 국가 수립 운동이 모두 실패하고 남북에 분단 국가가 수립된 뒤 남북협상에 참가했던 김구, 김규식 등 반탁·반분단 노선의 임시정부계는 남북 어느 정권에도 참가하지 않았고, 심산 역시 같은 길을 걸었다. 그러나 김구처럼 암살당하지 않았고 김규식처럼 한국전쟁 때 납북당하지 않은 심산은 김구도 김규식도 할 수 없었던 반이승만 독재 투쟁의 마당에 서게 된다.[7]

　김구가 북행길에 오르기 전인 4월 17일 심산은 경교장으로 김구를 찾아갔다. 여기서는 여러 가지 이야기가 오갔을 것이다. 한 연구가는 이때의 정황을 다음과 같이 기술하였다.

　김창숙은 4월 17일 김구를 찾아갔다. 김구, 김규식 일

─── **7** 강만길, 앞의 책, 256~257쪽.

행의 북행이 임박하자 16일에는 민정 장관 안재홍이 김규식을 방문했고, 다음날에는 홍명희, 김창숙이 김구와 만났다. 『조선일보』는 이날 정오경 홍명희, 김창숙 등이 김구를 방문하여 발정發程과 평양회담에 관한 제문제에 대하여 최후적 성안成案을 보았다고 보도하였다.

홍명희는 남북지도자회의 남측 주도자 중 한 사람이었으므로 김구와 평양회담에 관한 제문제를 논의했겠지만, 김창숙과는 일반적인 대화를 나누었을 것이다.

김구는 4월 19일 북행할 때 만류하던 학생 청년들에게 피력한 바와 같이 분열이냐 통일이냐, 자주냐 예속이냐의 최후 단계에 다달은 시점에서 일신의 안일을 위해 주저앉을 수는 없다고 말했을 것이고, 김창숙은 자신이 김구한테 "남한에서 이승만의 협조도 못 받으며 이북에 가서 김일성과 어떻게 무슨 타협을 볼 것인가"라고 이미 말했던 바를 상기하면서 어려운 일인데 노경老境에 몸조심하여 잘 다녀오라고 말하지 않았을까.[8]

심산은 남북에서 각각 외세를 끌어들여 분단 정부를 세우려는 이 땅의 운명을 지켜보면서 「김유신」이라는 시를 썼다. 시의 '자주自註'에서 다음과 같이 기술하여 시를 짓게 된 심경을 밝히고 있다. "신라사를 읽고 김유신이 당나라의 군사

8 서중석, 앞의 책, 376쪽.

를 끌어들여 고구려를 멸망시킴으로써 압록강을 경계로 동
쪽은 신라, 서쪽은 당나라로 귀속시켜 만주 땅이 다시는 우
리 영토가 되지 못하게 한 것을 한탄함. 이른바 삼한을 통일
한 그 공로는 비록 크다 할지라도 그 부끄러움은 어찌 가히
말하겠는가"라고 적었다.

「김유신」

삼국시대의 역사를
읽을 적마다
이름난 장수로
흥무왕興武王(김유신)을
생각하지만

당시의 동족상쟁은
고구려 땅을
당나라에
떼어 주었네
이보다 한 스러운 것
또 어데 있을까.[9]

───── 9 『김창숙문존』, 73~74쪽.

제 13 장

이승만의 폭정에 맞서다

반분단 반독재 투쟁의 선봉

빛이 오고 난 뒤에도
우리가 한 번 더 이토록
캄캄한 어둠 속에
살아야 했다는 사실을
후세는 이해하지 못할 것이다

－카스텔리오, 『의심의 기술』

한 연구가는 심산의 생애를 다섯 시기로 구분하였다. 이 분류에 따르면 1945년 해방에서 1962년 사망에 이르는 기간은 마지막 활동 시기인 제5기에 해당한다. 독립운동을 한 동지 대부분이 서거하거나 암살당하고, 심산은 외롭게 다시 반분단·반독재 투쟁에 나서게 되었다. 다시 생애의 정리 단계에서 다섯 시기를 살펴보자.

제1기(1905년~1910년)

이 시기는 성주 지방에서 구한말의 망국을 앞두고 활동을 시작한 심산의 초년기다. 을사늑약 때 스승인 대계 이승희와 함께 상경하여 「청참오적소請斬五賊疏」를 올렸고, 그 뒤 일진회 매국 도당들이 한일합병론을 제창할 때에 다시 동지를 규합하여 중추원에 성토의 글을 보냈다. 한편 대한협회에 가담, 성주 지부를 조직하여 계급 타파를 부르짖고 단연회 기금으로 사립 성명학교를 세워 신교육을 고취하였다.

제2기(1910년~1918년)

경술국치 후에 통분한 심정을 이기지 못하여 음주와 양광伴狂으로 날을 보내다가 모친의 따뜻한 교훈에 격려되어 집안에 들어 박혀 독서로 유학儒學에 정진하였다. 심산의 학문적 축적과 한문 문장의 창달은 모두 이 시기에 이루어진 것이다.

제3기(1919년~1927년)

이 시기는 심산이 항일 독립운동가로 우리나라 독립운동사에 일정한 위치를 확보하게 된 시기다. 1919년 3·1운동 직후에 전국 유림을 규합하여 파리강화회의에 제출할 130여 인의 연명으로 된 『파리장서』를 휴대하고 출국한 것과 1925년 내몽고 중부 지대에 새로운 독립운동 기지 건설을 위한 자금 조달 관계로 국내에 잠입 활동하다가 다시 출국하는 등 이른바 '제1차 유림단 사건' '제2차 유림단 사건'과 1926년 동척東拓과 식은殖銀에 폭탄을 던지고 일인들을 사살한 나석주 의거 등은 모두 심산의 주동에 의한 것이다.

한편 이 기간에 심산은 중국에서 대한민국 임시정부의 수립과 그 후의 내부 파쟁에 대한 조정에 항상 앞장서서 노력하였고, 유학과 한문학의 교양을 바탕으로 손문孫文을 비롯한 중국 국민당 인사들과 교제를 벌여, 그들로 하여금 '한국독립후원회'와 '중한호조회中韓互助會'를 만들게 하였다.

제4기(1927년~1945년)

1927년 상해 공공조계公共租界의 영국인 병원에서 일경에게 체포되어 본국으로 압송된 이후 대구 경찰서에서 1년여의 고문을 겪고 마침내 14년 형을 언도받았다. 그간 심산은 불굴의 옥중 투쟁과 그에 대한 일제의 남다른 지독한 형신刑訊 때문에 두 다리가 마비되고 몇 차례 사경을 헤매게 되어 마침내 형집행 정지로 대구와 울산 백양사 등지에서 요양을 하다가 몇 해 후에 불구의 몸이 된 채 성주 옛집으로 돌아왔다. 이 기간에도 심산은 일제의 강요에 따른 창씨개명에 적극 반대하고 민족주의적 절조를 한 치도 굽히지 않았다.

제5기(1945년~1962년)

이 시기는 8·15 해방으로 심산이 서거하기까지의 기간이다. 일제 말기의 비밀결사인 '건국동맹'의 남한 책임자로 추대되었던 심산은 일제 패망 직전에 그 조직이 탄로, 일경에 구금되어 성주에서 서울로 호송되던 도중 왜관 경찰서에서 해방을 맞이하였다.

심산은 곧 상경하여 건국사업에 이바지하려 했으나, 정당의 난립과 신탁통치의 찬반, 미·소 공위의 참가 여부 문제로 좌익 정당과는 물론 한민당을 위시한 이승만, 김규식 등 우익 인사들과도 의견이 맞지 않아 항상 고립을 면할 수 없었다.

이로부터 심산은 대체로 정계에 깊이 관여하지 않았고, 유림의 재조직과 그것을 발판으로 한 성균관·성균관대학의 설립으로 유교 이념에 입각한 교육의 실시에 힘을 기울였다.

그러나 심산은 민족 분열의 항구화를 걱정하며 백범白凡 김구金九와 함께 남한 단독 선거를 반대하였고, 나아가 이승만 정권의 부패 독재화에 대하여 정면 투쟁을 일삼았다. 「경고 이 대통령 하야문警告李大統領下野文」과 '국제구락부 사건國際俱樂部事件'은 그 한 예다.

마침내 성균관·성균관대학에서도 물러나게 된 심산은 서울에서 집 한 칸도 없이 궁핍한 생활 속에서 여관과 병원으로 전전하다가 드디어 온 국민의 애도 속에 숨을 거두게 되었다.[1]

---

1 이우성, 앞의 책, 32~33쪽.

윤봉길 의사 14주기 추념사와 두 개의 정부

해방 공간에서 심산의 활동 반경은 대단히 넓었다. 많은 자천 타천의 지도자들이 이데올로기와 정파 싸움에 여념이 없을 때에도 그는 조국 광복을 위해 싸우다 순국한 선열들의 정신을 기리는 데 노력을 아끼지 않았다.

1946년 4월 29일 윤봉길 의사 14주기를 맞아 광복 뒤 처음으로 열린 추념식에서 심산은 만인의 심금을 울리는 「추념사」를 하였다. 여기서 선열을 기리고 조국의 앞날을 걱정하는 심산의 우국충정을 거듭 살피게 된다.

오늘은 즉 윤봉길 의사가 상해 홍구공원에서 의거한 14주기를 맞이하여 기념식전을 집행하는, 참 의의 깊은 집합集合이다.

불일간 동경으로부터 돌아오는 의사의 유골遺骨이 서울에 도착한다 하니 감개무량하다.

돌이켜 생각하건대 우리 민족이 과거 40년간 왜노倭奴의 유린 밑에서 구물舊物을 광복하기 위하여 전외후계前外後繼한 선열의 뿌리신 열혈이 청구사죽靑邱史竹에 현란히 장식한 것은 동서고금 사상史上에 일찍 보지 못한 바다. 그 중 특히 윤 의사의 홍구공원 의거는 이야말로 참 경천동지驚天動地의 대사건이다. 당시 왜노의 전승군戰勝軍이 수백 만이라 칭하였으나 의사의 안중에는 의자蟻子의 취산聚散과 같이 시視하였으며, 그 의자蟻子를 오살鏖殺하는 데는 한 수류탄이 족足하다 하였다.

그리하여 의거의 장절기절壯絶奇絶한 공적功績은 전일본 왜노의 심담을 깨뜨렸을 뿐 아니라 4만만萬萬(4억) 중국인의 전패의 치욕을 씻어줌은 그 얼마나 통쾌하였으며 하물며 우리 조선 전민족의 감격 환호는 더욱 어떠하였으랴.

옛날 안중근 의사가 이등박문伊藤博文을 도살할 때에 참 장쾌하다 하였으나 이 윤봉길 의사의 신용기적神勇奇蹟은 아마 만고 의협전義俠傳 중 다시 둘도 없는 위인이라 하여도 과언이 아닐까 한다.

우리 조선에서 이러한 위인이 출出함은 우리의 민족적 영광榮光이며, 세계적 존경을 받는 소이所以다.

그러면 오늘날 우리가 해방을 기뻐함도 모두 의사의 유산임을 더욱 절실히 느끼는 바다. 다만 아직 완전 해방이 되지 못한 금일에 있어서 우리는 의사의 숭고한 이상과 순진한 의체義諦를 체득 실천하여 완전독립을 전취하여야만 비로소 민족적 고유 의무를 다하였다 할 것이다.

그러한 의무 실천이 없고, 한갓 당벌항권黨伐閱權을 일삼아서 국가 만년대계를 돌아보지 않으면 장차 지하에 가서 무슨 면목으로 선열을 보려는가.

우리가 이 점에 크게 분별치 아니하면 금일 윤 의사 기념식전도 또한 일시 부문浮文에 불과한 것이니 어찌 깊이 통탄할 바 아니랴.

여余가 일찍 철창 속에서 윤 의사의 거의 실전을 읽다가 너무도 감격하여 수일 비읍悲泣하였다. 금일 이 성대한 기념식전에 제際하여 궁왕참말躬往參末치 못함은 진실로 유감천만이다. 다만 여의 감격의 한 토막을 술述하여 삼가 추도의 의意를 표하는 바다.[2]

해방 정국은 심산이나 김구의 염원과는 아랑곳없이 분단 정부 수립 쪽으로 급속히 선회하고 있었다. 1948년 5월 10일 유엔 감시 하에 남한만의 총선거가 실시되고 7월 17일 「헌법」이 공포되어 8월 15일 대한민국 정부가 수립되었다. 1910년 일제에 병탄된 지 38년, 해방된 지 3년 만에 남한에서 대한민국이 수립되었다. 7월 20일 국회에서 실시한 정·부통령 선거에서 대통령 이승만, 부통령 이시영이 당선되어

2 『심산 김창숙』, 심산 김창숙 선생 동상건립위원회, 74쪽.

7월 24일 취임식을 가진 데 이어 건국 내각이 구성되었다. 이어 8월 15일 해방 3주년을 맞아 정부 수립 선포식을 개최, 대한민국 수립을 선포함으로써 제1공화국이 출범하기에 이르렀다.

남한에서 단독 정부가 수립 되자 북한에서도 최고인민회의 선거를 실시하여 헌법을 채택하고 9월 9일 조선민주주의인민공화국을 선포하였다. 수상 김일성, 부수상 박헌영·김책·홍명희, 내무상 박일우, 외상 박헌영, 민족보위상 최용건, 국가계획위원장 정준택 등이 선임되었다.

남한에서 대한민국 정부가 수립된 지 24일 만인 9월 9일 북한에서 조선민주주의인민공화국이 수립된 것이었다. 해방 3년 만에 남북에 각각 반쪽 정권이 수립되기에 이르렀다.

북측은 남한의 단독 정부 수립을 민족 분열 책동이라고 비난하고 나섰지만 그쪽 역시 오래 전부터 반쪽 정권이라도 세우겠다는 내부 계획을 준비하고 있었다. 47년 10월 미·소 공동위원회가 최종적으로 결렬되자 소련은 모든 책임을 미국에 떠넘기면서 11월 18일 소집된 북조선인민회의 제3차 회의에서 조선 임시정부 「헌법」 초안을 작성하기로 결정하고, 48년 2월 6일 인민회의 제4차 회의는 헌법제정위원회가 작성한 「헌법」 초안을 검토, 조선인민군 창설을 결정하여 인민군이 먼저 창설되었다.

북조선인민회의 특별회의는 48년 4월 27일 조선민주주의인민공화국 「헌법」 초안을 승인하고, 8월 25일 최고인민회의

선거를 실시하여 212명의 대의원을 선출하고, 8월 21~26일
해주에서 이른바 '남조선 인민대표자대회'란 것을 열어 360
명의 대의원을 뽑아서 남북한을 통한 572명의 대의원을 선
출하였다.

대의원들은 9월 2일 최고인민회의 제1차 회의를 열어 조
선민주주의인민공화국의 창건을 선언하고, 9월 8일 「헌법」
을 채택한 다음 9일 김일성을 수상으로 하는 각료 명단을 승
인하였다. 이로써 북쪽에도 정권이 수립되어 사실상 남북 분
단 시대가 시작되었다.

김일성은 붉은 정권을 세우면서 그 당시의 「헌법」에서 서
울을 '통일 조선'의 수도로 규정하여 '남조선 해방'을 명분삼
아 분단 정권을 세운 것이다.

남과 북에 각각 서로 적대적인 정부가 들어섬으로써 한반
도는 분단되었고 조국 광복을 위해 싸웠던 수많은 독립운동
가들의 꿈은 물거품이 되고 말았다.

김구의 서거와 '반귀거래사'

    남북에 두 개의 정권이 들어서는 것을 지켜본 심산의 심경은 말이 아니었다. 1946년 10월에 이미 정계를 은퇴한 신분이었지만, 분단 정부가 수립되는 것을 지켜봐야 하는 심사는 분통이 터질 노릇이었다.

    1949년 6월에는 백범 김구가 이승만 정부가 비호하는 친일 분단 세력의 하수인에게 암살당하였다. 일제가 수단 방법을 가리지 않고 엄청난 현상금을 내걸고 붙잡으려고 혈안이 되었지만 끝까지 살아 남아 조국광복 투쟁을 지휘한 애국지사가 동족의 총탄에 어이없이 쓰러져야 했다.

    마침 병상에 있다가 김구 암살 소식을 듣고 통탄하면서 「백범·단재를 그리며」라는 시 한 편을 썼다.

「백범·단재를 그리며」

–병상에서

백범白凡은

흉탄 앞에 쓰러지고

단재丹齋는

수문랑修文郎[3]으로 멀리 갔네.

가련한 손, 홀로 남은

심산心山 노벽자老躄子

여섯 해 삼각산三角山 아래

몸져 누웠도다.[4]

심산은 다시 또 한 편의 시를 썼다.

백범 김구 흉탄에 맞았으니

늙은 몸 다시는 동지 없네

한 사람 자기 멋대로 정가는 횡행하며

나를 보기를 깊은 원수 보듯 하고

거동을 살펴 가는 곳마다 뒤따르니

한 발자국 옮김에도 자유가 없었네.[5]

3 천상의 옥경玉京에서 문한文翰을 담당하는 벼슬.

4 『김창숙문존』, 74쪽.

백범 김구를 잃은 심산의 상심은 이루 말할 수 없이 컸다. 그것이 이승만 대통령의 작용으로 자행된 암살이란 심증을 갖게 되면서 이승만에 대한 분노는 하늘을 찌를 듯하였다. 이후 더욱 격렬한 반이승만 투쟁에 나서게 되고, 1960년 4·19 혁명으로 이승만이 타도된 이후에는 백범암살진상규명위원회를 구성, 위원장에 선임되어 진상규명을 벌였다.

이승만은 분단 정권을 장악하고 독재체제를 강화하면서 죽은 김구에 대해 끝임없는 적대의식을 보였다. 1956년 5월 이승만 정권은 일곱 선열의 묘소가 있는 효창공원(김구, 이동녕, 윤봉길, 이봉창, 백정기 의사 등의 묘소가 있는 곳)을 훼손하였다. 그 유족이나 사회와 아무런 사전 협의도 없이 수목을 베고 공병부대를 동원하여 운동장을 만든다고 마구 밀어 제친 것이다. 그리고 서울 시장을 통해 유족에게 이장을 종용하여 사회적으로 물의가 분분하였다. 심산은 이에 분개하여 1000여 명의 발기인으로 묘소보존회를 조직하고 투쟁의 선봉에 나섰다.

이 무렵에 「효창공원에 통곡함」이란 시를 써서 언론에 공개하였다.

---

5 『심산유고』, 163쪽.

「효창공원에 통곡함」

1

효창공원에
스산한 바람 불고
처절한 비 내리는데
통곡하며 부르노라
일곱 선열의 영혼을.

땅속에 묻힌 말라버린 뼈
일찍이 무슨 죄를 졌기에
멋대로 공병대의
괭이 아래 파헤쳐지는가.

2

저 남한산南漢山
저 탑골공원을 보라
하늘을 찌르는 동상이
사람의 넋을 빼앗는구나.

독재의 공과 덕이
지금은 이렇듯 높을지나
두고 보시오

상전桑田과 벽해碧海
일순간에 뒤집힐 것을.[6]

심산과 독립운동가들의 거센 반대로 효창공원의 애국선
열 묘소는 지켜졌지만, 이들에 대한 이승만 정권의 탄압은
식을 줄을 몰랐다. 심산의 반이승만 투쟁의 열기도 날로 거
세어져 갔다. 심산은 반이승만 노선의 보복으로 1957년 이승
만 정권에 의해 성균관을 쫓겨나 고향으로 낙향하였다. 그러
나 의지할 곳이 없는 처지가 되었다. 이러한 자신의 처지를,
파란에 찬 생애를 토로하는 시 「반귀거래사反歸去來辭」를 지
었다. 중국 진나라의 도연명이 시골로 돌아가 전원생활을 하
면서 읊은 「귀거래사」에서 차운次韻한 것이다.

「반귀거래사反歸去來辭」

돌아갈꺼나!
전원田園 이미 황폐한데
어디로 돌아가나.

조국 광복에 바친 몸

6 『김창숙문존』, 77~78쪽.

뼈가 가루된들 슬플까마는

모친상母親喪 당하고도

모른 이 마음

되돌리지 못할 불효不孝

눈물에 우네

이역만리異域萬里

갖은 풍상 다 겪으면서

나날이 그르쳐가는

대업大業 탄식하다가

문득 크디 큰

모욕을 받아

죄수의 붉은 옷

몸에 걸치니

고생을 달게 받아

후회 없지만

행여 도심道心

쇠해질까 걱정했노라.

쇠사슬에 묶여

눈앞에 두고도

못 가던 고향

앉은뱅이 되어서야

옥문獄門 나서니

쑥밭된 집안
남은 거란 없어
농사 아니 지으니
무엇 먹으며
빚을 수도 없는 술
어찌 마시리
친척들도 그 모두
굶주리는 꼴
솟구치는 눈물에
얼굴 가리고
아내도 집도
없어진 지금
어느 겨를 일신의
안정 꾀하리.

음험하기 짝이 없는
못된 무리들
고향에도 날뜀을
봐야 했어라
해방되어 삼팔선三八線
나라의 허리 끊고
그 더욱 슬펐기는
동족을 죽인 무덤

더욱이 안타깝긴
모략받아 죄 없이
죽어간 사람들
하늘 우러러
하소연 하기로니
그 누가 돌아오리
아, 죽어가는
병든 이 몸
아무리 둘러봐야
한 치의 땅도 없네.

돌아갈거나!
돌아가 세상과의
연緣 끊을 거나
세상 멸시하는 것
아니지만
부귀영화
너 뜻 아니어라
몸은 늙었어도
마음은 아직 창창해
나라 일 안타깝네
옛 일꾼들 불러 봐도
오지 않으니

서녘 들西疇에 밭갈 일
누구와 상의하리
물결에 몰아치는
바람 사나워
외로운 배
노櫓마저 꺾였구나.

저기 저 치솟은 건
무슨 산인고
머리 두고 내가 죽을
고향 쪽 언덕
강대岡臺를 그리면서
못 가는 세월
물 같이 흐름은
빠르기도 해라.
안타까이 청천晴川[7] 냇물
손에 떠들며
목 늘여 어정이느니
늘그막에 편히 좀
쉬었으면 싶어도
비웃고 조롱하는

<hr>

7   심산의 고향 사월리에 있는 선조의 유적지.

나쁜 무리들
내 고향에
머물지 못하게 하니
아, 어찌 마음 조여
갈 곳 몰라 하는고.

남북을 가르는
흑풍黑風 회오리
화평을 이룩할
기약도 없네
저기 저 사이비似而非
군자君子들
맹세코 이 땅에서
쓸어 버리리
길에서 죽기로니
무슨 한이랴
가만히 외어 보는
위후衛侯의 억시抑詩[8]

백일白日같이
밝은 이 마음

---

8 『시경詩經』 대아大雅의 억抑은 나라가 망해가는 꼴을 안타까워 주의 임금을
풍자하고 자신도 경계한 위衛의 무공武公의 시詩라고 전한다.

귀신에게 물어봐도
떳떳하리라.

　　심산과 김구가 그토록 우려하던 동족상쟁의 6·25 한국전쟁이 발발하였다. 일체의 정치에서 떠나 성균관대학에서 후진 양성에 심혈을 기울이고 있을 때 한국전쟁이 터졌다.

　　일흔두 살의 고령인데다 하반신이 불편한 심산은 이승만 정부의 '적군 격퇴설' 방송을 들으며 서울에 눌러 앉았다. 그때 이승만 정부는 비밀리에 서울을 빠져 나가면서도 국군이 반격하니 안심하라고 녹음 방송을 되풀이하였다. 이를 믿고 한강을 건너지 못한 시민들은 한강 폭파로 고스란히 적 치하에 남아 있어야 했다.

　　심산은 서울에서 동족상잔으로 수많은 사람이 죽고 강토가 잿더미가 되는 참극을 지켜보면서 분단 정부 수립을 막지 못한 것을 한탄하고 있었다. 그리고 속절없이 서울에 앉아서 북한군을 맞아야 했다. 그들은 서울에 입성하자 피난 못 간 거물 인사들을 잡아다 북한 정권을 지지하는 선전 방송을 하는 데 이용하였다. 그러던 어느 날 서울시 인민위원장 이승엽이 찾아와 선전 방송에 협조할 것을 요청하였다. 이승엽은 심산이 공산당 간부들을 불러 호통칠 때 『해방일보』 주필 이우적과 함께 심산을 방문했던 공산당 조직부장 바로 그 사람이다. 이와 관련하여 심산은 『자서전』에서 다음과 같이 썼다.

경인(1950) 6월 25일 공산군이 38선을 넘었고 26일에는 서울이 함락되었다. 얼마 안 되어 오세창, 김규식, 조소앙, 유동열, 조완구, 안재홍 등이 공산군의 영문으로 나아가서 항복했고, 계속해서 서로 「자수 성명서」를 발표했다. 나는 그때 청일병원에 누워 있었는데 하루는 공산군의 기관에서 강병창, 박우종, 이재수 등을 파견하여 나의 병상까지 찾아와 「자수 성명서」를 내라고 협박하였다.

나는 나라에 도의가 없을 때는 말을 공손하게 하고 행동을 정중하게 한다고 하는 뜻에서 좋은 말로 거절했다. 그랬더니 그 후에 사람이 또 와서 협박을 했다. 그것이 일곱 차례에 이르렀고, 가면 갈수록 협박은 더 심해졌다.

그래서 내가 그들에게 "내 나이 이미 일흔하나로 벌써 늙도록 살았다. 이제 비록 죽는다고 할지라도 맹세코 너희들의 협박에 나의 고집을 꺾지는 않겠다"라고 절구 한 수를 지어 그들에게 내밀어 보이고 이로써 나의 불굴의 뜻을 분명히 하였다.[9]

북한 점령군은 집요하게 심산의 '귀순'을 종용하고 협박
하였다.

　그들은 소위 수도 인민위원장이란 과거에 면이 있는
자를 선생에게 보냈다. 선생을 찾아 온 그는 따발총을 멘
부하와 함께 와서는 또 지지 방송을 요청했다. 그러나 선
생의 태도에 변함이 없는 줄 알고 그들이 미리 준비 작성
하여 온 방송 원고에라도 서명하여 달라고 강제를 했다.
선생은 거기에도 역시 거절하며 분연히 "이승만에 천대
받은 내가 더욱이나 김일성에게 무엇을 바라겠는가. 내
생지살지生之殺之는 너 마음에 있으니 동족의 생명을 앗
아가는 이 포학무도한 놈들아, 자 내 이 배에 총을 쏴라.
나는 김일성을 지지할 수 없다" 하고 옆에 놓여진 그들의
총대를 끌어 잡고 총구를 선생의 배에 대고 쏘기를 독촉
하니 아무리 기계적인 그들이라도 선생의 이런 갑작스런
태도에 놀라지 않을 수 없었다. 그래서 그들은 당황하여
내 놓았던 총대를 감추며 그대로 물러갔다. 그래서 끝내
그들의 강압에 굴하지 않았으며 그들 역시 다른 인사들에
게처럼 억지 협조조차도 못 받았다.[10]

　9 『김창숙문존』, 74~75쪽.
　10 『민족정기-애국지사 심산 김창숙 선생의 생애』, 194쪽, 사단법인 심산 김
　　　　창숙 선생 추모사업회, 1990.

심산은 당시의 참담한 심경을 담아 「협박을 사절하다」는 시 한 편을 남겼다

「협박을 사절하다」

심산心山 벽자僻子는
늙어갈수록 점점 더 고집스러워
홀로 지키는 그윽한 정절
처녀와도 같구나.

한 오리의 터럭이라도
어찌 화복에 흔들리랴
저들에게 맡기노니
이마 위에서 쇠수레 돌리기를.[11]

심산은 한국전쟁을 서울에서 겪으며 1950년 여름 「도시는 잿더미가 되고」와 「폭격 소리를 들으며」라는 시를 썼다.

11 『김창숙문존』, 74쪽

「도시는 잿더미가 되고」

쌩쌩 나는 비행기
온 하늘 덮어
밤낮없이 맹렬히
폭격하네.

뉘라서 알았으랴
미·소간의 패권 다툼
남과 북에
원한의 단서 열게 할 줄을.[12]

「폭격 소리를 들으며」

연이은 은빛 날개
하늘 덮어 지나가는데
문득 밝은 한낮에
벼락불이 빗기네.

멀리서 날아온다

━━━ **12** 『김창숙문존』, 77쪽.

솔개가 나래죽지를 치는 듯
급하게 내려온다
기러기가 모래밭에 앉는 듯.

한강 물 끓어올라
물기둥 천 길 솟고
북악산 무너져 내려
연기 만가萬家를 덮네.

아, 어이하랴
배달민족 문명의 이 땅
순식간에 상전桑田이
벽해碧海로 변할 줄이야.[13]

심산은 북한군 수뇌부의 위협과 회유를 끝까지 물리치면서 9·28 서울 수복 때까지 을지로에 있는 어느 한의원에 은거하고 있다가 1·4 후퇴 때에야 간신히 불편한 몸을 이끌고 부산으로 내려갔다.

---

13 『김창숙문존』, 78쪽.

이 대통령 「하야 경고문」으로 투옥

심산에게 이승만은 더 이상 현직 대통령이 아닌 타도의 대상이었다. 한국전쟁은 남북 쌍방에 약 150만 명의 사망자와 360만 명의 부상자를 냈고, 국토의 황폐화를 가져왔다. 이승만 정부는 서울 시민들을 적지에 남겨둔 채 도둑고양이처럼 서울을 빠져나갔다. 한강다리를 폭파하여 수많은 인명의 희생을 가져왔다.

전쟁 초기, 이승만 정부는 국민보도연맹원에 대한 예비검속과 즉결 처분을 단행하여 수많은 민간인을 학살하였다. 국민방위군 사건으로 많은 청장년들이 굶어 죽거나 얼어죽는 참사가 벌어졌다. 거창을 비롯하여 전국 도처에서 무고한 민간인이 학살되었다. 이승만 정부의 죄상은 하늘에 사무치고 국민의 원한은 대지를 적셨다. 중석불重石弗 사건 등이 겹쳐 정부의 부정부패는 극한에 이르렀다.

이승만의 실정을 지켜보다 못한 심산은 1951년 봄 이승만

「하야 경고문」을 발표하였다. 이승만의 실정과 독재를 신랄하게 꾸짖는 내용이었다. 이로 인해 심산은 한 동안 부산 형무소에 수감되었다가 불기소처분으로 풀려났다.

이승만은 1952년 여름, 제2대 대통령선거에서 재집권하기 위해 직선제 개헌안을 들고 나왔다. 당시 정부는 부산에 피난중인 가운데 전란 수습책보다 이승만의 재집권에 모든 재원과 권력을 동원하였다. 국회의 간접선거로는 재집권이 어렵다는 사실을 안 이승만은 대통령직선제와 국회의 상하 양원제를 골자로 하는 개헌을 추진하는 한편 신당운동을 통해 자유당을 창당하였다.

직선제 개헌안이 국회에서 부결되자 이승만은 국민회·조선민족청년단(족청)·대한청년단·노동총연맹 등 어용단체를 동원하여 관제 데모를 부추기고, 정치 깡패 집단인 백골단·땃벌떼·민중자결단 등의 이름으로 된 벽보·삐라가 부산 일대를 뒤덮도록 만들었다. 이승만은 부산·경남·전남북 일대에 계엄령을 선포하고, 이범석을 내무장관, 원용덕을 영남 지구 계엄사령관에 임명하여 내각책임제 개헌 추진 주동 의원들을 체포하였다. 국회의원 50여 명이 탄 버스를 헌병대로 강제로 끌고가 일부 의원에게 국제공산당과 결탁했다는 혐의를 씌웠다.

이처럼 1인 독재를 위한 책략으로 정국의 혼란이 가중되자 심산은 이시영, 장면, 조병옥, 서상일, 김성수 등 야당 의원 60여 명과 함께 부산 국제구락부에서 '반독재호헌구국선

언'을 시도하였으나 괴한들의 습격으로 무산되었다. 괴청년
들은 벽돌과 각목을 들고 행사장에 난입하여 닥치는 대로 폭
력을 행사하였다. 하반신을 못 쓰는 심산은 의장석에서 피신
하지 않고 피를 흘리며 땅바닥에 주저앉아 땅을 치며 "이승
만이가 폭도를 시켜 이 판을 만들어? 어디 두고 보자"고 소리
치며 이승만을 규탄하였다. 심산의 흰 모시 두루마기에는 핏
자국과 흙이 뒤범벅이 되어 있었다.

국회의원들이 탄 버스를 헌병들이 크레인으로 끌고 가
는 등 전시 하의 부산 임시수도를 두려움에 떨게 한 이른
바 '부산정치파동'이 일어나자 다시금 김창숙의 '행동하
는 양심'이 꿈틀거렸다. 대통령직선제로써 집권을 연장하
려는 이승만과 내각책임제로써 이 대통령을 몰아내려는
야당 측의 갈등 사이에서 물리력이 동원된 이 정치파동에
서 김창숙은 이시영, 조병옥 등과 더불어 반이승만 투쟁
의 일선에 나섰다.

1952년 6월 20일 김창숙을 비롯해 이시영, 김성수, 장
면, 조병옥, 서상일 등 야당 인사들이 국제구락부에 모여
반독재 호헌구국 선언대회를 열고 이승만을 성토하고 있
었다. 갑자기 상당수의 괴청년들이 벽돌·각목 따위를 들
고 난입했다. 하반신을 못 쓰는 일흔네 살의 김창숙은 의
장석에 앉아 도망도 못하고 피를 흘리며 쓰러졌다.

이것이 이른바 '국제구락부 사건'으로 당시 피 묻은 옷

은 1973년 김창숙의 고향 성주에 세워진 김창숙기념관에
지금도 보관되어 있다. 이 사건 때문에 김창숙은 부산형
무소에 40일 동안 갇혀 있다가 조병옥, 서상일과 함께 불
구속으로 풀려났다.[14]

심산은 이승만의 실정과 독재를 비판하여 「하야 성명서」
를 발표했지만, 이승만은 폭력을 동원하여 헌정을 짓밟고 이
른바 발췌 개헌안을 통해 재집권을 기도하였다. 그리고 시대
의 양심인 심산에게까지 폭력을 휘두르고 형무소에 수감하
였던 것이다.

심산의 심경은 "빛이 오고 난 뒤에도 / 우리가 한번 더 이
토록 / 캄캄한 어둠 속에 / 살아야 했다는 사실을 / 후세는 이
해하지 못할 것이다"고 한 카스텔리오의 절규, 그대로였다.

아마 이 무렵에 쓴 시였을까. 다음은 『자서전』의 자주自註
에 "하성권이 보내온 시에 화답함"이라 쓰인, 「내 어찌 차마
말하랴」라는 시다.

「내 어찌 차마 말하랴」

내 어찌 차마 말하랴

⎯ **14** 김재명, 앞의 책, 163쪽.

예 우리 삼한三韓 나라
눈물이 뿌려질 제
간담도 떨리어라
묻노니 이천만 동포여
무슨 낯이 있기에
좋은 강산江山이라
즐겨 노는가.

눈을 들어 바라보라
거센 파도 몰아쳐
하늘에 맞닿는 것을
구멍난 배에 실려
울부짖는 소리
한창인데.

어기여차
배 젖는 일
사공에게 맡기련만
두렵구나
삿대 잡은 자들
남의 손에 넘겨줄가를.[15]

15 『김창숙문존』, 16~17쪽.

분단 이후 지칠 줄 모르고 전개해온 심산의 반독재 투쟁을 강만길 교수는 "권력 투쟁이라기보다 의리와 명분에 의한 투쟁"이라고 정리하였다.

한반도 문제가 소련의 반대에도 불구하고 모스크바 3상회의 결정을 떠나서 유엔으로 이관된 후에는 이미 분단 국가의 성립이 예상될 수밖에 없었으며, 따라서 반탁·반분단 노선의 정치적 입지가 유지되기는 어려웠다. 민족 분단이 고착화하는 과정, 즉 분단 국가들의 성립과 6·25전쟁 과정을 통해서 반탁·반분단 노선의 정치 세력은 사실상 소멸되었다. '해방 공간'에서 반탁·반분단 노선은 현실적·정치적 노선이었다기보다 민족정기에 입각한 당위적 노선이었다고 할 수 있을 것이다.

'해방 공간'에서의 반탁·반분단 노선은 주로 임시정부 우익계의 노선이었다고 할 수 있으며, 그 주요 인사들은 6·25전쟁 후까지 남쪽 정계에 남은 경우가 드물었다. 김창숙처럼 남아 있더라도 이승만 중심의 반탁·분단 노선과 융합하기 어려웠고, 이승만 정권이 독재화하자 이에 저항하는 노선으로 나아갈 수밖에 없었다. 그럼에도 김창숙의 반이승만 독재 투쟁은 권력 투쟁이기보다 의리와 명분에 의한 투쟁이라는 성격이 더 컸다고 할 것이다.[16]

▬▬ 16 강만길, 앞의 책, 260쪽.

제 14 장

고독한 선비의 길

남들이 가지 않는 길

뜰에 있는 나무가 보기 싫게
구부러진 까닭은 나쁜 토양 때문이다
그러나
지나가는 사람들은
당연스레 나무가
보기 싫게 휘었다고 불평할 뿐이다.

－베르톨트 브레히트, 「서정시가 쓰기 힘든 시대」

천자天子도 신하 삼을 수 없는 선비가 있고, 제후의 벗이
되지 않는 선비도 있다. 맹자는 선비의 지절은 결코 제왕의
치정治政에 못지않다고 하였다.

해방 뒤 심산은 이승만 폭정에 맞서 싸운 선비의 진면목
을 여지없이 보여주었다. 참선비에게는 객기·오기·결기의
삼기三氣가 있어야 한다고 했다는데 심산을 일러 하는 말인

듯싶다. 심산에게는 일제와 싸울 때나 이승만 폭정에 맞설 때에 객기와 오기와 결기로서 대결하였다. 삼기 중에 한 가지만 없어도 그의 줄기찬 불의와의 투쟁은 도중에 무너졌을지 모른다.

로버트리 프로스트는 「가지 않은 길」에서 "두 갈래 길이 숲속으로 나 있었네 / 나는 사람 발길이 드문 길을 택했고 / 그것이 내 운명을 바꾸어 놓았답니다"라고 썼다. 사람들이 안일한 길을 택하여 걸을 때 그는 남들이 '가지 않은 길'을 걷게 되고, 이로 인해 고난과 역경의 신산한 삶을 살아야 했다. 율곡이 그린 '선비상像'은 심산을 모델로 해도 적합하지 않을까 싶다.

> 선비는 궁해도 의義를 잃지 아니하고
> 영달해도 도道를 떠나지 아니하나니
> 궁窮해도 의를 잃지 아니하기 때문에
> 선비는 스스로를 잃지 아니하고
> 영달해도 도를 떠나지 아니하기 때문에
> 백성이 실망하지 아니한다.
>
> — 율곡, 『성학집요聖學輯要』

심산은 이승만 치하에서 기존 정당들의 행태에 크게 실망·분개하여 「당인탄黨人歎」이라는 시를 지었다.

「당인탄黨人歎」

내 들었노라. 이조 중엽에
동·서 두 당파 있었단 말
그 뒤 당론이 더욱 갈리어
둘이 나뉘어 드디어 넷 되었네
처음엔 모두 제 좋은 사람 아부하여
같은 패 편들고 다른 패 헐뜯더니
마침내 정쟁政爭이 날로 치열해
시끄럽게 서로를 배척했도다.

그로부터 군자는 믿을 곳 없어
서로 이끌어 물러나니
소인배 더욱 춤추며 기뻐해
다투어 나아가 거리낌없어라
국시國是는 일정하게 세워지지 않고
어지러운 싸움만 아이들 장난 같았네
이때에 조정론調停論 일어났으니
그 분은 바로 숙헌¹ 씨라.

조정론 아무런 보탬 안 되고

▰▰▰ **1** 율곡 이이를 가르킴.

필경은 그 자신도 한데 섞였네
창과 창이 맞부딪치고
마구 죽이기 일로 삼았네
시대가 갈수록 파쟁은 더욱 심해
동인은 남·북南北으로 갈리고
서인은 노·소老少로 대립되었네
남인들 청·탁淸濁으로 나누어지고
북인들 대·소大小로 벌어졌네
서인들 산림山林과 공훈功勳으로 다투고
북인들 골骨과 육肉 서로 비방하였네
남인엔 병·호屛虎의 시비가 있고
서인엔 호·락湖洛의 논쟁 있었네
아비가 전하고 아들은 이어받아
대대로 보기를 원수처럼 했어라.
가슴속 깊은 병 더욱 악화해
나라를 망칠 빌미가 되고
마침내 왜놈의 노예가 되니
천추에 씻지 못할 한스러운 일.

해방의 우렁찬 종소리에
깊은 잠 홀연히 깨어났는데
이때라 기회 엿본 온갖 거간꾼
제 세상 만난 듯 설쳐대었네

육십여 개 많은 당파들

제각기 들고 나온 높다란 깃발

나의 옛 친구 삼주공三洲公[2]은

민중당民衆黨 하겠다고 몸소 나서서

나더러 당수되라 추대했지만

나는 한 번 웃었을 뿐

헌신짝 버리듯 외면하였네

나의 동지 백범옹白凡翁은

한독당韓獨黨 만들어 기세 떨치는데

내 그때 진심으로 걱정하면서

옥석玉石을 가리기 충고하였네

벽초碧初는 나의 편벽 조롱하더니

스스로 차지했다, 민독당民獨黨 당수

소앙素昻은 나의 고집 어리석다 하더니

스스로 걸터 앉다, 사회당社會黨 당수

얄미울 손 남로당南勞黨

음흉한 소련을 조국인양 우러러하고

두려울 손 자유당自由黨

낮도깨비 떼 지어 함부로 날뛰고

놀라울 손 민주당民主黨

턱없이 자기 과장 요란스럽고

━━ **2** 한계 이승희의 아들 이기원.

가소로울 손 군소群小 당들
하는 짓거리 점점 더 괴상하구나.

아, 이 세상 모든 당인黨人
그대들 목적한 바 권세와 이익일 뿐
나는 원래 당이 없으니
일찍부터 버려진 사람
버려지다 한恨할 바 아니고
오직 원하노니 정의로운 죽음
굶주림 헐벗음 두렵지 않거니와
발 자르고 코 베어도 무섭지 않네
나는 나의 지키는 것 따로 있으니
당인黨人들이여, 나를 원망치 마시오.3

이승만의 권력욕은 끝간 데를 모르고 추구되었다. "권력
은 마주魔酒"라는 삼월 바틀러의 경구가 어김없이 그에게도
적용되었다. 대통령 주변은 아첨배들로 인의 장막이 쳐지고
부정부패는 극한에 이르러 민생은 도탄에 빠졌다.
　　이승만은 1954년 영구집권의 길을 트기 위해 사사오입 개
헌을 감행하였다. 제3대 민의원 선거에서 대규모 부정 선거
로 원내 압도적 다수 의석을 차지한 자유당은 이승만의 영구

▨▨▨ 3 『김창숙문존』, 69~72쪽.

집권을 꾀하여 초대 대통령에 한해 중임제한을 철폐한다는 내용을 주요 골자로 하는 「헌법 개정안」을 국회에 제출하였다. 하지만 국회는 이를 부결시키고 말았다. 그러자 자유당은 부결된 「개헌안」을 사사오입이라는 기상천외의 억지 주장으로 가결을 선포하여 이승만의 3선 길을 트고 영구집권의 길로 나서게 되었다.

심산은 이 무렵 향리에서 기거하고 있었다. 1957년 겨울에는 「통일은 어느 때에」라는 시를 지었는데, 『자서전』의 주석에서 다음과 같이 기술하였다. "서울에서 병으로 가마에 실려 성주 사월리로 왔으나 옛집은 이미 기울어지고 무너져 몸 둘 곳이 없었다. 마을 안의 여러 일가들이 나를 청천서원에 들도록 인도하고 방 하나를 치워 거처하게 하였다. 쇠약한 몸으로 병상에 누우니 온갖 감회가 층층으로 나와 고시古詩 한 편을 지어 여러 일가에 보이다"[4]라고 하였다.

「통일은 어느 때에」

조국 광복에 바친 몸
엎어지고 자빠지기
어언 사십 년

━━━ **4** 『김창숙문존』, 80~83쪽.

뜻한 일 이미
어긋나 실패하고
몹쓸 병만 부질없이
오래 가네.
눕히고 일으킴
사람 손 필요한데
숨찬 증세 이상하게
오히려 끌고
가마에 실려서
고향에 돌아오니
언덕과 돈대에는
잿빛 연기 가득하도다.

옛 보금자리
꾸부려 찾아드니
무너진 벽엔
서까래 몇 남았고
병든 이내 몸
돌아갈 곳 없어
선조 사당 앞을
어슷거리니
가을 풀에 묻힌 사당
마음 아파

눈물 절로 흐르는데
일가들 바삐 나와
청천晴川으로 인도하네.

서당은 황폐하여
처량해 있고
빈 집엔 박쥐
멋대로 나는데
계집 아이 평상의 먼지 쓸고
사내 녀석 해진 자리 정돈하네.
방 하나 조금 밝아
책상 펴기
그런대로 좋고
어떤 사람 술병 차고 와
위로함이 자못
친절하건만.

불켜고 혼자
누워 있노라니
병든 몸 아픔을
견딜 수 없네
평생 겪은 일
돌이켜 생각하니

온갖 감회에
근심만 태산 같네.

천하는 지금
어느 세상인가
사람과 짐승이 서로들 얽혔네
붉은 바람, 미친 듯
땅을 휘말고
태평양 밀물 넘쳐서
하늘까지 닿았네.

아아, 조국의 슬픈 운명이여
모두가 돌아갔네
한 사람 손아귀에
아아, 겨레의 슬픈 운명이여
전부가 돌아갔네
반역자의 주먹에.

평화는 어느 때나
실현되려는가
통일은 어느 때에
이루어지려는가
밝은 하늘 정녕

다시 안 오면
차라리 죽음이여
빨리 오려므나.[5]

5 『김창숙문존』, 80~81쪽.

경무대에 친서 보내 이승만 질타

  이승만은 정치적으로만 노욕에 찌든 것이 아니었다. 역사 의식이나 민족 정신과 같은 국가원수로서 갖춰야 할 기본마 저 잃어가고 있었다. 그 한 가지 사례가 1957년 최남선이 사 망하자 조사를 지어 그를 지극히 칭찬한 일이다. 독립운동가 들의 사망 때와는 전혀 다른 모습이었다. 「3·1독립선언서」 를 집필했던 최남선은 총독부 어용단체인 조선사편수회 편 수위원이 되어 식민주의 역사학으로 한국사 왜곡에 참여하 고, 중추원 참의를 지내고, 관동군이 만주에 세운 건국대학 에서 4년간 교편을 잡은 것을 비롯하여 일제 말기 학병지원 권고 강연 등 적극적인 친일 행위를 하였다. 이로 인해 해방 뒤 반민특위에 체포되었던 사실은 세상이 다 아는 일이었다.

  최남선에 대한 이승만의 조사弔辭를 본 심산은 노기를 억 제하기 어려웠다. 그래서 쓴 것이 「경무대에 보낸다」는 격문 과 같은 글이다. 심산은 이 글을 경무대(현 청와대)에 보내고,

『대구매일신문』에도 발표하였다.

「경무대에 보낸다」

아아, 우남雩南 늙은 박사여
그대 원수元首로 앉아
무엇을 하려는가
고금 성현聖賢의 일
그대는 보았으니
응당 분별하리
충역忠逆 선악 갈림길을.

진실로 올바른 세상
만들려거든
우선 역적逆賊들
주살誅殺하라
생각하면 일찍이
삼일독립선언 때
남선南善 이름 떠들썩
많은 사람 기렸지.

이윽고 반역아反逆兒

큰소리로 외쳐

일선융화日鮮融和 옳다고

슬프다. 그의 대역大逆

하늘까지 닿은 죄

천하와 나라 사람

다 함께 아는 바라.

그대 원수元首의 대권大權으로

차노此奴[6]를 비호터니

노제路祭에 임해선

애사哀詞를 보냈도다

충역 선악의 분별에

그대는 어그러져.

나라 배신, 백성 기만

어찌 다 말하랴

이 나라 만세의 부끄러움

박사 위해 곡哭 하노라.[7]

  제3대 정·부통령 선거가 1956년 5월로 다가오고 있었다.
심산은 이때를 정권 교체의 호기로 생각하였다. 이미 민심이

━━ 6 '이 종놈이란 뜻'
   7 『김창숙문존』, 78~79쪽.

이승만 정권에서 크게 이반되었기 때문에 야당이 통합하여 단일 후보를 내면 승산이 가능할 것으로 믿었다.

자유당에서는 대통령 후보로 이승만, 부통령 후보에는 이기붕이 러닝메이트가 되었다. 야당은 민주당에서 신익희, 진보당에서 조봉암이 각각 대통령 후보로 나섰다. 심산은 신익희와 조봉암을 불러 합작을 권유하였지만 허사가 되었다. 그러던 중 돌연 신익희가 급서하자 민주당 부통령 후보 장면과 조봉암의 합작을 위해 심혈을 기울였다. 심산의 노력은 정파의 이해득실에 따라 결실을 맺을 수가 없었고, 온갖 부정과 관권·협작 선거로 이승만은 3선 고지에 올랐다.

심산은 제1야당 후보 신익희의 급서 소식을 듣고 비통한 심경을 시 한 수로 표현하였다. 이 시는 서울의 몇 개 신문에 게재되었다.

「신해공 익희를 곡함」

그대 살아 있을 때는 만인이 우러러 보았고
그대 떠난 지금은 만인이 울고 있소
만인들은 누구 때문에 울고 있지만
한 사람들은 환성을 지르고 있으리
어찌하여 홀로 환성을 지르고 있을까
이제부터 독재는 지속되겠지

독재는 비록 저절로 얻었겠지만
천하의 이목은 가리기 어려우리
황하의 물은 어느 때나 맑아질 것이며
밝은 하늘은 어느 때나 회복되리
늙은 이 몸 죽지 못함을 슬퍼하며
그대 보내는 이 순간 한없는
눈물을 흘리고 있소.[8]

"이 시는 자연인 신익희의 죽음을 슬퍼하기보다는 평화적 정권 교체의 희망이 좌절되고 이승만 독재를 종식시키지 못한 데 대한 비탄이 더 짙게 풍기고 있다."[9]

심산은 신익희의 죽음으로 쉽게 재당선된 이승만에게 각료 중 간신배를 해임하고, 자유당을 해체시키며, 부정 선거로 얼룩진 대통령 선거 무효를 선언하고, 재선거를 실시할 것을 촉구하는 공개 제언을 하였다. 다음은 주요 내용이다.

「대통령 3선 취임에 일언을 진進함」

국가원수인 각하로서 국민의 여론을 전연 모르신다면 이는 각하의 총명이 불급不及함이라 하겠으나 만일 알고

---

8 심산기념사업준비위편, 『심산김창숙선생투쟁사』, 303쪽, 태을출판사.
9 장을병, 「심산의 민주주의 이념」, 앞의 책, 142쪽.

도 모르신 채하신다면 이는 각하의 실덕이 더욱 크다 않
을 수 없습니다. 각하의 행정 전후 8년 동안에 많은 실덕
이 있었으나 과거는 모두 덮어두기로 하고 만근挽近 선거
를 통하여 드러난 각하의 실덕은 천하인의 이목을 엄폐치
못할 사실입니다.

5·15 선거를 비롯하여 8·8과 8·13 선거는 이것을 선
거 망국이라 단언합니다. 5·15 선거 시에 강력한 관권발
동으로써 민의를 조작하여 그 결과에 있어서 각하가 비록
대통령의 당선은 되었을지라도 그 면에 각하의 무릅쓴 치
욕은 아마 천추에 씻기 어려울 것입니다.

다음 8·8과 8·13 선거가 모두 5·15를 뒷받침한 관권
강압 조작 민의의 선거였음은 만천하에 폭로된 실정이었
는데 오직 서울특별시 한 곳만이 그 권외에 빠졌다는 것
이 도리어 경이적인 기문이었습니다.

그러므로 일반 국민이 5·15 이후 금차 선거까지를 가
리켜 이구동성으로 선거 망국이라 지적하는 바입니다. 우
리 대한민국이 민주주의를 실행하려는 신흥국가가 아닙
니까? 그런데 각하께서 민주주의를 구두선으로만 부르짖
고 폭위적인 독재주의를 강행하려 하심은 그 어떤 심경의
변화에서 출出함인지 진실로 이해하기 곤란합니다.

이제 전국의 민심은 이미 각하에게 이탈되었나니 이
이탈된 민심을 회수하려면 각하께서 반드시 절세의 대용
단을 분발하시라, 대통령의 권위로써 자유당 총재의 직권

으로써 현재 각료 중 몇몇 조고배趙高輩를 즉일 척축하시고 조작 민의의 주동체인 자유당을 엄급 해산하는 동시에 금반 8·8과 8·13 부정 선거를 일절 무효로 선언함에 따라서 전국적 재선거를 특명 실행함이 각하의 대통령 3선 취임 초정初政의 급무 중 가장 급무이며, 각하의 대정치가적 재완이 여기에 비로소 발휘되는 것이며, 민심 회수의 유일무이한 방법임을 주저치 않고 단언하는 바입니다.[10]

이승만의 폭압이 절정에 이르러 3선 연임까지 감행한 처지에서, 누구도 하기 어려운 말을 심산은 거침없이 충언하였다. "전국의 민심이 이미 이승만에게서 이탈되었다고 본 김창숙은 각료 중 간신배에 해당하는 몇몇을 해임시키고, 민의 조작의 주동 집단인 자유당을 해체하며, 부정 선거를 일체 무효로 선언하고 재선거를 실시할 것을 요구한 것이었다. 이는 당시 김창숙이 아니면 감히 하기 어려운 '혁명적인' 제언이었다."[11]

이승만과 자유당을 신랄하게 비판한 심산은 1958년에는 「기자유당奇自由黨」이란 짧은 글에서 자유당을 '도국당盜國黨' '망국당亡國黨' '멸종당滅種黨'이라 부르며 규탄하였다.

10 『벽옹일대기』, 권기훈, 앞의 책, 140~141쪽, 재인용.
11 권기훈, 앞의 책, 141쪽.

성균관대학에서 쫓겨나

이승만에 대한 격렬한 비판은 견디기 어려운 보복으로 돌아왔다. 심산은 이승만 정권에게 있어서 야당이나 재야의 어느 누구 못지 않는 존재가 되었다. 항일 투쟁으로 앉은뱅이가 될 정도로 고문을 받은 정통 독립운동가이고, 여전히 발언권이 남아 있는 '500만 유림'을 대표하고 있었기 때문이다.

심산은 어떤 권세나 권위, 재물이나 위협으로도 도저히 굴복시킬 수 없는 인물이었다. 그래서 생각해 낸 것이 성균관대학과 유도회에서 쫓아내는 일이었다. 이른바 '유도회 사건'은 이렇게 하여 일어났다.

정부는 1956년 1월 심산을 엉뚱하게 총장공관 등기 이전 문제를 걸어 횡령죄로 고소하는 등 탄압으로 나왔다. 문교부에서는 수차례에 걸쳐 성균관대학 총장직에서 물러날 것을 요구하였다. 총장 자격을 인정할 수 없다는 공문을 보내고, 졸업과 신입생 모집에서 '김창숙 명의'로는 총장 직권 행사를 허용하지 않는다고 통고하였다. 결국 심산은 2월에 사표를 내고 혼신의 힘을 바쳐 키워온 성균관대학에서 물러나야 했다.

이승만 정권은 심산을 몰아내고 유도회를 장악하기 위해 온갖 비열한 방법을 다 썼다. 1956년 12월 1일 심산이 자유당의 유도회 간섭을 폭로한 며칠 뒤 심산이 주최한 '전국유도회 대표 및 향교대표자대회'는 경찰이 제지하여 열리지 못하였다.

1957년 1월에는 유도회의 친자유당파 세력이 폭력으로 유도회에 난입하여 심산 세력을 몰아내고 사무실을 점거했으나 재판에서 패하여 다시 유도회를 되찾게 되었다. 그래서 이번에는 국가 권력을 동원하여 심산을 축출하였다.

유도회 분규를 해결하기 위해 정통파가 1957년 7월 10일에 소집한 '유도회 및 지방향교대표자대회'는 난장판이 되어 7월 11일 김창숙 등 정통파는 퇴장했으나, 재단파는 경찰의 옹호 속에 회의를 강행하여 유도회위원장에 구자혁, 부위원장에 이범승, 윤우경을 선임하였다.

심산 중심의 정통 유림 세력을 축출하고 유도회를 장악한 이른바 재단파는 일제 때 황해도 송화서장을 지내고 이승만 정권에서 서울시경국장·치안국장 등을 역임한 친일파 윤우경尹宇景이 중심이 된 자유당 정치 브로커들이었다.

그뿐 아니라 유도회 총재에는 기독교 신자인 이승만이, 최고 고문에는 역시 기독교 신자인 이기붕이 추대되었다. 유도회가 자유당의 기간단체화한 것이다. 이와 함께 재단법인 성균관 이사장에 이명세가 복귀하였고, 10월 21일에는 문교부장관 시절에 한글 파동과 관련하여 악명을 떨쳤던 이선근이 성균관대학 총장이 되었다.

유도회 사건은 친일파인 이명세, 이범승, 윤우경 등 재단파와 이우세 등의 농은파가 김창숙 등을 몰아내고 유도회를 장악하려고 하면서 일어난 사건이었지만, 이승만·자유당 정권이 김창숙 등을 제거하고 유도회를 장악하여, 직접적으로는 정부통령선거추진기독교위원회처럼 1956년 5·15 총선에서 이승만, 이기붕을 당선시키기 위한 선거운동을 전개하기 위해서 일으킨 사건이기도 했다.[12]

심산은 이승만이 종신 집권을 위해 벌이는 정치 놀음에 동원된 친일 세력에 의해 성균관대학 총장직과 유도회를 강탈당하게 되었다. 윤우경의 친일 행적과 마찬가지로 이범승 李範昇은 조선총독부 농무과 사무관, 황해도 산업과장을 지낸 친일 관료 출신이고, 이명세李明世는 일제 말에 경학원 사성司成, 유도연합회 상무이사 등 요직을 지낸 골수 친일파다.

친일파들에게 성균관과 유도회를 빼앗기게 된 심산의 심경이 어땠을까. 이 무렵에 울분을 삭인 시가 앞에서 인용한 「통일은 어느 때에」다. 몇 구절을 다시 본다.

━━ 12 서중석, 앞의 책, 382~383쪽.

천하는 지금
어느 세상인가
사람과 짐승이 서로들 얽혔네

아아, 조국의 슬픈 운명이여
모두가 돌아갔네
한 사람 손아귀에
아아, 겨레의 슬픈 운명이여
전부가 돌아갔네
반역자의 주먹에.

　심산은 이승만과 그 주구들을 '짐승'으로 표현하고, '조국
의 슬픈 운명'은 모두 통일이 되지 않았기 때문에 벌어진 일
이라고 탄식하였다.

　이승만 정권의 심산에 대한 악의적인 비판은 일찍부터 도
처에서 진행되었다. 1955년 봄, 시인 변영로는 『한국일보』 지
상에 「공자는 '위대한 위선자', 맹자는 '절세의 데마고그'」라
는 에세이를 발표하였다. 이에 유림에서 변영로를 '신성 모
독'으로 통박하였는데, 변영로는 신문광고란에 「김창숙에게
일언—를함」이라는, 엉뚱하게 심산을 공격하는 글을 썼다.

　변영로는 이 글에서 「파리장서」 사건과 10여 년 전 옥고
치른 것 외에는 내세울 것이 없는 사람이라고 비방하면서
「파리장서」 사건은 일개 사자使者의 역할을 한 것뿐이요, 옥

고는 한국인인 탓의 일종 의무로 기천 기만이 치른 공동 고초이므로 그의 전유 독점의 명예가 아님을 부언하여 둔다"[13]라고 망언을 서슴지 않았다.

다음은 「변영로의 심산 성토문」 전문이다.

「변영로의 심산 성토문」

작昨 5일자 『동아일보』 1면, 6일자 『한국일보』 2면 광고란에 나에 대한 성토문이 실리었다. 물을 것도 없이 이것은 유림의 총의가 아니고 완고한 곡학자 김창숙의 사주임에 틀림없으므로 형식상으로는 유림대회의 「성토문」이지만 나는 김창숙 개인에게 극간단한 일언이나마 그실 묵살하려다가 하는 것임을 말하여 둔다.

「성토문」 가운데 나를 선성先聖 모욕자로 턱도 없는 규정을 지어 놓고 패역악질이니 명정광태자酩酊狂態者이니 가진 인신 공격의 어휘를 전하였다. 지나가는 풍자인 채로 공자를 '위대한 위선자'라 하고 맹자를 '절세의 선전가'라 불경무엄한 문구를 나열한 탓으로 선성모욕 '죄'를 구차한 변백辨白 없이 뒤집어 쓴다치고라도 패역악질이니 명정광태자니 하였으니 첫째로 누가 패역악질인지 따지

───── **13** 『한국일보』, 1955. 8. 7.

어 볼 것이다.

그의 과거 내역은 나는 잘 모르며 또 알 필요도 없다. 다만 그의 최근 행사, 다름도 아닌 4~5년 내지 10년의 근속 강사나 교수들을 사복私僕 축출하듯, 소련의 숙청식으로 제1차, 제2차, 제3차로 나누어 계획정연한 상습적 파면을 극 '침착'한 태도로 자행자지自行自至 감행하는 것인데 제1차로 제단에 오른 희생자가 그와 30여 년간 해외에서 동거동락턴, 동지로 상허하던 부총장 이정규李丁奎 씨를 새삼스레 '유교 정신의 배치자'란 턱도 없는 오명을 뒤집어 씌워 방축한 것이다.

그리하여 안온튼 학원 내에 그야말로 평지풍파를 일으키어 어린 학도들이 소향所向할 바를 모르고, 좌왕우왕 방황케 하는 파국을 초래한 것이다. 이에 더할 학원의 불상사가 있으랴? 유심유의有心有意한 사회인사나 학부형 제위의 냉철한 관찰과 판단을 요청하는 바다.

그리고 그는 진일보하야 '혁명 투사'이고 '민족의 거성'으로 자허자처하야 「국가교육공무원법」까지를 백안시하는 그야말로 신성불가범적 방약무인의 태도로 나가는 것이다. 상기한 자격의 유무는 막론하고 세간에 알리어진 것으로는 「파리장서」 사건과 10여 년 전 옥고 치른 외에는 내세울 것이 없는 바, 「파리장서」 사건은 일개 사자使者의 역할을 한 것뿐이요, 옥고는 한국인인 탓의 일종 의무로 기천 기만이 치른 공동 고초이므로 그의 전유 독점의 명예가 아님을 부언하여 둔다. 끝으로 유도 정신의 건전 발전과 시대 역행의 미몽에서 각성되기를 빌어마지 않는다.

이승만 치하에서 심산의 독립운동은 이렇게 폄훼되고 친일파들의 도발로 성균관대학과 유도회는 짓밟혔다. 이승만 대통령이 이때라도 심산의 간곡한 충고를 받아들이고 주변 정리를 했다면 4년 뒤 4·19 혁명으로 내쫓김을 당하지는 않았을 것이다. 그러나 이승만은 이미 아첨과 충언을 식별하는 분별력을 상실하고 있었다.

심산은 누구보다 성균관대학과 성균관을 아꼈다. 자신이 대학을 세우고, 친일파들이 우글거리는 성균관을 숙정하여 새로운 민족문화의 전당으로 만들었다는 자부심도 깔려 있었을 터이다. 「성균인에게 주는 글」에서도 이와 같은 아낌이 묻어 있다.

「성균인成均人에게 주는 글」

오늘날 국가민족이 미증유의 고난에 처하여 있는 시대에 학도에 부하된 사명은 좀더 중대하다고 하겠다. 조국 흥망이 오로지 제군의 쌍견雙肩에 달려 있음을 생각할 때 금반 제군의 평소 학업의 성과를 발표하는 『성균成均』지

誌 발간에 제際하여 나의 소회의 일단을 말하고, 또한 제군에게 몇 마디 부탁을 하고자 하는 바이다.

우리는 우리 사회에 미만하고(널리 퍼지거나 가득 차고) 있는 침체와 부진을 솔직히 인정할 수밖에 없다. 그 원인이 정치의 빈곤에 있든지, 혹은 경제생활의 궁핍에 있든지, 또는 그 쌍방에 있든지 간에 국민이 혼돈 가운데서 무기력하게 헤매고 있는 사실만은 부인할 수 없다.

이러한 전반적인 침체와 위축을 여하如何히 극복할 것인가?

이것이 바로 우리 앞에 놓여진 공동 과제인 것이다.

따라서 나는 맨 처음 학생 제군이 현실에 대한 정확하고 세밀한 인식을 가져야만 될 줄 믿는다.

이러한 시대적·사회적 환경에서 우리는 좀더 나은 생활의 방도를 발견하여 이에 정진하여야 할 것이다. 이것이 곧 입지다.

또 하나는 우리나라 청년 학도의 기백이 없음을 한탄한다. 제군이 만약 청년다운 정열과 순진성을 가졌다면 절연截然히 정사正邪를 판단하여 사邪를 물리치고 정의를 바로잡으려는 기개와 용기가 마땅히 있어야 할 것이 아닌가?

이와 같은 정의감은 청년의 청년다운 소이所以이며, 개個의 발전과 전체의 복지를 위한 불가결의 원동력이라 하겠다.

또 하나는 일찍이 우리 국민을 근면하다고 칭찬하는

것을 듣지 못했다. 우리는 좀더 창조력을 가져야 하겠다.

정신이 아무리 고귀하다 할지라도 결국 물질적 기반이 상부되지 않으면 안 된다.

이에 금일의 도의적 타락은 정신의 작흥作興과 더불어 물질 생활의 향상을 기함으로써 비로소 구제할 수 있는 것이다.

끝으로 우리 성균의 건아들이 '성균인成均人'의 유래由來인 '성인재지미취 균풍속지부제成人材之未就 均風俗之不齊'의 진의를 파악하여 전통에 빛나는 우리 학원에서 굳세고 참되게 자아 완성을 면려勉勵하여(힘쓰게 하여) 국가 민족의 부흥과 인류복지의 증진에 기여할 수 있는 인물이 되기를 바라 마지않는 바이다.[14]

심산은 1956년 4월 10일 독재자의 말발굽에 짓밟혀 성균관과 유도회를 떠나면서 비통한 심경으로 성명을 발표하였다.

「성균관·유도회를 떠나며 국민 앞에 고告함」

내가 평소 어떠한 정당과도 전연 관계없으며 범연凡然한 일개인임은 국인國人이 주지하는 바이다. 부질없는 망

<hr>

14 『성균成均』 제5호, 1954년 12월호.

상으로 이번 선거 추이에 관하여 순여旬餘에 걸쳐 야당 측 지도자 제공과 누차 회견하고 야당 연합전선 결성과 대통령 단일 입후보 추진에 대하여 극력 충고하여 보았으나, 야당 측에서 각기 자당의 주장을 고집하여 연합전선 결성과 단일 입후보 추진에 서로 양보할 아량을 보여 주지 않음은 그 결과에 있어서 독재혹정자獨裁酷政者에게 또다시 정권을 맡겨 주는 것밖에 아무것도 없는 일이 아닌가?

여기에 실망한 나는 우리 국가민족 전도를 위하여 슬피 통곡하는 바이다. 또 내가 일찍 성균관·유도회 및 성균관대학교를 창립하여 십육여 년에 걸쳐 고심 경영하여 오던 바, 대학에서는 이미 친일파 발호로 인하여 정치적 추방을 당하였으며, 최근 그 거친 여파가 성균관·유도회에까지 부딪쳐 나의 미력으로는 도저히 구제驅除할 기대가 없음을 또한 통곡하는 바이다.

이에 현실 모든 방면 인사를 일체 단념하는 동시에 산벽서재山僻書齋에 돌아가서 한운야학閑雲野鶴(메인 데 없이 한가로이 지냄)으로 더불어 짧은 여생을 마치기를 결심하고 출발에 임하여 이 비통한 심경을 성명하는 바이다.[15]

1956년 4월 10일

성균관장·유도회 위원장 김창숙

15 『심산 김창숙』, 심산 김창숙 선생 동상건립위원회 편, 69~70쪽.

이승만 타도에 온 몸 던져

　이승만 정권은 1956년 정부통령 선거와 1958년 제4대 민의원 선거의 결과 민심이 빠른 속도로 이반되고 있음을 알고, 그 원인을 야당과 언론의 선동적 비판 때문이라고 단정하였다. 여론과 국민의 비판을 억누를 길을 찾는 것이 「국가보안법」이었다.

　이승만 정권은 1958년 12월 24일 경위권을 발동하여 야당 의원들을 짓밟고 여당 단독으로 「신국가보안법」을 통과시켰다. 국민의 눈과 입을 틀어막는 악법 중의 악법이었다. 영구집권을 위해 넘지 말아야 할 선까지 넘어서고 만 것이다.

　심산은 정국의 혼탁과 이승만 정권의 타락을 지켜보면서, 자신의 심경을 밝히는 시를 썼다. 심산의 결벽증의 일단을 엿볼 수 있다.

너는 나면서 어리석으니 늙으매 누가 그 같으리오
너의 성품은 어찌 그리 강직하뇨,
늙을수록 더욱 굳세도다
너의 행실은 어찌 그리 개결하뇨,
늙어도 게을리하지 않도다
부지런히 삼가서 굽히지 않도다.

벼슬을 보기를 뒷간과 말죽통을 멀리 하듯 하도다
권흉權兇 보기를 견양犬羊을 꾸짖듯 하도다
악을 미워함에 엄하기를 어찌 그리 원수처럼 하느뇨.

선을 좋아함이 돈독하지만, 어찌 그리 짝이 적느뇨.[16]

1인의 영구집권을 도모하는 사사오입 개헌파동에 이어
「보안법」 파동은 범야 각 정당과 사회단체·재야 인사들로
구성된 보안법 반대국민대회준비위원회가 결성되어 「보안
법」 반대 투쟁을 전개하였지만 정부는 1959년 1월 15일자로
공포하였다.

심산은 향리에서 「보안법」 파동을 지켜보면서 손자의 등
에 업혀 상경하였다. 더 이상 이승만 정권을 용납할 수 없다
는 생각이었고, 얼마 남지 않은 여생을 민주주의 회복에 바

---

16 김창숙, 「벽옹자명躄翁自銘」, 827~828쪽.

치겠다는 비장한 결의에 따른 행동이었다. 서울에 도착한 심산은 1959년 12월 28일 『동아일보』 회견에서 "민주주의를 위해서 얼마 남지 않은 여생을 바치려고 서울에 올라왔다. 자유당이 강도적으로 통과시킨 「보안법」은 무효다. 과거 5·26 부산정치파동 때 국제구락부에서 민의民意 발로와 같이 반독재구국 범국민투쟁을 전개해야 할 것[17]" 이라고 소신을 밝혔다.

이어서 1959년 1월 8일에는 반독재 민권쟁취 구국운동을 위한 전국민총궐기연합체를 구성할 것을 제창하는 「호소문」을 발표하였다,

7개항의 투쟁 방법을 제시한 「호소문」은 다음과 같다.

첫째, 야당 측이 현정권과 절대 굴욕적 타협은 하지 말 것.

둘째, 장(면)부통령은 현정권 하에서 현직에 머물러 있지 않을 것을 국민 앞에서 성명하고 단연 사퇴할 것.

셋째, 야당 의원 전부가 총 퇴진할 것.

넷째, 야당에 속한 각 도·시·읍·면 모든 의원들이 국회의원과 동시 호응하여 일체 총 퇴진할 것.

다섯째, 3·1운동 정신을 고수하는 공무원 동지 제군은

---

17 『동아일보』, 1959. 12. 28.

순수한 국민운동에 총 결속 호응하여 일체 총 퇴진할 것.

여섯째, 「보안법」 개악 조례가 실행될 때에는 제1차적으로 선망先亡할 것이 언론기관이니 자발적 폐쇄할 것.

일곱째, 국립 경찰은 정상한 국민주권을 응호하는 국민의 공복인 국립 경찰이 될 것.[18]

심산은 이 「호소문」에서 "3·1운동 당시 남부노유男婦老幼가 전복복기前覆復起하던 정신을 환기하여 최후의 일인까지 동심육력할 것"을 호소하였다.

심산이 아니고는 이와 같은 혁명적인 「호소문」을 공개적으로 제의하기는 어려운 상황이었다. 그는 자신의 말처럼 여생을 민주 제단에 바치고자 각오하고 있었던 것이다. 야당과 언론·공무원·경찰에 이런 메시지를 전달할 수 있는 사람은 심산 이외에 국민의 존경을 받는 용기 있는 원로가 흔치 않았다.

4월 혁명으로 이승만 정권이 무너지는 1960년의 새 해가 밝았다. 심산은 1월 16일 "「보안법」은 이 민족을 억압하는 망국법이요. 이제 대한민국은 민주공화국이 아니라 경찰국이며, 따라서 이 대통령은 국민 앞에 사과하고 하야하라"는 성명을 발표, 이승만을 더욱 압박하였다.

제4대 대통령 선거를 맞아 이승만은 다시 이기붕과 러닝

━━ **18** 『동아일보』, 1959. 1. 9.

메이트로 4선 대통령 선거에 자유당 후보로 나섰다. 강력한 야권의 라이벌이던 진보 당수 조봉암은 1958년 1월 「국가 보안법」 위반 혐의로 체포되어 대법원에서 사형을 선고받고 7월에 처형되었다.

민주당에서는 조병옥과 장면이 치열한 경선 끝에 조병옥이 대통령 후보, 장면이 부통령 후보로 지명되었다. 그러나 조병옥이 신병으로 도미하여 월터리드 육군병원에서 치료를 받던 중 병사하였다. 야당은 두 번씩이나 정권 교체 직전에 유력한 대통령 후보를 잃게 되었다.

심산은 조병옥이 서거하자 또다시 비통함에 젖어 만사輓詞 한 수를 지었다.

「유석 조병옥을 곡함」

하늘이 나의 벗 뺏아 가더니
현몽케 하는 뜻 그 무엇인가?
그대 우리들을 버리고 가니
그대 돌아가자 나라 일도 끝나
온 나라에는 곡성이 떠들썩
어리석은 지아비 슬퍼함 없고
독재자는 춤춘다 소매 날리면서
우는 사람은 슬퍼 죽으려 하고

춤추는 자는 좋아 죽으려 하네
슬퍼함과 좋아함 비록 본성 아니지만
마침내는 똑같이 죽음으로 돌아가니
나의 벗님이여 너무 슬퍼마시게
국민의 정의 기필코 안 죽으리.[19]

"이 만사의 마지막 구절대로 국민의 의기는 살아나서 4·
19 혁명이 일어났고 12년의 이승만 독재체제는 무너지고 말
았다."[20]

이승만의 폭압 통치 12년 동안 심산은 야당 어느 정치인
보다 더 격렬하게 싸웠다. 그의 싸움에는 항상 대의와 명분
이 따랐고 권력욕이나 정파의 이익이 전제되지 않는 순수함
이 뒷받침되었다. 그렇기 때문에 그의 투쟁은 더욱 빛이 나
고 고결한 모습이었다.

19 『심산 기념사업준비위편』, 앞의 책, 「조병옥 박사 만사」, 184~185쪽.
20 장을병, 앞의 글, 144쪽.

청빈한 실천 유학의 표상으로

그에게 명리名利는 한낱 티끌 같은 것이었고, 대의大義·청절淸節에 굽힐 줄 몰랐다. 그에게 따라붙는 '조선의 마지막 선비' 바로 그것이었다. 조선의 선비 중에서도 관념론의 선비 퇴계 이황보다 '칼을 든 선비' 남명 조식을 더 닮았다.

심산은 무엇보다 대의에 좇아 사고하고 행동한 사람이었다. 아마 우리나라 현대사에서 심산만큼 줄곧 대의에 어긋남이 없이 사고하고 행동한 사람을 찾아내기도 어려울 것이다. 심산은 스스로 대의에 어긋남이 없었을 뿐 아니라 대의에 어긋나는 처사에 직면했을 때는 제아무리 열세이고 또 제아무리 위험이 닥치더라도 분연히 일어나서 항거했던 것이다. 실로 심산은 대의에 좇아 살다 일생을 바친 사람이라고 할 만하다.[21]

심산의 높은 학덕과 행동의 가치는 '실천 유학'에 있었다. 독립운동과 반독재 투쟁의 행동주의는 의리의 바탕에서 나왔고 그 의리 정신은 바로 유학 정신이었다.

심산에게서 이해된 유학의 의미와 가치도 바로 이러한 실천 유학에 있었던 것이 아닌가 여겨진다. 그는 일생을 행동적 투쟁 정신으로 일관하였고 그것이 시대적 상황에 따라 독립운동으로, 건국 뒤에는 반독재 투쟁으로 나타나, 일생 동안 험난한 길을 밟게 된 것이 아닌가 생각한다.

심산은 한 생을 오직 투쟁 속에서 살다 간 인물이다. 불의 앞에서는 그 상황이 어떻든, 자신에게 어떤 결과를 가져오든, 그런 것은 안중에도 없었다. 오직 불의와 맞서 싸우는 투쟁만이 그의 주어진 사명이요 삶의 전부였을 만큼 행동으로 참을 보여주다 간 인물이었다. 그의 이러한 일관된 힘의 바탕이 어디서 온 것일까. 그것을 유학의 실천적 정신과 연관지어 이해하는 것은 불가능한 것일까? 심산의 불굴의 독립 정신과 반독재 투쟁의 행동주의는 그 자신이 성공적 결과를 내다보고 한 것일까?

결과를 내다보고 한 투쟁이요 행동이었다면 심산의 생은 다만 무모한 삶에 지나지 않았을 뿐이라는 평가를 받

21 장을병, 앞의 글, 144쪽.

을 소지도 없지 않다. 그러나 그의 모든 독립운동과 반독재 투쟁은 그러한 결과론적 예견의 결과에서 온 것이 아니었다. 오직 불의에 대결하는 것만이 인간의 주어진 자기 사명이요, 참 삶의 가치라는 데 그 힘의 원천이 있었던 것이다. 심산의 투쟁 정신의 가치는 바로 여기에 있다. 그러므로 설혹 지금에 있어 우리나라가 독립이 되지 못한 상태에 있다 하더라도 심산과 같은 독립 투쟁이 결코 무모한 행동이라고 평가할 수 없는 것이다.

왜냐하면 그것은 불의에 대항하는 인간의 본질적인 참 삶의 가치로서 그 자체 속에 영원히 함께 하고 있는 것이기 때문이다.[22]

이승만 치하에서 심산처럼 고통을 겪은 사람도 흔치 않을 것이다. 이승만 세력에게 성균관(대학)을 빼앗기고, 생활 근거도 상실되었다. 아들이 서울에서 자동차 운전수를 하여 벌어온 돈으로 간신히 생계를 유지할 수 있었다. 세상 사람들이 심산의 아들이 운전수 노릇을 한다고 비웃자 「아들에게」라는 시를 지어 불편한 심회를 토로하였다.

---

22 송항룡, 앞의 글, 1987~1988쪽.

460   제14장 고독한 선비의 길

「아들에게」

내 아들이 차를 끈다고
세상 사람 모두가
비웃고 조롱하네
다시 그 아비를 비방하여
거짓 꾸밈, 잘 하게
자식을 가르쳤다 이르네
비웃고 헐뜯은들
무엇을 상심하랴
편안한 마음으로
생업에 종사하라
가정의 생계를
돌보는 이 없다면
하루아침 당장에
망하고 말 것이라
옛적에 연암燕岩공은
전傳을 지어 기렸다.
예덕穢德 선생을
너희들 조금도 슬퍼하지 마라
천한 직업 그것이
바로 천직天職이니라.[23]

심산은 어려운 생활고에서도 부정한 돈은 물론 정치인들의 성금도 일체 거부하였다.

　무소속의 양일동 의원과 자유당에서 이재학 의원을 포함한 62명의 국회의원이 병원비에 쓰라고 53만 500환을 보내자 이를 거부하고, 자유당이 정권을 농락하여 국가민족을 멸망의 함정에 몰아넣는 불의불법不義不法을 저질렀으니 국가민족의 공적公敵이라 규정하면서, 비록 삼순구식三旬九食 아사의 지경에 빠지더라도 받을 수 없다고 밝혔다.

　그는 1958년 8월 병실에 찾아온 기자에게 "나는 50년 독립운동을 헛했어! 이게 무슨 꼴이야"라고 말하면서 며칠 전에 자유당 정문흠 의원 등 몇몇 의원이 14만 5000환을 건넨 것을 거절했다고 말했다. 김창숙은 입원비가 없어 한때 퇴원하기도 했었다.[24]

　노혁명가의 처신이 이러했다. 집 한 칸이 없어서 여관을 전전하고, 병원비를 구하지 못해 문전박대를 당하면서도 권력자들의 도움을 받아들이지 않았다. 더구나 당시 정치인들이 '정상배'로 지탄을 받고 있었던 까닭에 국회의원들의 '성금'을 매몰차게 거절하였다.

23 『김창숙문존』, 89쪽.
24 서중석, 앞의 책, 396~397쪽, 재인용.

일생을 올곧게 살아오다가 마지막에 굴절하거나 휘어진 독립운동가 출신이 적지 않은 터에 심산은 죽을 때까지 오직 '그 길을' 뚜벅뚜벅(걷지도 못하고) 업혀서라도 그렇게 걸었다. 그러나 세사世事와 천명天命은 야속한 것만은 아니어서, 이승만은 몰락하고 자유 민권의 시대가 열리게 되었다.

제 15 장

4월 혁명 뒤로 하고
백발청안 지사 영면하다

마침내 쟁취한 4월 혁명

이승만이와 싸워온 사람도 많겠지만
나만큼 독하게 맞서온 이도 드물 거요!
그가 12년간 집권하는 동안 세 차례에 걸쳐
공개로 대통령 하야 권고를 했지만,
그 스스로 하야했더라면 지금쯤
하와이로 도망쳐 있지 않아도 되었을 거요.

― 심산 김창숙

1960년 4월의 민주혁명으로 백색 독재 이승만 정권이 붕괴되었다. 12년 동안 무소불위한 폭압 통치와 부정부패를 자행해온 자유당 정권이 마침내 시민혁명으로 쓰러졌다. 4000년 역사상 피지배 민중의 힘으로 골리앗과 같은 독재 권력이 무너진 것은 처음 있는 일이었다. 권력 측에는 거대한 조직과 자금, 경찰력이 있었고 사병화된 군의 조직을 장악하였다. 여기에 잘 훈련된 정치깡패들까지 거느리고 있었다.

이와 같은 막강한 권력을 시민·학생들이 맨주먹으로 타도한 것이다. 에리히 프롬은 이런 말을 하였다. "집권 세력은 화학무기로 무장하고 있는데 민중은 주먹이나 돌멩이밖에 갖고 있지 못한 처지에서는 프랑스혁명과 같은 시민혁명이 불가능하다"라고. 그러나 4·19는 해냈다. 프랑스혁명 이래 맨주먹의 시민혁명이 최초로 성공한 것이다.

8·15 해방과 함께 외상으로 도입한 민주주의가 미군정 3년과 이승만 독재 12년의 가혹한 시련을 겪으면서, 1960년 마침내 궐기한 민중은 4월 19일 '피의 화요일'에 독재의 막을 내렸다. 다급해진 이승만은 「계엄령」을 선포하고 군대의 힘으로 민중혁명을 막으려 시도했지만, 이미 이반된 민심의 흐름을 군이라고 어쩔 수는 없었다. 군도 더 이상 타락한 권력의 하수인이 될 수는 없었던 것이다.

4월 19일 하루 동안 전국적으로 186명의 사망자와 6026명의 부상자가 발생할 정도로 시민혁명은 엄청난 희생을 치르고서야 주권을 회복할 수 있었다. 4월 25일 대학교수단 데모에 이어 26일 다시 대규모의 민중시위가 일어나자 이승만의 하야 성명과 함께 12년 독재정권은 마침내 종말을 고하였다. 그리고 4월 29일 이승만은 국민 몰래 하와이로 줄행랑을 치고 말았다.

심산은 여든두 살의 나이로 서울 중앙의료원에서 병고와 싸우면서 이승만의 하야와 하와이 망명 소식을 들었다. 누구보다 이승만과 치열하게 싸워온 심산이었기에 이승만의 하야와 망명을 지켜보는 심사心事는 남달랐을 터이다. 그래서 기자들에게 소감을 밝혔다.

이승만이와 싸워온 사람도 많겠지만 나만큼 독하게 맞서 온 이도 드물 거요! 그가 12년간 집권하는 동안 세 차례에 걸쳐 공개로 대통령 하야 권고를 했지만, 그 스스로가 하야했더라면 지금쯤 하와이로 도망쳐 있지 않아도 되었을 거요.[1]

4월 혁명이 성공하면서 심산이 가장 먼저 서둔 일은 민족자주통일에 관한 일이었다. 이승만 정권은 허황한 '북진통일론'을 내세우면서 민족통일을 방해하고, 평화통일론을 주창한 진보당 조봉암 당수를 '사법 살인'하였다. 이 정권은 극심한 반공 논리를 내세우면서 통일 논의를 탄압하였다. 이로써 이 정권 12년 동안 평화통일론은 싹이 틀 최소한의 공간도 갖지 못하였다.

4·19 혁명 뒤에 민족자주통일론이 되살아났다. 1960년 9월 사회대중당·한국사회당·혁신동지총동맹·천도교·유교회·민주민족청년동맹·4월혁명학생연합회 등 혁신계 정당과 사회 단체가 연합하여 민족자주통일중앙협의회(민자통)

---

1 『동아일보』, 1960년 10월 28일.

468   제15장 4월 혁명 뒤로 하고 백발청안 지사 영면하다

를 결성하였고 심산을 대표로 추대하였다.

　민자통은 9월 30일 '자주·평화·민주'의 3대 원칙 아래 남북통일을 실현하기 위한 국민운동을 전개할 것을 결의하고, 구체적 실천 방안으로 △ 즉각적인 남북정치협상 △ 남북 민족 대표들에 의한 민족통일 건국 최고위원회 구성 △ 외세배격 △ 통일협의를 위한 남북대표자회담 개최 △ 통일 뒤 오스트리아식 중립 또는 영세 중립이나 다른 형태의 선택 여부 결정 등의 중립화 통일안을 제시하였다. 분단 정권 수립을 끝까지 배격하며 반 이승만 투쟁을 벌여온 심산의 정치적 신념과 일치하였기에 민자통의 대표직을 맡아 짧은 4·19 공간에서 진보적인 통일운동을 전개할 수 있었던 것이다.

　독재자가 물러난 자리에서 심산은 할 일이 많았다. 이승만 폭정기에 땅 속 깊숙이 묻혀 있던 백범김구선생기념사업회가 구성되면서 회장에 선출된 것을 비롯하여, 일성一醒이준열사기념사업회 회장에 추대되고, 안중근의사기념사업회 회장직도 맡기에 이르렀다. 이른바 '민족 사업'의 책임을 도맡는 '겹감투'를 쓰게 되었다.

　애국지사들을 추모하고 현창하기 위하여 새롭게 추진되는 기념사업회가 앞 다투어 심산을 책임자로 추대한 것은, 심산이 그만큼 선열들의 정신을 지켜왔기 때문이었다. 당시에 김구, 이준, 안중근의 기념사업회 책임자로서 심산 이외에 적임자는 별로 없었다.

　이승만이 쫓겨가면서 백범 암살 진상을 규명하자는 여론

이 거세게 일었다. 1960년 5월 24일, '구국청년 발기인' 고정훈은 깜짝 놀랄 만한 사실을 기자들에게 밝혔다. "당시 외무장관이었던 임모와 국방장관인 신성모 두 사람이 공모해서 당시 포병사령관 장은산 중령을 시켜 안두희를 하수자로 골라 백범을 암살했다"고 폭로한 것이다. 이 폭로가 있던 이튿날 백범 암살 주모자로 지목받던 신성모가 뇌일혈로 입원했다가 이승만이 하와이로 망명을 떠난 날 급사하여 사람들을 더욱 놀라게 하였다.

4월 혁명 뒤 백범김구선생살해진상규명투쟁위원회가 구성되면서 심산이 위원장에 추대되었다. 진상규명위원회는 해가 바뀐 1961년 4월 27일 그동안 조사한 '13년 만에 폭로하는 김구 선생 살해 내막'(「악의 진상」)을 심산의 이름으로 공표하였다.

「악의 진상」

－13년 만에 폭로하는 김구 선생 살해 내막

오병순, 한경일, 박윤근, 독고녹성, 정익태, 한국상, 이춘익, 안두희 등 9명은 김구 선생을 살해할 목적을 품고 1949년 6월 25일 2대의 지프차에 분승, 경교장 앞을 배회하면서 집단 습격의 때를 노렸다. 적기를 얻지 못한 일당들은 지휘자 오병순의 명령으로 일단 행동을 중단, 서울

시내 중앙중학 정문 앞 10번지에 있는 일당들의 비밀 소굴로 들어가 다음 대책을 세우고 이 날은 해산했다.

△ 김구 선생이 6월 25일 건국실천원양성소 개소식에 참석하기 위해 공주로 간다는 정보를 입수, 그 기회를 노리기로 결정했다. 일당은 6월 25일 노상 살해를 꾀하려고 새로 일당에 가입해 있던 홍종만의 지휘 밑에 권총, 기관단총 등을 가지고 헌병 대위, 중위, 소위 등의 계급장을 달았다.

일당 10명은 2대의 지프차에 분승, 수원·오산간의 병점 고갯길에서 김구 선생 일행의 승용차를 노렸다. 공교롭게도 김구 선생 일행은 공주행을 이미 중지했었음으로 일당의 두 번째 살해 계획도 허탕이 되고 말았다.

△ 두 번째 살해 실패의 보고를 받은 당시 포병사령관 장은산은 크게 화를 내며 어떠한 일이 있을지라도 다음 날인 26일에는 피살하도록 명령했다. 집단 행동에 두 번이나 실패하자 전략을 바꾸어 단독 살해를 계획, 안두희가 맡기로 했다.

그래서 9명의 일당들은 세 번째 계획은 감쪽같이 몰랐다. 예정대로 6월 26일 안두희 단독으로 경교장에 침입, 김구 선생 습격 살해는 뜻을 이루었다. 살해 비밀이 샐까 두려워 일당 중 5명을 즉각 영등포에 있는 포병사령부에 3일간 감금했다. 그 후 행동원들은 군부 장교와 경찰 간부 등으로 등용되었다.

△ 기타의 사실

① 김태선은 당시 서울시 경찰국장으로 있으면서 김지웅을 통해 전기 행동대원에게 금품을 주었다.

② 김병삼(당시 헌병사령부 순찰과장)은 사건 당일 상오 10시 45분 「비상소집령」을 내렸다. 저격 시간은 12시 34분이었다.

③ 당일 헌병사령관 장흥 대령은 개성에 있는 선산에 성묘갔다 하오 7시쯤 귀경, 곧 남산 의무실로 달려가 범인 안두희를 보니 좋은 침대에 누워 우대받고 있는 것을 보고 크게 놀라며 분격했다. "저놈은 중대 범인인데 누가 저렇게 했느냐? 당장 지하실 감방으로 잡아 가두라"고 호령하자 부하들은 "부사령관의 명령입니다"고 대답했다.

다시 분격한 사령관은 "사령관이 높으냐, 부사령관이 높으냐?" 하고 야단쳤다. 범인 안두희는 지하실로 끌려갔다. 잠시 후 이번에는 부사령관이 또 나타나 "안두희는 어디 갔는가?" 하며 노발대발, 범인은 지하실에서 침대로 돌아왔다.

④ 이춘익 사건(「보안법」 위반=헌법기관 모독죄)에서 드러난 사실에서도 배후가 폭로되었다. 이춘익은 춘천지방검찰청 화천지청에서 김유곤 판사 담당, 유병억 검사 관여로 「보안법」 위반 사건(헌법기관 모독죄)으로 징역 8월의 판결을 받았다.

③ 이춘익은 동 공판에서 "나는 김구를 죽였는데 공작
금도 안주는 개새끼 이승만" 운운했고, "양구에 있
는 두희형에게 가면 몇 천만 원이라도 준다" 운운
했던 것이다.[2]

「악의 진상」이 공표되면서 김구 선생 암살 사건의 진상규
명 활동은 급물살을 탔다. 여기저기서 제보가 들어왔다. 그
러나 곧 불어닥친 5·16 군사 쿠데타와 함께 진상규명 작업
은 다시 잠복되고 긴 세월 동안 친일 세력이 득세하는 세상
이 되었다.

4월 혁명 뒤 심산이 남긴 업적 중 하나는 안중근의사기념
사업회장으로서 광주 무등산 광주공원에 안 의사 숭모비를
세운 일이었다. 각계 인사들의 지원을 받아 숭모비를 세우고
직접 비명碑銘을 지었다. 심산의 애국혼과 문장력이 돋보이
는 글의 하나다. 조금 내용이 길지만 심산과 안 의사를 이해
하기 위해서는 전문全文이 필요할 듯하여 인용한다.

「안중근 의사 숭모비명」

"천하의 의사로선 안중근보다 더 높은 이가 없고 남방

───
2 김삼웅, 『패배한 암살』, 215~217쪽, 재인용, 학민사.

의 명승지로서는 무등산보다 더 나은 곳이 없다"는 말을 나는 들었다.

이제 온 나라의 인사들이 모여 의논한 끝에 무등산 밑 광주공원 위에 비석을 세우고 의사의 열렬한 공적을 표하는데, 그 전면에 크게 쓰기를 '유한의사안공중근숭모비有韓義士安公重根崇慕碑'라 하여 길이 만세에 알려 두나니, 아! 거룩하기도 하다.

의사의 성은 안安씨, 본관은 순흥順興이고, 중근重根은 그 이름이며, 자는 응칠應七이니, 태어날 때 그 가슴에 일곱 사마귀가 있었기 때문이다. 그 선대 때 황해도 해주에 살면서 고을 아전을 지냈다. 부친 태훈泰勳은 글을 읽어 국자생國子生이 되었는데 사람됨이 영웅적이고 호걸이어서 기모전략奇謀戰略을 좋아하더니, 동학란을 당하자 군사를 일으켜 쳐부수었다. 의사 또한 천품이 호방하여 젊어서부터 활 쏘고 말 타기를 좋아했다. 말 위에서 날아가는 새를 쏘아 떨어뜨리기가 일쑤였다. 그 부친을 따라 동학당을 칠 때에도 항상 선봉이 되어 공을 세웠으니 그때 나이가 18세였다. 의사가 일찍 큰 뜻을 품어 강개히 말하기를 "국가에서 문文만을 숭상해 약해졌으니 이제 무武를 숭상하여 규제해야 할 것이다" 했다. 두루 국내를 돌아다니면서 호걸들을 많이 규합하는 한편, 좋은 무기를 보면 사서 모으기도 했다.

광무 8년 갑진(1904)년 노·일전쟁이 일어나 일본이 승리함으로써 곧 우리 대한을 침범하여 국권을 탈취하려 했다. 을사(1905)년에는 왜놈의 사신 이등박문이 무기를 허리에 찬 채 궐내에 들어와서 역적 이완용 등과 짜고 황제를 협박하여 다섯 가지 조약을 체결하기에 이르렀다.

의사가 그 부친께 "나라가 곧 망할 텐데 우리와 안팎이 될 만한 나라로선 중국뿐이니 원컨대 중국에 가서 그곳의 인물들과 교섭하여 나라 유지할 방법을 도모해야 하겠습니다"라고 청하였다. 중국으로 가서는 북경·상해 등지를 두루 다녔다. 얼마 뒤에 아버지의 부음을 듣고 돌아오니 그때는 이등이 이미 통감이 되어 우리를 통치하는 판이었다. 의사는 부친의 장례를 끝내자, 온 가산을 통틀어 평양 성중에 학교를 세워서 영재를 육성하였다.

한편 해서海西의 김구, 평양의 안창호 두 선생을 따라 천하 일을 강론하면서 매우 친하였다. 때로는 안창호 선생과 함께 평양에 들어와 서북학교 등 여러 학생들을 집합시켜 현실 국가의 위망한 상태를 뼈아프게 연설하여 사기士氣를 불러 일으켰다.

정미(1907)년에 이등은 광무 황제를 협박하여 선위하고 중앙과 지방의 군사들을 해산시켰다. 의사가 분개하여 회복할 것을 생각해 보았지만, 국내에서는 발붙일 땅이 없었다.

마침내 북쪽 러시아의 해삼위(블라디보스토크)로 갔다. 그 곳의 많은 교포들 중에 일을 같이할 만한 호걸이 있으리라는 생각에서였다.

　마침내 김두성, 우덕순 등 여러 장사를 만나 손가락을 깨물어 나라 찾기를 맹세하고 충의로써 교포 대중을 격려했다. 1년이 못 되어 용사 300여 명을 얻어서 전술을 가르치는데, 김두성을 의병대장에 추대하고 의사 자신은 참모 중장이 되었다.

　그 이듬해 군사를 이끌고 압록강을 건너 경흥군에 들어가서 왜놈의 수비병을 습격해 500여 명을 사살했다. 다시 회령으로 진격했으나 왜적의 큰 부대를 만나 의병대의 전열은 거의 무너지고 의사와 김두성 · 우덕순 등 몇 사람이 겨우 빠져나와 해삼위로 돌아왔다.

　이때 이등은 "한국은 이미 얻었으니 나아가 중국을 도모하리라" 하고 만주 유람을 핑계삼아 러시아 · 영국 두 나라의 대신과 하얼빈에서 회담하기를 약속했던 차였다. 의사가 이것을 듣고 빨리 하얼빈으로 달려가 우덕순을 만났다.

　"우리 대한을 망친 자가 바로 이등이 아닌가. 하늘이 이 도적놈을 보내주시니 기회를 잃을 수 없겠구나. 부디 그대와 일을 함께 도모하자" 하니 덕순도 이에 응낙하였다. 이날 밤에 여관에 있으면서 강개히 시 한 수를 지었다.

　　대장부 한 세상에 처하여 품은 뜻 용감히 하리
　　시대가 영웅을 만드는가, 영웅이 시대를 만들지

겨울바람이 차가워도 나의 피는 뜨겁도다
강개히 한 번 갈진댄 반드시 쥐도적을 무찌르리라
우리의 동포들이여, 이뤄야 할 큰일을 잊지 마시오
만세, 만세, 대한 독립 만세!

덕순도 항간의 노래로써 회답하였다. 의사가 기회를
엿보다 이등이 도착할 시기를 탐지하였다. 당일 날 이른
새벽에 양복을 입고 권총을 품에 감추어 정거장에 나가
러시아 군대 뒤에 서서 기다렸다.

이등이 차에서 내려 러시아 대신과 악수하고 인사를
끝낸 후, 천천히 각국 영사들이 있는 쪽으로 걸어왔다. 의
사와 열 걸음도 채 못 되는 거리로 가까워지자 의사가 곧
군대를 헤치고 뛰어들며 권총 세 발을 쏘았다. 총탄은 이
등의 가슴을 명중시켜 그 자리에서 즉사하게 했다.

잇달아 그 수행자들을 향해 쏘니 세 사람이 한꺼번에
거꾸러졌다. 이에 의사가 두 손을 번쩍 들고 '대한 독립
만세'를 큰 소리로 외쳤다. 러시아 군대가 달려들어 체포
하거늘, 의사가 크게 웃으면서 "내가 도망갈 사람이냐?"
고 하였다. 처음은 러시아 군영에 수감되었다가 한 달 만
에 뤼순옥旅順獄으로 옮기니 이때부터는 왜놈들의 주관
이었다.

그해 12월에 공판이 열리는데, 이보다 앞서 왜놈의 법
원장 진와眞鍋라는 자가 여러 번 사람을 시켜 옥중에 와서

교묘한 방법으로 유도하여 자수하도록 권유했다. 의사가 통절히 꾸짖기를 "이등의 큰 죄악은 온 천하가 다 아는 바다. 누구라도 그를 죽일 수 있겠거늘 너희들이 나더러 그릇 해명하라는 것이냐?" 하고, 조금도 굴하지 않았다. 재판정에 끌려 나가서도 기상이 훤칠하고 정신이 차분하니, 이때 동서양 각국 사람이 모여들어 관람하는 자가 마치 담을 둘러치듯 하였다.

재판장이 심문하기를 "어째서 우리 이등공을 살해했느냐?" 하자 의사가 큰소리로 꾸짖으며 답했다. "이등의 죄는 위로 하늘에까지 닿았으니 만 번 죽이더라도 오히려 남는 죄가 있으리라. 음모로 우리 명성황후를 죽이고, 함부로 우리 광무 황제를 폐위시키고, 우리의 대한 독립을 방해한 것이 특히 그 큰 죄다. 이러한 것은 우리로서 만세토록 반드시 갚아야 할 원수다. 그뿐 아니라 너희 나라 선황제까지 죽였으니 너희 나라에도 큰 역적이 아닌가. 이놈은 참으로 천하의 공공연한 죄인이다. 나는 동양 평화를 위해 이 도적놈을 제거했으니 천하 만세에 떳떳이 말할 수 있다. 나는 죽는 것을 조금도 한스럽게 여기지 않는다."

의사의 말씀이 여기에 이르자 음성과 기백이 함께 떨치고 눈빛이 번개처럼 번쩍이니 참관하던 자가 모두 혀를 휘두르면서 장하게 여기었다.

무릇 여섯 차례 공판에 시종 한결같은 대답이고, 수감된 지 200여 날 동안 음식을 드는 것이 평상시와 같으며,

밤이면 코를 골면서 먼동이 틀 때까지 주무셨다. 왜놈들이 결국 사형을 선고하고 교살형을 집행하니 그때가 바로 경술(1910)년 3월 26일이었다. 사형이 집행되던 날 양복을 벗고 새로 마련한 한복 차림으로서 태연히 형장에 나갔으니, 그 출생하신 기묘(1879)년으로부터 32년 뒤다. 사형의 마당에 두 아우 정근定根·공근恭根을 불러 마지막으로 "내가 나라의 원수를 죽이는 일을 달성한 것은 하늘의 도움이라, 나는 죽어도 통쾌하다. 나의 뼈를 거둬서 우선 합이빈(하얼빈) 공원 옆에 묻어 두었다가 국권이 회복될 때까지 기다려라" 하고, 가정 일에는 한 마디 말씀도 없었다. 의사께서 평소 학문을 그다지 힘쓰지는 않았으나 총명이 남보다 뛰어나서 붓만 들어 빨리 글을 쓸 수 있었으니 옥중에서 저술한 「동양평화론」 수만언數萬言과 그 밖에 읊은 시·서찰 등을 외국인들이 서로 전해 외우고, 그 유묵을 사들여 보배로 여기는 이가 많았다.

아! 옛날 문천상文天祥이 말하기를 "공자는 인仁을 이룩할 것을 강조하고, 맹자는 의義를 취한 것을 강조한지라. 그 의를 다하는 그것만이 곧 인에 이르는 바이다" 라고 했으니, 지금의 안 의사가 바로 그러하였다. 우리들이 왜놈에게서 벗어난 것이 사실 의사의 덕택이니, 대한이 있는 한 천만세에 어찌 잊을 수 있겠는가. 이제 이 비석을 세우는 일은 전남 사림으로부터 시작되어 전국이 호응해서 이루어진 것이요, 그 비석에 기록하는 자는 앉은뱅이 늙은이 김창숙이다.

　다음 명銘으로써 공언한다.

　옛날에 문 승상文丞相이 있었고, 지금엔 안 장사가 있
도다. 시시柴市에 푸른 피 흐르고 하얼빈엔 긴 무지개 뻗
쳤도다. 긴 무지개 푸른 피에 이어지니 바른 기운 연결되
어 죽지 않았네. 아! 천백세 후인들이여, 길이길이 이 두
분을 함께 우러러 볼지어다.[3]

　이 시기에 심산은 노구를 무릅쓰고 '민족사업'에 열정을
쏟았다. 어쩌면 이때가 생애에서 가장 보람을 느끼지 않았을
까 싶을 정도로 애국선열들을 기리는 일에 열정을 바쳤다.

　심산은 이준열사기념사업회 회장에 재임하면서 열사의
유묵을 보게 되고「발문跋文」을 썼다. 뒷날 사인死因이 달라
지기는 하였지만 이준 열사의 분사는 일제 강점기 동안 애국
지사들은 물론 일반 국민들에게 '우국의 상징' 바로 그것이
었다. 심산도 마찬가지였다.「일성 이준 선생 유묵을 보고」
에는 열사를 추모하는 심정이 절절하게 배어 있다.

▨▨▨ 3 『심산 김창숙』, 92~96쪽.

「일성 이준 선생 유묵을 보고」

아아, 이는 일성 이준 선생의 수묵手墨이다. 처음에 선생이 순국하자 그 아들 용용鏞은 남의 나라의 신하되기를 거부하여 가족을 이끌고 외국으로 나갔다. 이리하여 선생의 많은 묵적墨蹟은 모두 흩어져 없어지게 되었고, 국내에서 선생을 경모하는 사람들은 매양 선생의 묵적을 찾아볼 수 없음을 한탄해 왔던 것이다.

근간에 나의 친구 정세호鄭世鎬 군이 선생의 사위 유래정柳來楨 군으로부터 선생의 친필인 시고詩藁 한 장을 얻어 보배롭게 사랑하며 깊이 간수하고 나에게도 보여 준 일이 있는데, 그 뒤에다 한 마디 발문을 부탁하는 것이었다. 내 그 시를 보니 담탕淡宕 격강激慷한 생각이 넘치고, 그 필치 또한 고아롭고 힘찬 기운이 있어 늠름한 영풍英風이 사람을 누르는 듯했다. 자신도 모르게 숙연히 공경심이 우러나 엎드려 절하였다.

아! 선생은 천하의 선비였다. 처음 선생이 의대衣帶 사이에 임금의 밀서를 받들고 헤아의 만국 회의장으로 떠날 때에, 명을 받은 그 길로 밤을 지내지 않고 출발하면서 "내가 이제야 죽을 자리를 얻었도다"라고 했다. 만국회의 참석자들은 강권을 두려워하여 일제의 강제 조약을 성토하지 못할 뿐 아니라 도리어 악독한 자와 한 무리가 되었다. 우리 대한의 외교권이 이미 일제에 귀속되었기 때문에 대한 사람의 참석을 허락할 수 없다는 것이었다.

선생은 생각컨대 원수를 성토하여 국위를 선양하지 못하는 마당에 나라의 명을 욕되지 않게 하는 길은 오직 일사보국—死報國하여 영원토록 천하 만세에 의리를 남겨 놓는 길밖에 없었다. 선생은 곧바로 회의장 안으로 달려 들어가 밀서를 큰 소리로 단번에 내리 읽고서 스스로 칼을 배에 꽂아 선혈을 움켜쥐고 회의장에 뿌리며 꾸짖었다.

"너희들 교린交隣의 의리가 어떤 것인지 모르고 오직 폭력으로 약자를 잡아먹는 놈들은 대한 사람 이준의 뜨거운 피를 보아라" 하고 외쳤다. 이에 회의에 참석한 만국 대표들은 크게 놀라 탄복하지 않는 자가 없었다. "이준의 충의는 가히 해와 달에 비길 만큼 빛나는 것이다. 우리의 옷에 묻은 위인偉人의 한 방울 피는 나라에 충성을 모르는 자들에게 천만세를 두고 경종이 될 것이니 조심해서 지워지지 않게 해야겠다" 하고 그 옷을 싸서 정성껏 보관하는 것이었다.

그리고는 그 유해를 거두어 알콜에 넣고 유리관 속에 안치하여 해아의 박물관에 경건히 받들어 국제적 사건의 기념이 되게 하였다. 인간이 타고난 본성이란 야만인 오랑캐라고 해서 차이가 있는 것이 아님을 알 수가 있다.

애초에 선생이 조정에 나섰을 때, 소원疎遠한 처지로 국가 존망의 위기를 당하여 고직孤直한 충절을 다하였으

나 항시 매국 도당들의 배척을 받아 심원한 계획을 조금
도 펴지 못하였다. 그리고 나라가 거의 망할 무렵에 이르
러 하나의 나그네로서 객사를 면치 못하였으니 그 얼마나
슬픈 일인가!

그러나 선생은 한 번 죽음으로써 대의를 성취하여 우
리 대한의 이름을 천하에 무겁게 하였으니, 선생의 할 일
은 다한 것이다. 어찌 슬퍼만 하겠는가.

나는 선생보다는 약간 늦게 태어났지만, 선생을 도와
배를 가르고 선혈을 뿌리는 옆에서 함께 죽지 못하고 늙
은 포로가 되어 구차하게 여생을 누리고 있으니, 장차 지
하에 가서 무슨 면목으로 선열에 대하겠는가? 지금 마침
선생의 유적을 어루만지고 부지중 대성 일곡—꽃 눈물을
적시면서 그 느낀 바를 여기에 적는 바이다.[4]

심산은 4월 혁명 공간에서 '추모사업'에만 전념한 것은
아니었다. 이승만이 쫓겨 가고 허정 과도 정부가 수립되자
국민 각계 비상대책위원회 지도위원에 선임되어 과도 정부
가 「헌법」을 개정하고 공명 선거를 관리하여 평화적으로 민
주 정부가 수립되도록 자문하였다.

4월 혁명 뒤 내각책임제 개헌으로 제5대 민의원에서 장면
총리가 선출되었다. 내각 책임제 하의 첫 국무총리에 당선되

▨▨▨ **4** 앞의 책, 72~73쪽.

었지만 당내 신구파 대립과 지도력의 부족으로 정국이 심하게 흔들리고 있었다. 이때 심산은 장 총리를 방문하여 시국 수습책을 건의하는 등 민주정치의 발전을 위해 마지막 노고를 아끼지 않았다.

꽃도 십자가도 없는 무덤

몸짓도 없고 꽃도 없고
종소리도 없이
눈물도 없고 한숨도 없이
사나이답게
너의 옛 동지들
너의 친척이
너를 흙에 묻었다
순난자殉難者여.

흙은 너의 영구대靈柩臺
꽃도
십자가도 없는 무덤
오직 하나의 기도는
동지여

복수다, 복수다
너를 위해….[5]

4월 혁명의 핏자국이 씻기기도 전에 어디선가 음습한 모의가 진행되고 있었다. 박정희와 김종필을 중심으로 하는 군일부의 쿠데타 모의가 그것이다.

평생을 조국 광복과 민주주의 발전을 위해 싸워온 심산에게 마지막 비보는 군사 쿠데타 소식이었다. 당시 여든세 살의 나이로 심신이 극도로 피로하여 병원 신세를 지고 있을 때다. 거동이 자유롭지 못한 데다 정신력도 크게 떨어진 상태였다.

친일 군인들이 주동하는 쿠데타라는 사실을 알았다면 불편한 몸을 이끌고 광화문 거리로 나와 지팡이로 쿠데타 군인들을 후려쳤을지도 모른다. 하지만 심산은 이미 그런 기력을 잃어가고 있었다. 쿠데타가 일어난 지 얼마 뒤 박정희 소장이 입원중인 중앙의료원으로 문병을 왔다.

어떤 과정을 거쳐 박정희가 심산을 문병하게 되었는지, 자세한 기록을 찾기 어렵다. 아마 자신들의 거사를 합리화하고자 노혁명가를 찾게 되었을 터다. 심산이 박정희의 전력을 자세히 알았다면 문병을 내쳤을 것이지만, 그러나 심산은 이 때에 거의 의식이 혼미한 상태여서 문병자들의 신분을 잘 알

---

5 프랑스 레지스탕스 작가 끌로드 모르강의 작품, 원명은 『인간의 표징』, 모르강은 1942년 비시 정권에 체포되어 총살당했다.

지 못했다고 한다.[6]

쿠데타에 성공한 군사 정부는 1962년 3·1절에 심산에게 건국공로훈장 중장重章을 수여하였다. 해방 뒤 생존 인사가 받은 유일한 건국공로훈장이었다. 친일 군인 출신이 합헌 정부를 뒤엎고 군사 정권을 수립하여 실권을 장악하고, 허수아비격인 윤보선 대통령의 명의로 심산에게 건국훈장을 준 것은 한 편의 희극이거나 역설이었다. 한국 근현대사에서는 가끔 이와 같은 희극이 연출되곤 하였다. 심산은 항일 투쟁으로 충분히 건국공로훈장을 받고도 남을 위치에 있었지만, 그것이 하필 친일 군사 정부에서 「상훈법」을 제정하고, 심산이 수상하게 된 것이다. 심산의 심신이 건강한 상태였다면 거부하였을지도 모른다.

권력자들은 훈장을 남발한다. 특히 정통성이 취약한 권력자 일수록 훈·포장을 남발한다. 프랑스의 나폴레옹 1세는 역대 독재권력자 중에서 가장 많은 훈·포장제도를 마련하고 많은 사람에게 나눠준 인물로 기록된다.

나폴레옹은 레지옹 도뇌르 훈장을 제정해서 1만 5000여 명의 병사들에게 수여하고, 장군 가운데서 18명을 대원수에 임명하고, 자신의 군대를 '1등 군대'라고 불렀다. 역전의 용사들을 "장난감으로 속였다"는 비난을 받게 되자 나폴레옹

──── **6** 당시 병원에서 심산을 수발했던 김창(심산의 손자)이 저자에게 한 증언.

은 태연히 대답하였다. "인간은 장난감이 움직인다." 나폴레
옹은 직함이나 권위를 부여하는 방법을 아주 유용하게 사용
했고, 그 뒤 독재자들은 이를 크게 활용하였다.

구 소련 독재자들도 훈장 주는 것을 즐겨하여 붕괴되기
전 소련 훈장은 30가지가 넘어 고르바초프의 페레스트로이
카 이후에는 양철 조각으로 변한 훈장을 빵과 바꿔 먹는 사
람들이 많았다. 훈장과 각종 상이 많기로는 한국도 소련에
뒤지지 않는다. 특히 친일 인사와 친일 문인을 기리는 각종
상이 20종이 넘는 현실이다. 민족혼이 통곡할 일이다.

건국훈장을 받은 심산은 얼마 뒤인 5월 10일, 입원중이던
서울 중앙의료원에서 파란 많은 생애를 접었다. 향년 여든네
살, 비교적 장수한 셈이지만 편안한 날이 거의 없는 고난에
찬 삶이었다. 몸은 늙고 병든 불구의 신세가 되었지만, 여전
히 눈빛은 형형하고 목소리는 카랑카랑했다. 항상 바른 길을
인도하고 옳은 말을 하던, 겨레의 큰 스승 백발청안의 지사
는 마침내 영면했다. 5월 18일 사회장으로 거행된 장례식을
거쳐 서울 수유리 산 127-4 묘지에 안장되었다.

심산은 의식이 있던 마지막까지
"통일이 안 돼서…."
"유림들이 잘해 나가야…."
하는 두 가지 말씀을 하였으니 이것은 선생만의 바람이
나 유언이 아니요. 그대로 우리 전 민족의 것인 것이다.[7]

심산은 서거하기 얼마 전 「나의 뼈를 어디에」라는 유시
한 편을 남겼다.

「나의 뼈를 어디에」

나의 병은 어찌
그리 고질인가
나의 목숨은 어찌
그리 끈질긴가
살자 하니, 뗏목을 타고
떠나갈 바다도 없구나
죽자 하니, 묻혀질
산도 하나 없구나
내 죽거든 나의 뼈를
티끌 세상에 두지 말고
한 횃불로 태워
모진 바람에 날려
푸른 물에 부치라
내 살아서 부처와
아무 관계없었거니

<hr>

7 앞의 책, 『민족정기』, 207쪽.

내 죽어 어찌

왜놈의 풍속 좇으랴만

보재溥齋와 일송一松을 따라

표연히 두 세계 사이에

노닐고 싶어서일세.[8]

━━━ **8** 앞의 책, 『심산 김창숙』, 60쪽.

사회장으로 영결식 거행

심산의 서거 소식이 전해지면서 중앙의료원에는 경향 각지에서 보낸 만장과 조화가 답지하고, 영전에는 각계각층에서 찾아오는 사람들로 줄을 이었다.

장례준비위원회가 구성되어 장례식을 논의하던 각계 인사들은 5월 18일 국민장으로 할 것을 결의하여 정부 당국에 건의하였다. 그러나 군사 정부는 심산이 성균관대학교 총장 외에는 국가의 어떤 공직에도 있지 않았으니 대우는 국민장으로 하고 이름은 사회장으로 한다는 궁색한 이유를 대어 결국 사회장으로 치르기로 결정되었다.

5월 18일.

선생의 장례식은 1만 여 조객이 애도하는 가운데 해군 군악대의 구슬픈 주악으로 시작됐다.

식장 정면에 선생의 영구….

그 앞에 제상이 마련되고 백이 넘는 각색 만장이 영구를 둘러섰다. 그 앞에는 각계에서 보낸 조화들…. 슬픔을 가득 담은 야구장을 굽어보는 스탠드 위에는 반기半旗로 드리운 태극기가 펄럭이고 있었으며 장례식이 진행되는 동안 『한국일보』사 HL=22호 비행기는 두 날개에 검은 만장 리본을 달고 조위 비행을 하고, 선생의 '뜨거운 애국심과 숭고한 구국 이념'을 추모하고 한결같이 선생의 가슴을 슬퍼했다.

식은 국민의례에 이어 장의위원회 김홍일金弘— 부위원장이 선생의 약력을 보고 했으며 류달영 위원장의 고사告辭가 있었고 각계에서 보낸 조사가 있었다. 조사가 있는 동안 유족들 자리에서는 오열 소리가 그치지를 않았다. 조사가 끝나자 동덕여고합창단은「가서서나 안식의 큰 복을 누리소서」란 조가를 불렀다.

그 구슬픈 가락을 들으며

눈을 껌벅이는 갓 쓴 노인들이 여기저기서 보였다.

류달영 위원장의 헌화, 해군 의장대의 조총 발사에 이어 류 위원장을 선두로 분향식을 끝내고 태극기와 만장을 앞세우고 영구를 모신 조객들은 일 킬로미터나 되는 장열을 지어 묘지인 수유리로 향했다. 해군 악대의 구슬픈 장송가에 뒤따라 장열은 을지로 4가, 종로 4가를 거쳐 선생이 아끼던 성균관 입구를 거쳐 오후 1시 30분경 장지에 도착 곧 하관식을 거행했다. 이렇게 심산 김창숙 선생은 이

땅 위에 그 몸이 영영 계시지 않게 되었으니, 아 온 겨레
의 애도를 어찌 지필로 표현하리…. [9]

1976년 1월 8일 중국에서 저우언라이朱恩來가 일흔여덟
살의 나이로 세상을 떠났을 때 쑹렌치웅宋任窮은 "모두들 헤
어짐에 소리 내어 울지 않았고, 하고 싶은 말들은 모두 눈물
이 되어 흘러내렸다"라고 슬픔을 표현하였다.

심산의 장례식에 참석한 독립운동가들의 모습이 이러했
을 것이다. 독립운동가들뿐 아니라 시민들도 올곧게 살다 장
렬하게 산화한 순백한 혁명가의 영전에서 하고 싶은 말들은
모두 눈물이 되어 흘러내렸다.

박정희 대통령권한대행 겸 국가재건최고회의의장을 비롯
하여 류달영 장례위원장 등 여럿이 조사와 추도사를 하였다.
그렇고 그런 입에 발린 소리도 있었지만, 진심으로 애통해하
는 사람도 있었다. 언론계 대표 고재욱, 유림 대표 유주희, 성
균관대학교 동창회 대표 이병일, 성균관대학 학생 대표 이승
만이 각각 조사를 하여 가신 애국지사의 넋을 기렸다. 여기
서 심산의 혼령이 결코 수용하지 않았을 친일 계열 인사들의
것을 빼고 몇 사람의 조사·추도사를 소개한다.

---

9 앞의 책, 『민족정기』, 208쪽.

「추도사」

남달리 불편하신 몸으로 오랜 시일을 병석에서 신음하시다가 세상을 떠나신 선생의 부음이 전해지자 선생께 대한 추모와 애도하는 마음이 더욱 새로워지지 않을 수 없습니다.

원래 선생의 천성이 강직하시고 지개志介가 염결廉潔하신 데다가 기미운동 이래 유림단儒林團 대표로서 조국광복의 큰 뜻을 품으시고 해외로 망명하신 뒤 항일 구국운동의 전열에서 헌신적 활약을 하신 것은 이 나라 건국사에 길이 빛날 것입니다. 더욱이 선생께서 일경의 혹독한 고문을 받으신 끝에 영영 독보행獨步行의 자유를 잃으신 불구의 몸으로 삶을 마치셨다는 이 한 가지 사실은 선생의 일생을 통한 크나큰 불행인 반면 그것이 선생의 애국 일대기와 건국의 공훈을 상징하는 명예의 상처라고도 볼 수 있는 것입니다.

오늘에 선생의 유해를 사회장으로 모시게 된 것도 그 때문이라 할 것입니다. 그뿐 아니라 선생께서는 살아 계신 동안 부정과 타협할 줄 모르시고 불의에 굴종 않으시면서 오직 대의와 명분을 생명으로 지켜오셨습니다. 그러기에 언제나 부패했던 독재정권에 반기를 드시고 난마 같은 폭정을 타매唾罵하실 적마다 국민은 후련한 마음을 금치 못했으려니와 선생의 대쪽 같은 직언과 정론正論에 못

내 존경 숭앙했던 것입니다.

　이렇듯 선생은 언제나 국민의 대변자로서 국정을 비판하는 양심을 끝내 잃지 않으셨습니다. 오늘의 우리 언론계가 선생께 각별한 조의를 표해 올리는 것도 그 절조가 우리와 공통 합치되기 때문입니다. 선생은 또한 우리 국민을 부리는 노예로 만들려는 공산주의와 끈덕진 투쟁을 해 오신 것도 세상이 다 아는 바와 같습니다. 그처럼 굳으신 반공 신념은 깨끗하신 애국심에 뿌리를 박고 또 한 떨기의 꽃을 피게 하셨습니다. 그 꽃은 곧 선생의 훌륭하신 인격 전부를 말하는 것이며 그 꽃에서 풍기는 그윽한 향기는 우리 국민에게 영원토록 애국심을 북돋아 일으키게 할 것입니다. 선생은 이렇듯 꽃다우신 이름을 백세에 남기시고 한 많은 이 세상을 하직하신 것입니다.

　이렇게 볼 때 선생의 몸은 비록 만년유택에서 잠드신다 할지라도 그 높으신 유덕遺德만은 천추가 지나도록 고이 살아 계실 것입니다. 그리고 그 유덕이 국민의 맑은 교훈적 거울로써 이 나라 이 겨레에게 두고두고 밝은 빛을 비추어 줄 것을 의심치 않습니다. 이로써 조사에 대신하면서 삼가 명복을 비나이다.

임인년 5월 18일

언론계 대표

고재욱

「고사告辭」

고故 심산 김창숙 선생의 영결을 고하는 자리에 국민 여러분을 한 자리에 모시게 되니 선생을 애도하는 마음 더욱 간절해집니다.

평생 조국 광복을 위해 사私를 돌보시지 않고 싸우신 선생이 해방 이후 17년이란 세월이 흐른 지금에서야 비로소 참된 민주 국가의 굳건한 기틀을 잡게 된 이 나라를 끝내 결실을 보시지 못한 채 가시게 되다니 생각하면 할수록 마음속에는 안타까운 느낌을 금할 길 없습니다.

일찍이 선생은 경북 성주군 대가면 벽촌에서 탄생하신후 연세가 서른이 되던 1909년에 사립 성명학원을 창립하신 것을 비롯하여 84년간의 파란 많은 일생을 오직 조국의 독립과 민족 교육을 위해 온갖 열과 힘을 다하셨던 것입니다. 을사오흉적乙巳五兇賊 매국노성토 상소 사건으로 인하여 성주 경찰서에 투옥된 것을 비롯하여 해외 망명중 1927년에는 상해 공제원에서 왜경에게 피체되어 옥고를 받으시고 1945년에 건국동맹 사건으로 또 피체되는 등 해방 전후에 긍亘해 무려 일곱 차례의 쓰라린 옥중생활을 겪으셨던 것입니다.

또 일찍이 북경에서 서로군정서를 조직하여 몸소 항일 투쟁에 열을 바쳤고 중국 정부 주석 손문 선생으로부터 광복운동의 적극적인 후원을 받고 1924년에는 만몽 국경

지역 황무지 100여 만 평을 조차租借하여 독립군을 양성하셨으며 상해 임시정부에서 의정원 부의장에 피선된 이래 당시 날로 도를 더해 가던 일본의 대한식민지 정책에 대하여 과감한 투쟁을 전개해 왔던 것입니다.

해방 이후에는 막대한 자금을 모아 성균관대학교를 창립하셔서 이 나라 교육문화 사업에 이바지한 바 실로 그 업적을 헤아릴 길 없습니다. 지난 3·1절을 기념하여 건국훈장 수상에서 생존자로서 중장重章을 받으신 유일한 분이었으니, 이제 선생의 서거를 당함에 있어 어찌 우리 국민들이 모두 통탄하지 않을 수 있겠습니까?

선생이 최후로 떠나시는 이 마당에 우리 겨레의 가슴 속에는 선생을 흠모하는 마음과 아울러 그 뜨거운 애국심과 숭고한 구국 이념이 영원히 아로새겨질 것입니다.

5·16 사태 한 돌을 맞아 이 땅에는 새로운 발전의 서광이 비치고 새로운 희망이 솟아오르고 있습니다. 오직 선생이 남기고 가신 그 유지와 애국애족의 정신을 받들어 우리는 더욱 보람 있는 내일을 위해 힘차게 진군해야 할 것입니다. 생시生時에 선생이 끼치신 그 업적과 이념을 높이 찬양하고 그 정신을 길이 받들어 사회장으로 모시면서 후복을 빌어마지 않습니다.

서기 1962년 5월 18일
고 심산 김창숙 선생 사회장의위원회
위원장 유달영

「추도사」

아! 아! 선생이시여 그만 가시나이까. 이 유림을 버리고 또 국가와 민족을 버리고 다시 돌아오지 못할 길을 떠나시나이까. 인간의 천수가 혹장或長 혹단或短의 정한定限이 있는 것이니, 그 정한이 있음을 원한들 무엇 하리오. 오직 그 운명의 귀차歸借가 각박할 때는 통곡하지 않을 수 없습니다.

선생은 일찍이 그 몸을 조국 광복에 바쳐 이역풍상異域風霜 수십 년에 신산고초辛酸苦楚 일로一路에서 왜경의 가혹한 고문으로 일신이 불구되고 해방을 맞이해도 일호一毫의 영광이나 잠시의 안락도 맛보시지 못하시고 도회로 향곡鄕谷으로 취옥僦屋으로 여관으로 동전서이東轉西移하여 부평의 생활을 계속하다가 결국 침음적막沈陰寂寞한 병사여실病舍旅室의 일우一隅에서 한 많은 일생을 마치시니 선생의 생애는 참 도산검수刀山劍水 일관입니다. 그 무슨 운명일까요. 저 탐한貪汗 아세배阿世輩가 나라를 더럽히고 또한 많은 사람들이 그 길로 풍종風從하여 일신의 영태榮泰를 누리기에 급급하였으나 오직 선생은 그 숭고한 이상과 견정堅貞한 지절志節로 모든 욕되는 영태를 물리치고 점표고고簞瓢枯槁의 생활을 타인의 금수고량錦繡膏粱보다 달게 여기는 가운데서도 만인이 우러러 다투어가며 사표로 섬기기를 원함은 그 충직과 정의 이외에 무엇이 있겠습니까.

오늘 유명을 달리하여 영결을 고하는 이 마당에서 또한 번 선생의 지내 온 길을 생각함에 그 각박한 운명을 통곡하는 바입니다.

30세에 성명학교를 창립하고 을사오원흉의 속을 검토한 이래 무수한 경찰에 피체와 3·1운동 후 유림단을 결성하여 파리강화회의에 진정陳情의 장문을 제출하여 일본의 포악무도를 호소, 독립을 요청하고 상해 임시정부 의정원을 조직하시어 부의장의 중책을 담당코 일제에 항거하였으나 또다시 이역만리 상해에서 왜경에 피체되어 14년이란 영어囹圄의 생활을 다반으로 생각하신 나머지 천무불복天無不復의 대리大理가 선생의 지원에 적중하여 국가의 광복이 전개됨에 육영사업과 유도儒道의 혁신을 도모하여 일변으로는 국정의 독재를 규탄하고 일변으로는 야유揶儒의 부의를 삼제芟除하기에 구순九旬 노령의 심혈을 경주하였으나 자고로 직언만이 견척見斥되며 정의가 때로 막신莫伸함은 유례가 종종합니다. 혼효무도混淆無道한 차지此地에서 선생을 청송한들 무슨 비익裨益이 될 것이며 회욕侮辱한들 무슨 감손減損이 있으리오. 직필의 청사는 만고에 불멸하나니, 일소一所의 표징은 건국공로의 중장 포상이 그것입니다.

아! 아! 선생이시여, 유도儒道 문제의 정상 귀착을 전망하는 차제에 있어 이와 같이 조홀悸忽히 서거하십니까. 또

일층 애통을 금치 못하는 바입니다.

  그러나 그 애국의 충의와 제도의 정신은 만인의 가슴 속에 영원히 끼쳐 남아 맥이 칠 것입니다.

  선생이시여 안면하소서.

공자탄릉孔子誕陵 2513년 5월 18일

유도회총본부

유림 대표 유주희

「추도사」

  성균관대학교 초대 총장이시던

  고 심산 김창숙 선생님 영전에 조사弔辭를 올리려고 하오니 슬픔이 가슴에 벅차 말문이 막히나이다. 옛글에 회자정리會者定離요 선자先者 필멸必滅의 격언이 우주 대자연의 섭리라 하겠으나 이제 향년 84세로 한 많은 이 세상을 떠나시는 선생님을 모시는 마음에서는 백세만수가 오히려 부족타 하겠사오나 지나간 선생님의 일생이 너무도 가시밭 얽힌 험한 고난의 길이었음을 한탄치 않을 수 없습니다.

  지금으로부터 53년 전 서기 1909년에 을사오조약을 만들어 이 나라를 왜적에게 팔아먹으려던 매국노를 징계하고저 오적의 매국성토상소 사건으로 말미암아 왜경에 피체되어 성주 경찰서에서 팔개월의 징역을 받으신 것이 고난의 옥중생활의 시작이 되었으니 3·1운동 당시는 138명의 유림 대표가 서명한 파리만국회의에 보내는 유림단 『장서』를 가지고 상해로 건너가시어 상해에 있던 한국 임시정부 의정원 의원으로 당선되시었고, 서기 1921년 국내에서 일어난 제1차 유림 사건에 광복운동 자금을 모으시다가 다시 왜경에 피체되시면서까지 유림을 위한 투쟁을 계속하시었던 것이요. 그 다음해 북경에서 단재 신채호 선생님과 함께 독립운동지天鼓誌 발행과 서로西路 군정서를 조직하여 군사운동에 눈부신 활동으로 조국 광복에 헌신하시던 중 또다시 왜경에게 피체되어 징역 14년을 언도받으시고 해방되던 그날까지 옥중에서 모진 고문과 온갖 고초를 겪은 나머지 양쪽 다리를 못 쓰는 불구의 몸이 되시었으니….

기간期間 항일 투쟁에 몸을 바친 열사도 많으시고 왜적에게 죽음을 당한 투사도 많다 하겠으나 선생님같이 왜놈 경찰에 의하여 감옥에 투옥됨이 네 차례 옥중생활 근 20년에 좌객까지 되었을 뿐 아니라 맏아들과 둘째 아들마저 왜적의 흉탄에 희생을 시켜가면서도 백절불굴의 그 뜻을 굽히시지 않으시고 끝까지 일제에 항거하신 분은 선생님 외에 찾아볼 길이 없습니다. 더욱이 일제 말엽에 한국 유림을 황도화하려는 일인들의 간계를 반대하여 유림계를 구출하신 일이라든가 해방 후 대한민국 임시국무위원으로 활약하시면서 한편 유도회를 조직하시고 이 나라의 미풍양속이 타락 되어감을 개탄하신 나머지 공자가 가르치신 유교의 도의정신道義精神으로 세상을 건지시고 인류을 밝히시기 위하여 성균관대학을 창설하시어 도의 앙양에 심혈을 기울이신 바….

인과 의를 본받고 예와 지를 숭상하는 젊은이의 모범이 될 7천여의 동창과 만여 명의 성대 건아가 배출되고 있는 터전을 만들어 주셨으며 6·25 후에는 반공 반독재 투쟁선상에서 동족의 손으로 또다시 부산 형무소에 수감된 적도 있고 국제구락부 사건을 73세의 노령에 테러까지 당하신 일이 있었으니 선생님의 일생은 글자 그대로 가시밭길이 었으며 고난의 험로이었으나 한편 민족을 위한 항일 투쟁의 연속이었으며 끝까지 정의의 선봉에 서셨던 것입니다.

선생님께서는 이와 같이 정치로 종교로 교육으로 조국과 민족을 위하여 90평생을 이 나라에 바치셨으니 고난과 불운이 험난하면 험난할수록 선생님의 그 강직한 성품과 개결介潔한 지조는 반공 반독재의 귀감이 되시었으며 조국 광복을 위한 백절불굴의 투지는 실로 애국의 표상으로 빛나게 된 것입니다.

그러나 선생님. 선생님은 이제 유명을 달리하사 영영 떠나가시고야 말았으니 이제 저희들은 부정과 타협치 않은 그 강직한 성품을 어디에 가서 배워야 하며 불의를 용납지 않은 그 개결한 지조를 누구에게 본받아야 합니까?

회고하옵건대 선생님께서는 그렇게도 생전에 그리워하시던 조국의 통일도 못 보시고 일생을 항일 투쟁에 바치신 보람이 양다리의 불구가 된 것뿐이요. 부정과 불의에 항쟁하신 보답이 90노경에 의지하실 집 한 채 방 한 칸마저 없이 이 세상에서는 영광이란 글자마저 모르신 채 쓸쓸히 타계로 떠나시었으니 하늘이 무심타하오리까? 인심이 무상타 하오리까? 선생님 이 세상에 오시어서 겪으신 쓰라림이 너무도 많으셨으니 저 세상에 가시어서나 길이길이 안식의 명복을 누리옵소서.

선생님. 누구나 언제인가는 가고야말 길임에 앞서 가시는 선생님 뒤에서 새로운 맹서를 올리려 합니다.

저희들의 오늘이 있음은 지난날 선열들이 흘리신 피의 대가이며 저희들이 이 몸이 있음은 선배들의 교훈과 고난의 보람이라고 믿사오니 이제 저희들은 내일을 위하여 오늘의 고통을 감내하여야 하며 다음 세대를 위하여 저희의 피와 지혜를 바쳐야 할 각오만이 선생님의 유지를 받드는 것이며 선생님 생전의 공적에 보답하는 길이라 생각하옵고 참아도 참아지지 않는 슬픔과 씻겨도 그쳐지지 않는 눈물을 대신하여 새로운 각오를 굳게 하면서 다시 한 번 머리 숙여 선생님이 명복을 길이 비옵나이다.

서기 1962년 5월 18일
성균관대학교 동창회
대표 이병일

「추도사」

삼가 고 심산 김창숙 선생님의 영전에 성균관의 아들을 대표하여 불초 승만이는 고告합니다. 메디컬 센터에서 돌아가셨다는 비보를 접한 지도 어언 9일이 지난 오늘에도 믿어지지 않습니다. 한마디로 말씀드려서 정녕 가시었습니까? 정말 믿어지지 않습니다! 어언 며칠이 지났건만 우리 주위에 같이 계시는 것만 같사오니 이는 오직 우리와 같이 계셨고 또 이 민족과 같이 사시었기에 더욱 느껴지는가 봅니다.

이와 같이 선생님은 조국이 슬플 때는 같이 슬퍼했고 민족이 아플 때는 같이 아파했던 선생님의 일편단심은 조국과 민족과 같이 있었기에 돌아가신 그날까지 80노구 하나 의지할 방 한 칸 없이 이 집 저 집 심지어는 여관방을 전전하시다가 돌아가심은 이 무엇을 뜻함이요! 해방을 맞아 이제 하실 일을 또 찾아 선생님은 성균관 뜨락을 다듬어 오백 년의 풍운이 서린 역사와 전통을 지닌 성균에서 인재를 길러 조국에 바치려 했던 일념, 아 이 모두 조국과 민족을 위한 구국 일념이 아니겠습니까?

이와 같이 오직 선생님의 일념이신 조국의 광복이 아직도 완성을 보지 못한 이때에 떠나신 선생님을 슬퍼하며 통곡합니다. 선생님의 단심에 엉키어 거역하려던 거레는 오늘의 허전함을 내일에 미루어 또 한번 슬퍼합니다.

이럴수록 선생님의 뜻이 겨레의 뜻이 되어 수십 년 풍상에서 오직 한줄기로 뻗치시어 모든 것을 가리는 우리의 지침이 되어 주소서. 이것만을 우리는 빌 뿐입니다. 누구나 모두 가야만 하는 길….

　　그러기에 우리 모두 다 이런 슬픔을 납덩이 같이 삼키고 울음을 참고선 우리 모두 이렇게 서서 선생님의 명복을 비옵니다. 고이 고이 잠드소서.

서기 1962년 5월 18일

성균관대학교

학생대표 이승만

후세 학자들의 평가

　　살아계실 때는 비본질적인 일상사에 가려 그 실체를
알아보기 어려웠는데 옛 사람이 되고 보니 세월의 여과
과정을 거쳐 본 모습이 드러나, 남은 사람들에게 잔잔한
그늘을 드리워주고 있다.

　　이 '헌사'는 법정法頂 스님이 사회적으로 존경받던 이가
돌아가신 뒤에 추념문집에서 쓴 내용이다. 심산에게 바쳐도
손색이 없는 글인 듯하다.

　　조선 인조 시대 재상 신흠(申欽, 1566~1628)은 『사습편
士習篇』에서 선비를 다음과 같이 정의하였다. "몸에 역량
을 간직하고 나라에 쓰이기를 기다리는 사람이 선비다.
선비는 뜻을 숭상하고(상지尙志), 배움을 돈독히 하며(돈학
敦學), 예를 밝히고(명예明禮), 의리를 붙들며(병의秉義), 청

렴함을 긍지로 여기며(긍렴矜廉), 부끄러워 할 줄 안다(선치善恥). 그러나 세상에는 흔치 않다."

일제 강점기와 해방 공간을 거쳐 이승만 독재 정권 시대에 이르기까지 일관되게 민족과 시대가 요구하는 사명에 따라 정도正道를 당당하게 걸어온 사람도 흔치 않다. 심산은 당대 지식인(유학자)의 표상으로서, 식자識者가 난세에 어떻게 살아야 하는가를 행동과 실천으로 보여준 사람이다. 몇 사람의 평가를 들어보자.

선비의 이상적인 인간상, 철저한 자기혁신인 수기修己를 바탕으로 치인治人의 실천으로 나아가는 선비는 종교의 엄격주의에 가깝다. 하지만 예술을 이해하고 유머도 있고 주체와 개방, 법고法古와 창신創新의 균형 감각을 지니고 자기 시대의 문제를 정면으로 해결해가는 인간상…[10]

심산은 문학가도 아니요, 교육자도 아니며 철학자도 아니고 정치가도 아니다. 일제하에서는 오직 독립만을 위해 온 가족을 희생당하였고, 건국 후에는 반독재 투쟁에 한 평생을 바쳤던 독립 투사요, 불의에 행동으로 저항했

▰▰▰ **10** 한영우, 「조선의 노블레스 오블리주」, 『한국사』. 274쪽.

던 의리의 지사였다.(중략) 심산의 독립운동, 그리고 반독재 투쟁의 행동주의에는 과연 과불급이 없는 정도正道만을 걸었는가는 견해에 따라 달리 평가될 충분한 소지가 있다고 보아야 한다. 그의 유고집에서 보는 매사에 걸친 분개와 매도는 그것이 의리를 바탕으로 깔고 있었다고는 하지만 그것이 과연 유학 정신을 드러내는 데 있어서의 유일한 행동 양상인가는 보는 견해에 따라 엄청난 다른 평가가 주어질 수도 있다.[11]

심산이 타협을 꺼리고 당파를 거부한 것은 사실이다. 그가 타협을 거부한 것은 대의 즉 민족애와 나라사랑을 중히 여긴 탓이요, 당파를 멀리한 것은 그 폐해를 뼈저리게 느꼈던 탓이다. 심산은 추잡한 권력 투쟁에 뛰어들 생각이 없었기에 오히려 타협을 꺼리고 당파를 멀리했었다. 따라서 타협을 꺼리고 당파를 멀리 했다는 사실이 심산의 민주주의 이념에 흠일 수만은 없다는 생각이다.

더욱이 건국 과정에서 심산이 취한 비판적 자세나 독재화되어가는 이승만에 대한 심산의 비판 내지 반대 투쟁은 민주주의를 수호하려는 강인한 의지의 표현이었다. 민주주의의 특성은 비판과 반대의 기능에서 찾아진다고 할 때, 심산의 비판과 반대의 자세는 바로 그가 지닌 민주주

▩▩▩ 11 송항룡, 앞의 글, 1994쪽.

의 이념의 진면목이라고 할 만하다.[12]

결국 심산은 영원한 이상주의자이다. 우리가 지금까지 살펴본 그의 통일 이념은 요즈음의 정세 변화와 역사적인 체험의 양에 있어서 보면 그 구체적인 방안이 결여되었다고 할 수 있으런지도 모른다. 그러나 평화통일의 이념은 그 후 1962년 임종 때까지 계속되는 그의 염원이다. 그는 실무적인 차원의 사람됨이 아니다. 또한 현실 정치의 정략과는 거리가 먼 인물이다. 설혹 이런 점에서 그가 소홀한 점이 있다고 하여 그의 이념이 손상되는 것은 아니다. 자주적 민족주의에 대한 그의 신념은 모든 현실적인 정세의 변화에 관계없이 또는 그 변화하는 여건에 대하여 변할 수 없는 원초적인 이념이라 하겠다. 그는 체계적인 이론가가 아니다. 그렇다고 그가 폐쇄적인 국수주의자도 아니다. 심산은 세속적인 의미로는 끝없는 실패의 삶을 살았다. 그러나 세속적인 실패를 통하여 그의 이념은 빛을 더한다. 그의 민족 통일 이념은 결국 자주적 민족주의에 입각한 평화 통일의 이념이다.[13]

심산의 초기 개혁사상은 유림으로서의 한계성에서 벗어날 수가 없었다. 1916년의 경우만 하더라도 심산의 개

12 장을병, 앞의 글, 148쪽.
13 이영호, 「심산의 민족통일이념」, 앞의 책, 164~165쪽.

혁사상은 외래사조를 일체 배척하고 유림 속에서의 개혁이란 테두리를 벗어나지 못하고 있었다. "돌아보건대 오늘날 사나운 사조가 대지를 석권하여 이단의 학설의 문로가 많아짐에 우리 유가의 길을 잃어버리지 아니할 사람이 거의 없습니다. 대체로 오늘날 이단의 학문에 갈팡질팡이 되어 헤매이면서 돌아옴을 알지 못하는 사람들은 한갓 공리의 학설을 배우기 때문에 생명에 관한 학문을 변모처럼 여깁니다. 우리를 위한 계교를 말한다면 더욱 마땅히 분발하고 맹성하여 실지로 일하는 것이 있어야 할 것이니, 헛되게 옛것에 구애되어 진부한 소견을 지키며 오늘에 처하여 일편되고 침체한 지식에 편안히 여기지도 말아 스스로를 권면하고 남도 권면하여야 할 것입니다"라고 할 정도였다.

그러나 중국에 망명하면서 시야를 넓히고 혁명동지나 기독교인들과 접촉하면서 새로운 사조를 수용하여 심산의 개혁사상은 한층 더 정립되기에 이르렀다. 특히 손중산을 비롯한 중국 혁명파들과의 접촉을 통하여 심산의 개혁사상은 폐쇄적인 유가의 굴레에서 탈피했다. 심지어 공산주의자나 무정부주의자들과도 접촉하여 공산주의의 허실을 간파했고 스스로의 개혁사상을 재정립하기도 했다.

더욱이 일시 귀국했다가 상해로 되돌아온 후에는 국내 친일 보수 세력에 대한 적개심에 불타 민족정기를 바로 세우기 위해서는 그들의 토멸을 주창할 만큼 과격주의로 나아가서 그러한 주창을 실행으로 옮기기까지 했다. 이로써 유림으로서의 온건한 개혁론은 청산되고 극단적인 혁명론으로 이행되었다. 왜경에 체포된 후에는 일제의 법규를 일체 부정하는 극단적인 부정주의로 나아갔다. 심산의 극단적인 무정부주의는 극단적인 혁명이론의 연속이었다고 해도 무방하다.

해방 후에는 이利에 좇아 당파에 가담함을 피했고, 언제나 소수파로서 혹은 비판자로서의 소임을 맡고 나섰다. 이러한 자세는 건국 과정에서는 물론이려니와 그 후 이정권에 대한 반독재 투쟁에서도 줄곧 이어졌다. 1951년에는 이 대통령의 「하야 경고문」을 발표하여 옥고를 치렀고, 또 1952년에는 국제구락부 사건을 주도하여 역시 옥고를 치렀다.

실상 심산은 해방 후만이 아니라 언제나 소수파의 편에 서서 비판하고 투쟁했다. 따라서 심산은 우리나라의 현대사에서 그 유례를 찾아볼 수 없는 '항구적인 소수파'였다고 평할 수 있다.[14]

그렇다면 심산의 유학은 유독 남달랐다는 말인가? 서두에서 말한 대로 분풍농월식吩風弄月式의 시문은 하나도 남기지 않았다면, 그 이유는 어디에서 찾아야 하는가? 반

<hr>

14 장을병, 「심산의 개혁사상」, 앞의 책, 186~187쪽.

귀거래사인 현실주의와 현실 비판의식은 어디에서 나온 것일까? 선인들의 생활을 보면 인간관계에서 정의情誼가 소중하였는데 심산도 정의를 부정한 것은 아니지만 정의正義를 위해서는 무시하였다. 그것을 생활과 행동에서 여실히 보였다. 그리고 정의의 길이라면 잠시도 지체하지 않았는데, 그러다 보니 잡스러운 사람과는 상종도 하지 않았다. 그래서 심산은 외로웠다. 외롭기는 했지만 그 외로움을 고고한 미덕이라 믿고 즐겁게 수용하면서 끝내 외롭게 살았다. 만일 다수결의 원칙만이 민주주의의 철학이라면, 심산은 정의를 위해서 민주주의를 거부하였을 것이다. 오늘날 민주주의를 빙자하여 편의대로 살아가는 사람에게 진정한 민주주의가 무엇인가를 일깨워 주는 교훈이라 할 것이다.

그리고 심산은 절룩거리면서도 범의 소굴이라도 뛰어드는 용기를 교훈으로 남기고 있다. 그 행동주의와 불굴의 용기는 어디에서 키워진 것일까? 그의 스승과도 다른, 그의 동료와도 다른, 심산만이 간직한 유교철학은 무엇일까? 과제로 남겨 둘 수밖에 없다. 다만 심산은 독립운동사 또는 근현대사를 전통 시대의 유가儒家 양심에 접목시키고 있었다는 것은 틀림이 없다. 식민지 시기에 유행하던 전통을 부정하는 논리는 심산에게는 해당하지 않았다. 독립운동의 역량이 전통 시대에 나온다는 실증을 심산은 보여주고 있다. 따라서 심산에 대한 연구는 앞으로 더욱 발

전되어야 할 필요가 있다.[15]

심산은 4월 혁명 뒤 내각책임제 개헌이 통과되고 국무
총리와 대통령을 선출할 때 민주당 신·구파를 제외한 국
회의원들은 심산을 지지하였다. 당시 80이 넘은 노령이었
지만 사회 일각에서는 심산이 과도기 국가 상징이 되어야
한다는 논의가 있었다.

대통령은 결국 권력의 실세가 된 민주당 신·구파 홍
정의 산물로 구파 출신 윤보선이 선출되었다. 심산의 비
정치적 성격으로나 고령인 관계로 보아 설혹 '추대'되었
더라도 이를 거부할 공산이 크지만, 4월 혁명 공간에서 국
가 상징의 인물로 논의되었다는 것 자체는 심산을 평가하
는데 좋은 참고가 된다.

심산의 혁신적 사고와 행동을 두고 그를 '혁신계'로 보
는 시각도 있었다. 4월 혁명 뒤 '민자통' 대표를 맡은 것이
나, 이보다 앞서 1956년에 민주혁신당과 대중당을 결성할
때 이름이 오르내렸고, 4월 혁명 직후에는 혁신동지연맹
에도 관계하였다. 이를 두고 혁신계로 인식하는 시각이
그르다고 하기는 어려울 것이다.

1950년대와 4월 혁명기에 혁신계는 자유당, 민주당원

15 조동걸, 앞의 책, 94~95쪽.

이 아니면 대개가 사용할 만큼 애매한 존재였다. 그렇다고 하더라고 한국에서는 탈식민 민족국가 건설이 중시되어 1950, 1960년대에 혁신계는 자유당·민주당의 정치이념에 비판적인 계열의 인사들, 그와 직결되지만 통일 문제, 친일파 청산에 적극적인 인사들을 주로 가리켰다. 이런 점에서 본다면 김창숙은 혁신계에서도 급진파라고 볼 수도 있다. 그는 4월 혁명 직후인 5월 6일 김병로 등과 함께 이승만 정권 추종자와 친일파를 과도 정부에서 제거할 것, 친일 경찰을 재등용하지 말 것, 자유당 산하 사이비 애국단체 등을 해체할 것 등을 요구하였는데, 이 역시 혁신적인 주장이었다. 그는 장면 정권이 출범할 때에도 4월 혁명 정신 구현을 위한 특별법 제정을 촉구했다.[16]

---

16 서중석, 앞의 책, 420쪽.

심산 선생 일화逸話

심산은 중국 망명 시절인 1937년 정월 보름날, 쉰아홉 살 때에 「화상자찬」이라는 짧은 '자화상'을 그렸다.

「화상자찬畵像自贊」

너의 얼굴은 어찌 그리도 추하며
너의 마음은 어찌 그리도 어리석으뇨

그 추함은 그림으로 베낄 수 있지만
그 어리석음은 그림으로 본뜰 수 없도다.[17]

<hr />

[17] 『심산 김창숙 시와 자서전』, 174쪽, 범학사.

심산의 '자화상'은 자작 시편과는 반대로 '한국의 마지막 선비'답게, 한국 선비의 강직한 모습 그대로였다. 만년의 사진을 보면 그토록 극심한 고통과 고문을 겪은 사람 같지 않게 지극히 온화한 모습이다. 외유내강의 표본적 인물답게 항상 부드럽고 너그러운 외모와는 달리 목소리는 카랑카랑하고, 눈빛은 형형하고, 시문詩文은 대나무를 쪼개는 듯이 날카로웠다. 사도邪道에 찌든 사람들에게는 '고집이 센 노인'으로 보였지만, 정도正道를 걷는 사람들에게는 '인자한 선비'의 모습이었다. 옛 글대로 백발청안白髮靑眼 그대로였다. 그의 올올한 백발에는 근현대 100년 백의민족의 고난이 배이고, 그의 형형한 청안에는 같은 시기 민중의 아픔을 꿰뚫는 예지가 깃들었다.

심산은 세 아들이 모두 살아 있을 때 훈계하는 글을 남겼다. 이를 현대문으로 요약, 정리한다.

「아들에게 주는 훈계」

첫째, 네가 옛 성인의 학문에 오로지 전념하여 뛰어나게 일가견을 세워, 우리 집안을 번성하게 할 수 있을지 모르겠구나.

둘째, 지금 『소학』『논어』『맹자』 등 마음을 다스리는

데 절실한 책을 읽고 생각하며, 혹은 고금동서의 뛰어난
이들이 지은 철학·경제학 등에서 취미에 맞는 책을 읽도
록 하여라. 깊은 뜻을 궁구하여 진수眞髓를 얻게 되면 반
드시 기쁜 마음으로 병을 잊게 되고, 병도 스스로 물러서
게 될 것이다.

이것은 다만 지금의 병을 치료하는 단방單方일 뿐 아니
라, 후일에 실천하는 경지에 있어서도 역시 반드시 두드
러진 공적을 거두게 될 게야. 힘쓰고 힘쓰거라.

셋째, 대저 자식을 사랑하면서 가르침을 게을리하는
것은 진실로 자식을 사랑하는 것이 아니다. 곧 자식을 그
르치는 것이니, 심히 안타깝지 않을 수 있겠는가. 옛 어른
말씀에 "사람은 그 자식의 악함을 알지 못한다"고 하였는
데, 네 애비는 한 친구에게서 그것을 입증하고는 결코 그
일을 따르지 아니한다.

옛날 촉한蜀漢 소열 황제(유비)가 임종할 때 그 자식에
게 경계하여 말하길 "착한 일은 작다고 해서 하지 않는 일
이 없도록 하고, 악한 일은 작은 것일지라도 하지 말도록
하여라"고 했다. 이는 진실로 천고불변의 명언이다. 네 애
비가 네게 바라는 것도 이것에 지나지 않는다.[18]

심산의 만년은 대부분 종부 손응교 씨가 수발을 들고 종

---

18 『심산유고』, 권2.

18 『심산유고』, 권2.

18 『심산유고』, 권2.

가宗家를 지켰다. 손응교 씨는 경주 양동 마을 월성 손씨 가
문의 둘째 딸로 태어나 1934년 열일곱 살 때 세 살 위인 심산
의 둘째 아들 찬기와 결혼하여 심산 가문에 들어왔다.

　　남편은 독립운동을 하다가 붙들려 5년간 집행유예 중
이고 시아버지(심산)는 대전형무소에 복역중이었다. 손씨
가 시아버지를 처음 뵙게 된 것은 폐백을 올리는 자리였
다. 그 자리가 바로 대전형무소였다.
　　독립운동을 하다 옥중생활을 하게 된 시아버지는 꿋꿋
한 성품으로 일제에 항거하다 모진 고문으로 앉은뱅이가
되어 있었다. 붉은 죄수복을 입고 간수에 업혀 나온 시아
버지께 며느리로서 첫 인사로 4배의 큰절을 올렸다. 절을
받은 시아버지가 한 말은 "아들 딸 낳고 잘 살기 바란다"
고 했는데 사실 덕담이 아니었다.
　　"우리 집안은 조국이 없기 때문에 조상도 없이 살고
있다. 나는 이렇지만 이 집안의 흥망은 너희들에게 달렸
으니 집안을 잘 보존해라."
　　이런 비장한 당부의 말씀을 받아들이기에는 너무 어린
열일곱 신부였다.[19]

심산 가문과 인연을 맺은 손씨는 심산이 출감한 이래 병

▬▬▬ **19** 이연자, 「시아버지의 그림자로 살아온 일생」, 『명문종가를 찾아서』, 30쪽,
　　 컬쳐라인.

약한 시어머니를 대신해서 시아버지의 대소변을 받아내기 시작한 것이 평생으로 이어졌다. "누가 돈이나 고깃거리를 가져오면 그 사람의 됨됨이가 괜찮아야 먹지, 아니면 고기가 다 썩어도 먹지 않고 돌려보낸 시아버지였다"고 한다.

해방 후 자유당 반독재 투쟁으로 일관하는 시아버지를 모시고 아버지 얼굴도 모르는 남매를 키우면서 삯바느질로 생계를 이어갔다. 남편을 잃고 두 아이를 키우느라 고생하는 며느리가 안쓰러웠던지 시아버지는 며느리에게 담배를 가르쳤다.

"시아버지께서는 담뱃불을 붙여 달라 하시면서 나에게 담배 맛을 알게 해주셨어요." 그때부터 종부는 줄담배를 피우는 애연가가 됐다.[20]

「아버지의 큰 감화」

서당 시절의 어느 날이었다. 아버지 하강下岡 김호림金護林 씨는 논에 모심는 것을 바라보다가 아들과 동접들을 불러냈다.

"너희들은 글이나 읽는다 하여 다만 부모 밑에서 입고

━━ 20 이연자, 앞의 책, 32쪽.

먹는 것이 편안하고 즐거운 줄만 알 뿐이다. 시대와 세상
이 어떻게 변천하고 있고, 농사하는 어려움이 어떤 것인
지 알지 못한다. 온 세계가 지금 멸망의 위기에 처해 있어
편안히 높은 집에 살며 하인들이나 호령하며 앉아서 입고
먹기를 꾀할 때가 아니다. 너희들은 오늘 농사꾼들의 뒤
를 따라 한 번 농가의 고생하는 맛이 어떤 것인가를 맛보
아라."

　　명령에 따라 서생 일동이 논에서 모를 심고 있을 때 점
심때를 맞이했다.

　　여러 농군들과 함께 서로 섞여 나무 그늘 밑에 둘러앉
게 하고 하강 선생은 앉은 순서대로 식사하게 할 뿐 주인
이라 하여 하인보다 먼저 숟가락을 들지 못하게 하면서
타일렀다.

　　"너희들은 오늘 똑같은 농사꾼이다. 어찌 주인과 하인
을 묻겠느냐?"

　　계급과 문벌 타파를 할 뿐더러 세상을 내다보는 선각
이 이러했다. 어려서부터 아버지의 큰 가르침을 받은 소
년 심산이었다.

「"네가 벌어 네가 써라"」

　　청년 시절 심산 선생은 종 문서를 훔쳐 40명의 종들을

해방시켰다. 성주 일대에서는 청년 심산 선생이 노예 해방을 시켜 준 분이라고 해서 아직도 당시의 이야기가 남아 있다. 선생의 철저한 독립 정신은 아예 생활화하여 장손이 고교 1년 때에도 "네가 벌어 네가 써라"는 훈계로 자립심自立心을 고취할 정도였다.

김대기金大基 씨라고 선생의 종질이 되는 사람은 이런 아저씨로부터 생활 신조를 배워 중학교도 못 다니고 고교 교장(성악여고 교장 역임)이 될 수 있었다. 그가 열네 살 때 심산 아저씨를 뵐 때 "너는 일본日本으로 건너가라"고 하여 그대로 했는데 김 씨는 늘 집안 아저씨 심산 선생의 굳건한 정신력이 상기되어 유학 시절에 자동차 운전부터 이것저것 안 한 것이 없었다. 실생활에 자신을 가지면서 그는 독학으로 학업에 정진하여 교장의 자리에 오르게 되었다.

「그 어머니에 그 아들」

1919년 봄 「파리장서」 서명을 위하여 심산 선생은 여러 날 지방 인사들과 연락하여 널리 호응을 받고, 집으로 돌아와 어머님을 뵈었다. 선생이 그동안 독감을 앓아 수척해진 어머님에게 이번 거사한 일의 자초지종을 아뢰고 장차 해외로 나갈 뜻을 비치자 어머니는 흔연히 선생의 손을 잡고 말씀했다.

"너의 이번 거사와 이번 걸음은 실로 네가 평소의 소원하던 바이니, 늙은 어미에 마음 쓰지 말고 힘써 하여라."

드디어 어머님 앞에 하직하고 문을 나섰지만, 발길이 무거워 얼른 옮기지를 못하고 열 발짝에 아홉 번 뒤돌아보았다. 선생의 어머니는 문간에서 배웅하며 조금도 슬퍼하는 기색을 밖으로 나타내지 않고 아들에게 발을 구르며 꾸짖어 타일렀다.

"네가 아직도 가사家事를 잊지 못하느냐? 네가 국민과 더불어 약속을 했으니 맡은 짐이 무겁다. 빨리 떠나가서 큰일을 그르치는 일이 없도록 하여라."

세상에 다시 없는 그 어머니에 그 아들이었다.

망명길에 나서는 외아들 앞에 다정한 인사 대신 호통을 쳐 보인 어머니 장張 씨의 마지막 훈계는 후일 대의大義의 초인超人 심산 선생이 되게 했다.

「옥에 갇혀」

무진년(1928년) 7월, 예심이 끝나자 비로소 가족과의 면회가 허락되었다. 아내는 찬기와 형기 둘을 데리고 면회왔다. 막내아들 형기는 그때 겨우 10살이었다.

형기는 죄수옷 입은 심산을 멍하니 바라보았다. 얼굴에 주름살이 굳어진 아내는 말없이 흐느꼈다.

심산은 처음 보는 막내아들에게 말했다.

"네가 승로(형기)냐? 내가 네 애비다."

그러자 형기는 멈칫멈칫 앞으로 걸어오더니 울음을 터뜨리고 소맷자락을 잡아끌며 졸랐다.

"아버지, 가요. 나하고 같이 집에 가요!"

입회하고 있던 간수들은 그 광경에 그만 고개를 돌렸다. 심산은 이때의 느낌을 뒷날 시로 남겼다.[21]

「이 박사 탄핵의 선봉」

상해 임시정부에서도 심산 선생의 꼬장꼬장한 성격은 그대로 드러나서 임시 대통령에 당선된 이승만李承晩 박사의 탄핵에 단재丹齋 신채호申采浩 선생과 앞장서게 되었다.

"남들은 피를 흘리며 싸우는데 자기는 미국에 앉아 돈을 거둬들이고 양부인과 편안히 살고 있지 않은가. 더욱이나 나라를 찾기 앞서부터 강대국인 미국에 위임통치委任統治 청원請願이나 하다니, 매국 매족의 노예가 아닌가!"

---

21 임중빈, 「옥에 갇혀」, 『김창숙』, 168~169쪽, 동서문화사, 1984.

이렇게 이승만 성토에 나선 선생이었다. 이 때문에 해방 후에도 이 박사와는 감정이 좋지 않아 국립대학교가 되어야 할 성대成大가 사립대학교밖에 되지 않았고, 자연히 야당 노선野黨路線에 서지 않을 수 없었다.

1956년에, 또 1960년에 신익희申翼熙, 조봉암曺奉岩, 조병옥趙炳玉 씨 등이 대통령 출마를 할 때면 으레 먼저 심산을 찾아와 인사를 드리고는 했다.

이처럼 정계 인사들과 교분이 깊으면서도 평생 정치를 가장 싫어해서 직계 자손들에게는 "너희 먹고 살 재주를 배우도록 하라"고 타이르기를 잊지 않았다.

「시시비비是是非非 엄격」

심산 선생이 남달리 모진 육체적 고통을 이겨 낼 수 있었던 것은 사람마다 우선 비장한 희생 정신을 가져야 민족이 잘된다는 그런 민족주의 사상을 지닌 때문이었다.

"불의不義 부정不正, 현실과 일체 타협하지 말라"는 어찌 보면 외곬의 유아독존적 기질이 있었으나, 본인 스스로도 잘잘못을 엄격히 구분해서 잘못한 일은 꼭 "잘못했다"고 하였다.

「입시 낙방생에 호통치고」

눈에서 이상한 광채가 나는 심산 선생 앞에서는 누구든지 거짓말을 하지 못하였다.

집안에 쌀이 없으면 무조건 며칠이고 굶으라고 하고, 며느리가 쌀을 구해오면 꼭 "꾸어 왔다"고 해야지 "누가 줬다"고 하면 큰일날 지경이었다. 조금이라도 부정한 수단으로 정의를 지킬 수 없다는 뜻이었다.

성대成大 총장 시절의 어느 날이었다. 대학 입시에 떨어진 낙방생이 혈서血書를 써가지고 와서 합격시켜 달라며 조르니까, "이놈아, 그런 용기가 있으면 왜 공부를 안 해! 그래 인생이 겨우 1, 2년으로 결정되는 것이야?" 하고 호통을 쳐 쫓아 보냈다.

「변호사 사절」

"나는 대한 사람으로 일본 법률을 부인한다. 일본 법률론자에게 변호를 위탁한다면 대의에 모순되는 일이다. 나는 포로다. 포로로서 구차하게 살려고 하는 것은 치욕이다. 결코 내 지조를 바꾸어 남에게 변호를 위탁하여 살기를 구하지 않는다." 1928년 대구 형무소에서 변호사 접견 때의 의연한 명언이다.

「소인배 많아 소국」

왜정 시절 친일파 못지 않게 8·15 광복 직후 친미·친소파가 들끓을 때 심산 선생은 개탄했다.

"우리 나라가 소국小國이라는 것은 우리 땅이 작고 좁아서가 아니라 사대주의적 소인배小人輩가 많아 소국이다." [22]

▨▨▨ 22 앞의 책, 『심산 김창숙』, 173~176쪽.

심산 선생 비문과 조가

「비문」

아아! 이곳 백악산 기슭에 고이 잠드신 어른은 곧 조국의 광복과 독재의 타도에 일생을 바친 대유학자요 노혁명가이신 심산 김창숙 선생이시다. 조국은 찾았으되 국토는 반쪽이요. 독재는 물러갔으나 신정新政은 마련되지 못한 1962년 5월 10일 선생은 홀연 이 나라와 후배를 버리시니 정계엔 원로를 잃었으며 유자는 스승을 여의어 온 나라가 슬픔에 잠기었다. 선생의 일명은 우愚요 자는 문좌文佐요 직강直岡과 벽옹躄翁의 아호가 있었으나 심산이 가장 널리 알려졌었다.

선생은 일찍 동강 김우옹 선생의 13세 후손으로 1879년 7월 10일 성주 칠봉동에 태어나 어려서부터 총명이 절인하고 기개가 비상하였다. 18세에 아버지 호림공護林公

을 여의고 어머니 장張 씨의 교훈을 받아 이종기·곽종
석·이승희 등 석학에게 배워 문학과 도의가 일국에 들렸
으므로 이유인李裕寅이 출사하기를 권했으나 나가지 않았
고 을사협약이 이룩되자 청참오적소淸斬五賊疏를 올렸으
며 1908년엔 대한협회 성주지부 총무에 피임되자 계급타
파운동을 일으켰고 다음해엔 중추원에 글을 보내어 한일
합병을 배격하였다가 왜경에 구금되었고 1910년엔 성명
학교를 세웠다.

　기미 3·1운동이 일자 유림단을 조직하여 「장서」를 품
고 파리강화회의에 던지려 상해에 이르러 영문으로 번역
하여 보내고 의정원을 세워 경상북도의원에 당선된 뒤 중
국 손문孫文·장병린章炳麟·오산吳山 등과 회담하고 임복
성林福成에게 공학孔學의 퇴폐를 규탄하였으며 다음해 임
林과 함께 『사민일보四民日報』를 창간하고 이승만 대통령
파면에 찬성한 뒤 북경에서 신채호와 함께 『천고天鼓』를
발간하였다.

　1923년엔 임정창조론이 대두되어 국민의회 대의원에
당선되었으나 분열을 우려하여 응하지 않았고 동포의 이
식을 꾀하여 풍옥상馮玉祥에게 수원綏遠의 황지개간을 약
속하고 모금차로 귀국하였다가 1926년 다시 상해에 가서
나석주를 일으켜 동양척식주식회사를 폭파하고 의정원
을 개편하여 부의장이 되었다. 공제병원에 들어 병을 다
스리다가 왜경에게 체포되어 장기長崎를 거쳐 대구서에

매여 독한 고문을 받은 끝에 앉은뱅이가 되었고 1928년
에 예심이 끝났으나 변호를 거부하여 14년의 형을 받아
대전에 이감되었다가 다음해에 출옥되었으나 곧 대구에
재수감되자 대전으로 이감되어 옥중에서 자서종요字書綜
要를 엮고 경학을 연구하여 천인성명天人性命의 오묘를
더듬었었다.

1933년에 전옥이 최남선의 『일선융화론』을 보며 느
낌을 쓰라 강요했으나 거부하였고 다음해에 출옥하였다.
1940년 일제 창씨 문제로 몹시 괴롭혔으나 일축하였고
1945년 8월에 건국동맹 남조선 책임자임이 발각됨에 왜
관서에 수감되었다가 15일 해방과 함께 출감되어 고리故
里에 이르자 곧 군민을 모아서 임시치안유지회를 조직하
고 서울로 떠났었다.

민중당에서 당수로 추대했으나 응하지 않고 인민공화
국을 해체하되 좌우익을 물론하고 대한민국임시정부 깃
발 아래로 대동단결키를 외쳤으며 송진우에게 한민당 중
의 친일 분자 숙청을 권고하는 한편 이승엽, 이관술에게
공산당의 찬탁을 질책하였다. 이들은 모두 선생의 『벽옹
70년 회상기』 중에 상세히 실려 있었다. 뒤를 이어 임시정
부국무위원 비상국민회최고지도자 민주의원 의원 등에
당선되었고 유도회총본부위원장·성균관장·재단법인성
균관이사장·성균관대학장 등으로 겸하여 유학의 발전에
전력하였다.

1951년엔 이승만에게 하야를 경고하여 부산 형무소에 수감되었고 또 국제구락부 사건의 주모자로 40여 일의 옥고를 겪었으며 1953년엔 성균관대학 총장에 올랐으나 소소배宵小輩의 자유당 세력과의 야합에 인하여 1957년엔 해임되었고 1962년엔 군사 정부에 의하여 건국공로훈장을 받았었다.

선생의 저서로는 위에서 언급한 2종밖에 초고 몇 책이 건연巾衍 중에 있고 세 아들 환기·찬기·형기와 다섯손자 위暐, 창暢, 서曙, 양暘, 정晶 등이 있는데 환기와 찬기는 선생의 뜻을 이어 광복운동에 종사하다가 모두 옥사하였다.

선생이 81세에 퇴계 선생의 자명自銘을 의방하여 벽옹자명甓翁自銘을 짓고 소서小敍를 붙여 연릉계자延陵季子의 묘례墓例를 쓰게 하였으니 그 미의微義를 짐작할 수 있겠다. 이제 자명自銘을 이 글 머리에 새기고 끝에는 내 일찍 선생의 영전에 바친 만가오장輓歌五章을 붙여 남은 슬픔을 표하기로 하였다.

파리에 던진 「장서」 격렬도 한저이고 제 책 덮고 일어선 선비 가을 하늘 세맬러라.

이 몸이 시어질망정 유인아 겨뤄보자 쓰디쓴 서른여섯 해 쇠끝도 녹으렸다 또 하나의 독재아성 님의 시름 부푸렀네.

국토는 재가 되고 민생을 허둥지둥 그래도 너희들은 물러서지 않으려나 온 몸이 피투성이 되던 날 너 마음 유쾌터니.

일세를 덮고 남는 호매한 님의 기개 눈감아도 범일러니 이제 어디가시니까 창공에 별 떨어지던 밤 뉘아니 통곡하리.

천향이 풍겨오는 맑아맑은 달나라에 님은 고이 잠드시와 쾌락 잠깐 맛보시고 바람결 바퀴 돌려 이 나라를 돌보소서.

1963년 5월 10일 이가원은 글을 짓고 배길기는 글씨를 쓰고 심산 김창숙 선생 장례위원회에서 이 비를 세우다.

「조가弔歌」

1

당신에게 조국은 차라리 애물이였군요
비바람 한평생 그 가슴 태우던
이 나라 이 겨레 두고 어이 눈을 감으셨소
당신 계셔 대한大韓이 가득하더니
당신 가서 대한大韓이 빈 것만 같소이다

2

우리에게 당신은 어둠 속 불기둥이었소
한평생 앞장 섰던 의義롬의 그 길이
이제사 눈을 감고도 역력하게 뵈는군요
오셔서 겪으신 그 쓰라림이
가셔서나 안식의 큰 복을 누리소서.

−작사 구상具常

연 보

1879년

음력 7월 10일 경상북도 성주군 대가면 칠봉동 사월리(사도실)에서 조선 선조 때의 명현 동강東岡 김우옹金宇顒의 13대 종손으로, 부친 김호림金護林 모친 인동 장씨의 외아들로 출생.

1896년(18세)

부친 별세.

1898년(20세)

이종기李鍾杞, 곽종석郭鍾錫, 이승희李承熙, 장석영張錫英 등 대학자들의 문하를 두루 찾아 공부, 특히 이승희를 따랐음.

1905년(27세)

이승희와 함께 을사오적乙巳五賊의 처단을 상소함.

1909년(31세)

「일진회─進會 성토 건의서」 발표. 이 문제로 피체되어 8개월간 옥고를 치름.

1910년(32세)

'전국 단연동맹斷烟同盟' 성주 대표로 활약함. 사립 성명학교星明學校를 창립함. 8월, 나라가 망하자 술과 통곡으로 한동안 광인처럼 지냄.

1913년(35세)

모친의 엄한 견책을 받고 비로소 독서에 전념. 그 뒤 몇 년간 학문에 정진함.

1919년(41세)

파리강화회의에 「독립청원서」를 보내기 위해 영남과 충청도 유림 137인의 서명으로 이루어진 「장서」를 휴대하고 3월 23일 중국으로 망명. 이때부터 망명지에서 독립 투쟁을 전개. 국내에서는 이 사건으로 500여 명 피체됨(제1차 유림단 사건). 손문孫文을 회견하고 중국의 각계 요인들과 회담하여 한국 독립 후원회를 조직케 함. 한국유학생원조회 조직. 유학생을 지원토록 함. 상해의 임시정부 조직에 참여하고 의정원 의원(경북 대표)에 선출됨.

1920년(42세)

모친 별세. 중국 정부 요인 임삼林森, 오경겸吳景謙, 오산吳山, 서겸徐謙 등과 '중한호조회中韓互助會'를 결성, 한·중 인사 1000여 명이 참석하여 창립총회를 개최함. 상해에서 박은식朴殷植과 중한 혁명운동 잡지『사민일보四民日報』발간, 북경에서 신채호申采浩와 독립운동 잡지『천고天鼓』를 발간함.

1922년(44세)

서로군정서西路軍政署 군사선전위원장에 추대됨.

1923년(45세)

상해에서 열린 국민회의(의장 金東三) 조직에 대의원으로 선출됨.

1925년(47세)

중국 군벌 풍옥상馮玉祥과 교섭, 수원綏遠에 독립운동 기지를 얻어냄. 만주 독립군 조직의 군사부 고문에 선임됨. 군자금 모금을 위해 국내로 잠입, 버스 추락 사고로 중상을 입음.

1926년(48세)

3월, 부족한 모금액을 가지고 다시 중국으로 탈출. 나석주羅錫疇를 국내에 밀파, 동척·식산은행 폭파하게 함. 모금운동 탄로, 유림 600여 명 피체됨(제2차 유림단 사건). 임시정부 의정원 부의장에 선출(의장 李東寧), 통일독립당의 조직 규약을 마련함.

1927년(49세)

장남 환기煥基, 국내에서 피체되어 고문 끝에 사망. 상해 공동조계 병원에서 일경에 피체되어 대구로 압송됨.

1928년(50세)

14년형 확정. 대전 형무소로 이감. 극렬한 옥중 투쟁.

1929년(51세)

지병이 악화되어 일시 가출옥. 재수감됨.

1934년(56세)

병이 위독하여 다시 가출옥.

1939년(61세)

백양사에서 요양중 회갑을 맞음.

1940년(62세)

일제의 '창씨創氏' 강요를 끝내 거부함. 모친 별세 21년 만에 고향 집에 돌아와 묘막墓幕에서 시묘함.

1943년(65세)

차남 찬기燦基를 중경中慶 임시정부로 밀파.

1945년(67세)

일경에 피검, 해방을 맞아 출감, 곧 상경함. 민중당 당수에 추대되었으나 거절함. 대한민국 임시정부 환국 환영대회 부회장에 선출됨. 차남, 사망하여 유해로 돌아옴. 대한민국 임시정부 국무위원으로 선출됨.

1946년(68세)

신탁통치 반대 투쟁 전개. 난립된 유도회儒道會 조직을 통합, 유도회총본부로 개편하고 위원장으로 추대됨. '비상국민회의 8인 특별위원'으로 이승만, 김구, 김규식, 홍명희洪命憙, 오세창吳世昌, 조만식, 유동진柳東鎭과 함께 추대됨. '정부수립을 위한 28인 최고정무위원'에 뽑혔으나 이승만과 대립하여 곧 탈퇴함. 성균관대학成均館大學 설립, 초대 학장으로 취임함.

1948년(70세)

「7거두 공동성명七巨頭共同聲明」 발표, 남한 단독 정부 수립 반대.

1950년(72세)

6·25때 서울에서 인민군 측의 사상 전향 요구를 거부함.

1951년(73세)

1·4 후퇴로 부산 피난.「이승만 대통령 하야 경고문下野警告文」 사건으로 부산 형무소에 투옥됨.

1952년(74세)

이른바 '부산정치파동' 때 이시영李始榮·신익희申翼熙 등과 부산 국제구락부에서 '반독재 호헌 구국선언대회'를 주도하여 다시 40일간 옥고를 치름.

1953년(75세)

성균관대학 종합대학으로 승격, 초대 총장에 취임함.

1956년(78세)

성균관대학교 총장직 사임. '효창공원 칠열사묘소이장반대투쟁위원장孝昌公園七烈士墓所移葬反對鬪爭委員長'으로 이장 반대 투쟁에 성공함.「이 박사의 대통령 삼선 취임 반대 경고문」을 발표함.

1957년(79세)

성균관장, 유도회총본부장 등 일체의 공직에서 추방됨.

1958년(80세)

고향의 병상에 있다가 상경하여 「국가보안법」 개악 반대 투쟁을 지도함.

1959년(81세)

'반독재 민권쟁취 구국운동'을 지도함. 이 대통령 사퇴 권고 서한을 냄. 성균관, 유도회가 정·부통령선거대책위원회란 간판을 걸자 자유당의 불법을 성토하는 「성명서」를 신문지상에 발표.

1960년(82세)

4·19 혁명 뒤 '민족자주통일중앙협의회民自統' 대표로 추대됨. '백범 김구 선생 기념사업회' 회장에 선출됨. '일성—醒 이준李儁 열사 기념사업회' 회장으로 추대됨. '안중근安重根 의사 기념사업회' 회장으로 선출됨. '김구 선생 살해 진상규명 투쟁위원회' 위원장으로 활동. 「김구 선생 살해 내막」 보고서 발표.

1962년(84세)

3·1절에 건국공로훈장 중장重章을 받음. 5월 10일 서울 중앙의료원에서 84세로 서거. 5월 18일 사회장으로 수유리 산127-4 묘지에 안장安葬.

심산 관련 참고 문헌

심산기념사업준비위원회 편, 『벽옹일대기躄翁一代記』, 태을출판사, 1965.

『심산유고心山遺稿』, 국사편찬위원회, 1973.

『국역 심산유고』, 성대 대동문화연구원, 1979.

심산사상연구회 편, 『김창숙: 한국근대사상가선집5』, 한길사 1981.

심산사상연구회 편, 『김창숙 문존文存』, 성대출판부, 1986.

심산사상연구회 편, 『김창숙의 사상과 행동』, 성대 대동문화연구원, 1986.

정종목, 『김창숙』, 사계절, 1994.

정범진, 『백번 꺾여도 꺾이지 않은 민족의 자존―김창숙의 생애와 선비 정신』, 성대출판부, 1995.

권기훈, 「심산 김창숙의 민족운동연구」, 박사학위청구논문.

이윤택 극본·연출, 「나는 누구냐―김창숙 기록극」(연극), 성균관대학극단 국립극장공연, 1998.

독자를 먼저 생각하는 정직한 출판

시대의창이 '좋은 원고'와 '참신한 기획'을 찾습니다

쓰는 사람도 무엇을 쓰는지 모르고 쓰는,
그런 '차원 높은(?)' 원고 말고
여기저기서 한 줌씩 뜯어다가 오려 붙인,
그런 '누더기' 말고

마음의 창을 열고 읽으면
낡은 생각이 오래 묵은 껍질을 벗고 새롭게 열리는,
너와 나, 마침내 우리를 더불어 기쁘게 하는

땀으로 촉촉히 젖은 그런 정직한 원고,
그리고 그런 기획을 찾습니다.

시대의창은 모든 '정직한' 것들을 받들어 모십니다.

 시대의창 분야 인문 / 정치사회 / 역사문화 / 비소설
WINDOW OF TIMES

서울시 마포구 연희로 19-1
Tel 02-335-6121   Fax 02-325-5607

김창숙 선생 생가(경북 성주군 대가면 칠봉동 사월리)

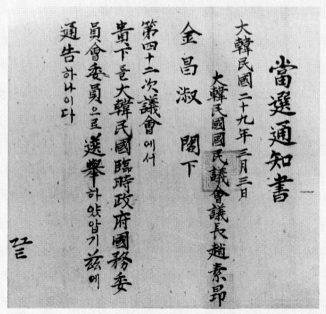

임정 국무위원 당선 통지서

公판 보도기사(1928.2.18)

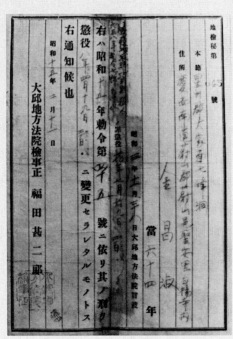

감형 통지서

사진은 김창숙 (上) 과
리동욱 (下) 의 검사국으
로넘기는광경

공판장 가는 김창숙

김창숙 선생 초상화

敬次一源亭板上
韻
天挺仁豪會百爲
胡然顯晦各殊時
識輪宵怕常旋頂
蛾聱伊來靶射眉
賴尒七賢扶正脈
迄今百世仰先知
一源亭下洋洋水長
游遺風響永裏
閑韶金昌淑

일원정 정자의 현판 시

성균관대학교 총장 시절의 김창숙 선생

성균관대학교 총장 시절의 김창숙 선생

김구 선생과 김창숙 선생(성균관에서 여러 사람과 함께 찍은 사진 중에서 뽑음)

김창숙 선생이 쓴 모친 추모사(만사)

김창숙 선생의 명함(성균관대학교 총장 시절)

김창숙 선생의 초상화

김창숙 선생의 서울특별시민증

儒行善善何寡儔
傅伐佀也

勇於光復何其禄
緣忿也

徒勞無成是其訖
訖罪也

獨行不懼道之周
周遍也

周而不比世之敎
此黨也歛棄也

敎亦不愁優而游
優游自遍也

存吾義也沒吾休
休息也

翁行年今八十一病已力朝暮入地微退陶李子

作自銘凡十九句一百三十三字翁一生短處無隱

不揮亦有長處在於其中翁之一幅畫像寔

孔之陋也翁死須依孔子書延陵李子墓例

之誌用自銘可也己亥歲陽復節儽翁金昌淑

김창숙 선생의 이력서(자명)

壁翁自銘　　　　　　　　伊山金昌淑

雷生而愚老轍佟　　佟齊守也

甫世何圖尚遇　　　遇勉也

甫行何介老不揄　　揄巧黠也

惱、敬匀、不揉　　揉鱙順也

念、正家、有憂　　憂枕思也

德學踈淺是大尤　　踈粗也尤過也

聲聞過情是淡署　　情實也

貧而猶樂門無賕　　賕非理物也

敝緼不耻就如由　　由仲由也

視爵祿如遠澗窬　　齋澗器也

김창숙 선생이 사용했던 인장과 낙관

김창숙 선생이 사용했던 인장과 낙관

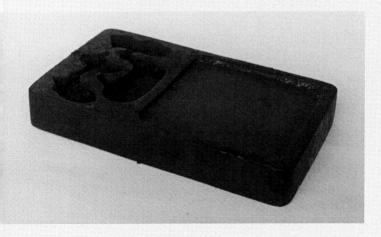

김창숙 선생이 사용했던 벼루

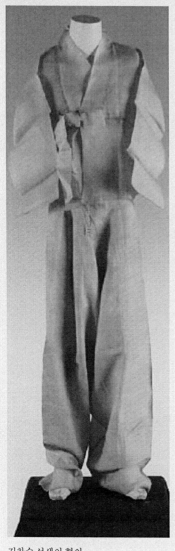

김창숙 선생의 혈의

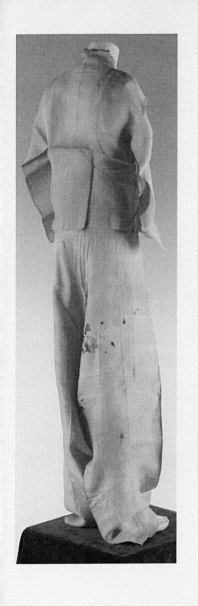

건국공로훈장증

건국공로훈장

김창숙 선생의 가족 사진

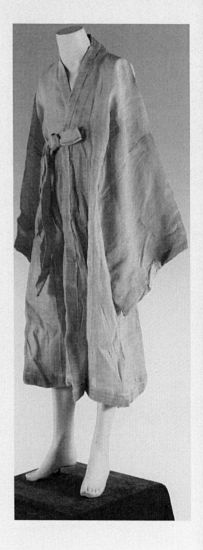

김창숙 선생의 상복

1962년 5월 18일 장례일의 『한국일보』 기사

김창숙 선생 장례식장(동대문 운동장)

을지로를 지나가는 영구차

김창숙 선생의 시 어록비

김창숙 선생의 사적비

吾友碧史慶次勳
我寄贈于心山思想
研究會中己巳晚秋
遙憶之萬以拙作
絶句一首敬表追慕
之念因讀碧史李教
授賛我書之
心翁昔日訪吾鄉
慕德揮毫關大網
義烈沖天氣盖世
行間字裏有餘香
一善金東漢謹識
慶州李春興敬書

김창숙 선생의 친필 시와 평

敬次一源亭板上
韻
天挺人豪會有為
胡然顯晦各殊時
鐵輪肯怕當旋頂
蜺彗何來輒射眉
賴家七賢扶正脉
已令百世仰先知
一源亭下洋洋水長
游道風響永襄

김창숙 선생의 동상(성균관대학교)

心山 金昌淑 先生之像

김창숙 선생의 동상(성균관대학교)

심산 김창숙 선생 40주기 추모제(2002.5.10)